조선현대문학사

1900~1941

조선현대문학사

1900~1941

박영희
백문식 편집/교주

조선현대문학사

초판 인쇄 2022년 3월 2일
초판 발행 2022년 3월 3일

지은이	박영희
엮은이	백문식
펴낸이	이기자
펴낸곳	그레출판사
출판등록	2018년 2월 26일 제561-2018-000019호
주소	경기도 수원시 영통구 센트럴파크로 127번길 144-401호
전화	031)203-4274
팩스	031)214-4275
이메일	grepub@naver.com
디자인	지 수

ISBN 979-11-963729-3-4 (93800)
@책값은 뒤표지에 있습니다.

[엮은이 일러두기]

1. 이 책은 〈사상계〉(1958.4~1959.4) 잡지에 연재된 현대한국문학사(서론, 제 1, 2편)와 〈박영희 연구(김윤식 저)〉의 부록에 실린 현대조선문학사(제3편)를 합본하여, '조선현대문학사'란 원고(原稿) '머리말'대로 제목을 붙여 엮은이가 편집/교주(校註)하여 단행본으로 정리한 회월 박영희의 문학사다.
2. 원고에 나오는 〈작품명〉, '논문', "인용문"의 오탈자 부분은 원전(原典)과 참고 문헌을 하나하나 대조 확인하여 바로잡았다. 또한 '엮은이 주(교주)'를 덧달아 독자의 문학사 이해에 도움을 주고자 하였다.
3. 지은이의 집필 의도와 내용을 크게 흩트리지 않는 범위 안에서 군더더기 부분을 일부 생략하고, 성긴 표현과 어려운 낱말은 읽히기 쉽게 고쳤다. 그리고 현대 맞춤법에 따라 교정·교열하고 한자는 가급적 한글로 바꾸어 가독성을 높이려고 하였다.
4. [덧붙임]
   Ⅰ. 문학상 공리적 가치 여하(如何)
   Ⅱ. 작가로서는 무의미한 말
   Ⅲ. 조선프로문예운동의 선구자
   Ⅳ. 최근 문예이론의 신전개(新展開)와 그 경향
   Ⅴ. 작가들의 전향(轉向)에 관하여– 5편의 관련 논문을 실어 본문의 깊이 있는 이해에 활용할 수 있도록 하였다.

▎- 회월(懷月)의 문학사가 발표되는 데 앞서서 - 백철(白鐵)

회월의 조선현대문학사 원고가 〈사상계〉지에 실리게 되는데 있어서, 지금까지 수 년 동안 그 원고를 내 책상 한구석에 푸대접해 둔 사과도 할 겸, 또 이 원고는 직접 회월 형한테서 받은 것이 아니고 그것을 출판하려던 김진구 형에게서 전달된 것이기 때문에 그 원고가 지금까지 남아 있게 된 공로는 전적으로 김진구 형에게 있다는 말도 여기에 알리는 바이다.

실상은 회월 형의 귀중한 그 원고에 대하여 푸대접을 하고 싶어서 지금까지 파묻어 둔 것이 아니고 지금 중간에서 애를 쓰고 있는 전광용 형과도 수차 상의한 바가 있지만 어떻게 출판을 해보려고 서로 몇 차례 노력을 했지만 독자들이 잘 알다시피 근래 우리 출판계란 것이 말이 안 되어서 도무지 그 기회를 얻지 못하고 있은 채로 나는 미국으로 떠나왔던 것인데 내가 떠난 뒤에 남아 있는 전광용 형이 노력을 해서 우선 〈사상계〉지에 일차 연재를 하다가 기회를 봐서 단행본으로 내자는 상의를 내게 전달해 왔기 때문에 나도 그것을 상책으로 생각하고 쾌히 승낙을 하는 의미에서 이 적은 머리말을 쓰는 것이다.

알다시피 회월은 나와도 달라서 우리 신문학 시작 뒤의 거의 전 기간을 직접 경험해온 작가요, 시인이요, 특히 우수한 평론가였으며 그만치 신문학사를 기술하는 데는 가장 적임자로 봐야 할 사람이다.

사실은 이 문학사 원고가 된 것은, 나의 변변치 못한 〈신문학사조사(상)〉가 나온 직후, 그러니까 나의 같은 책 하권이 나오기 전 대개 1948

년 중간에서 그 전편이 끝났던 것으로 알고 있다. 하지만 회월은 나처럼 저널리즘에 비위를 맞추는 성격이 되지 못해서 그 뒤 좀처럼 출판될 기회를 얻지 못하고 오다가 일차 그 결론 정도가 파인(김동환)의 주재인 〈삼천리〉 지상에 몇 회 동안 연재된 일이 있으며 그 뒤 바로 6·25 직전에 전기(前記)한 김진구 형의 출판사에서 맡아서 조판을 하다가 불운하게도 사변 때문에 다시 실패로 돌아가고 말았던 것이며 그래서 그 원고가 김 씨의 손에 보관되었던 것인데 수년 전에 김 씨가 내게로 전달해 온 것이다. 생각하면 그렇게 햇빛을 보기에 불운했던 그러나 그만치 귀중한 문학사적인 자료의 원고가 이제부터라도 발표가 되고 책으로 나오게 되면 이 방면의 독자와 학계에 큰 도움이 될 것으로 믿고 기대하는 바이다.

(1958년 1월 15일 미국 뉴 헤이븐에서)

범례

一. 본서는 작가 개인연구에 중점을 두지 아니하고 문학사 전체를 통하여 그 경향과 시대적 주류만을 중요하게 취급하였다.
一. 본서에 인용된 작품은 그 시대적 주류에 대표될 수 있는 것만을 택하였고 그 외의 것을 생략하였다. 그러므로 작가들의 처녀작에 관하여서도 일률적으로 그 작품명이나 발표연월일을 표시하지 않고 문제되는 작품에 한하여만 명증하였다.
一. 연대가 현재로 가까워 올수록 작가들 중에는 문단에 나온 연대를 명기할 수 있는 표준을 정하기에 어려운 사람들이 있음으로 문단에 나왔다는 사실보다도 작품의 내용에 따라 적당한 연대에 편입하였다.
一. 시문학에 있어서는 그 시인의 수를 제한하기 어려울 뿐만 아니라 작품의 경향에 있어서도 실로 잡다함으로 시문학은 후일 따로 연구 소개할 의욕에서 그 전부 그 주류만을 논급하였다.
一. 문학평론도 할 수 있는 대로 넓은 범위로 취급하였으나 작품과 직접 관계있는 논문에 한하였고 그 외의 개인의 취미에 따르는 논문 등은 문제 외로 하였다.
一. 문제되는 평론 중에서도 동일한 논제의 논문이 수종 이상으로 있을 때에는 그 중에 경향이 명확한 것만을 대표로 논급하였고 그 동류의 것을 생략하였다.

"얻은 것은 이데올로기요
잃은 것은 예술 자신이었다."

머리말

 40년 동안 조선의 학자들은 조선에 관한 것을 마음대로 연구할 수 없었고 따라서 청소년들은 진정한 조선의 자태를 모르고 그대로 지내왔다. 그러다가 8·15 해방을 맞이하여 누구나 다 조선을 알려는 정열이 높았다. 역사는 물론이고 문화 일반에 대해서도 조선의 진정한 모습을 알려는 욕구는 커질 뿐이었다.
 그런데 특히 수난 40년 우리들의 생활과 사상과 정서의 결정인 조선문학에 대하여도 사료의 정리는 물론이지만 탐구해야 할 필요는 날이 갈수록 커지고 있는 것이다.
 그러나 내가 이번에 현대 조선문학사를 초하게 된 것은 이러한 절박한 요구에 응하려는 것뿐만은 아니다. 다행히 좋은 기회를 이용하여 나의 본래의 계획을 이루려 한 데 불과하다.
 나의 30년 동안의 문단생활은 현대조선역사의 운명과 더불어 실로 기구하였다. 일정시대 말기에는 지필을 내어던진 채 7, 8년의 세월을 헛되이 보내고 말았다. 이렇게 무료히 지나가는 동안 자위(自慰)의 길을 문학사를 초하려는 데서 발견하려고 하였다. 그리하여 틈틈이 자료를 정리도 하여 보았으나 마음대로 할 수 없는 형로(荊路)에 내 자신이 있게 됨을 알게 될 때, 나는 하는 수 없이 이것조차 중지하고 말았다가 8·15를 당하게 되자 자유와 여가를 살리기 위하여 또 다시 펜을 잡았다.
 이 새로운 날을 맞이하여 조선문학은 당연히 과거의 우울과 구속에서 뛰어나와 자유와 희망 속에서 조선민족의 심원의 문학을 창조할 수 있게 된 것이다. 이렇게 희망의 날을 맞이하게 되니 형로를 걸어온 40년의 조선문학은 새삼스럽게 그립고 또 귀중함을 깨닫게 한다.

그것은 마치 악전고투 후에 이루어진 고독한 청년의 성공과도 같이 현대 조선문학의 40년 동안의 고투 없이 금일의 조선문학이 있을 수 없는 것이니, 우리는 이 새로운 출발에 앞서서 과거 40년 동안의 조선문학을 정당히 이해하며 또 그 걸어온 자취에서 현재와 미래의 고귀한 전통을 만들기 위하야 현대 조선문학사가 시급히 요청되고 있는 사실에 비추어 새로이 내게 부여된 자유와 희망 가운데서 나의 〈조선현대문학사〉를 기초할 의욕은 더욱 굳어졌다.

(머리말의 원고 첫 장은 떨어져 나가고 없다고 함 - 김윤식)

회월 박영희

| 차례 |

| 엮은이 일러두기   5
| - 회월(懷月)의 문학사가
    발표되는 데 앞서서 - 백철(白鐵)   6
| 범 례   8
| 머리말   10

| 서론 | 현대 조선문학의 성격

　제1장 현대 조선문학의 규정   16
　제2장 현대 조선문학의 발전 형태   25
　제3장 현대 조선문학과 그 사상성   31
　제4장 신소설과 현대 조선문학   43

| 제1편 | 청춘 조선의 정열과 이상

　제1장 신문학 건설의 출발   54
　제2장 동인제 문예잡지 시대의 제(諸) 경향   71
　제3장 세기말적 사상과 자유운동   86
　제4장 현실주의의 대두와 그 방향   96

| 제2편 | 조선적 현실의 성장과 문예운동

제1장 신경향문학의 의의와 그 작품	106
제2장 민족주의의 진영과 그 추수자(追隨者)	119
제3장 방향전환기의 문예운동	132
제4장 카프운동의 반성기	150

| 제3편 | 수난기의 조선문학

제1장 침체된 문학운동의 진로	166
제2장 전환기 문학의 제 경향	177
제3장 인간탐구시대의 제 작품	200
제4장 시적 정신의 부흥과 정형시 운동	213
제5장 역사소설시대	228

| 덧붙임

자료Ⅰ. 문학상 공리적 가치 여하(如何) - 박영희	246
자료Ⅱ. 작가로서는 무의미한 말 - 염상섭	250
자료Ⅲ. 조선프로문예운동의 선구자 - 김기진	253
자료Ⅳ. 최근 문예이론의 신전개(新展開)와 그 경향(사회사적·문학사적 고찰) - 박영희	258
자료Ⅴ. 작가들의 전향(轉向)에 관하여 - 김윤식	281

| 참고문헌   291

| 서론 |

현대 조선문학의 성격

제1장 현대 조선문학의 규정

1

한 민족의 문학은 그 민족의 생활과 정서와 이상이 그 민족의 말과 글로 표현되어 있는 것을 뜻한다. 따라서 현대의 조선문학이라 하면 조선말과 글을 가지고 문학적 형상에서 조선민족의 생활과 정서와 이상이 나타나 있는 것을 말함일 것이다.

그러면 먼저 조선문학사에서 현대의 규정을 어떻게 할 것인가. 나는 1900년 이후 40년 동안을 현대라고 규정하였다. 여기에는 두 가지 이유가 있다. 첫째는 한문학(漢文學)에서 완전히 벗어나 조선말과 글을 가지고 또한 문학적인 구체적 형상을 통하여 신문학운동을 일으킨 때가 1900년 이후의 일이니 현대문학의 출발점은 여기서 시작될 것이라고 생각한다. 또한 조선말과 글로 된 것만이 조선문학이라고 규정한다면, 현대 조선문학은 틀림없이 이곳에서 출발되어야 한다. 그리고 조선의 현대문학이야말로 진정한 의미에서 조선문학이라고 말할 수 있을 것이다.

둘째로는 정치적으로 보아 조선민족을 최대의 불행과 비운으로 몰아넣게 된 일본제국주의의 침략이 1910년부터 공연(公然)하게 시작되어, 1945년 그 굴레를 벗어날 때까지의 40년 동안이 신문학운동과 병행하게 되는 까닭에 정치면으로나 문화면으로나 이 기간은 움직일 수 없고 변경할 수 없는 현대의 성격을 가지고 있는 것이다.

한 민족의 문화는 그 민족의 정치적 발전 향상과 더불어 진전하는 것이 보통이다. 그렇지만 조선에서는 그와 반대로 문화면으로는 자각과 결의(決意) 밑에서 민족적으로 새로운 출발을 하였으나 불행히도 정치적으로 이미 아주 무너져서 주권과 자유가 없어진 때였다. 다시 말하면 조선민족의 국가적 주권이 상실된 데로부터 재기하려는 젊은 세대의 민족운동은 신문화운동과 민족적 계몽운동으로 온갖 정열을 기울이기 시작한 것이다. 그러나 정치적 자유 없이 민족문화의 순조로운 발전이 있기 어려웠다. 그러므로 정치적 자유가 없는 우리민족의 문화운동은 필연적으로 민족운동의 일익(一翼)으로서 그 임무를 다하게 되는 것이었다. 40년 동안의 조선문학의 전모는 거짓 없이 이것을 증명하여 주었다.

싸우면서 자기의 민족문화를 건설하려는 데서 생기는 고난! 여기에는 실로 수많은 어려움이 따르고 있었다. 그러나 이에 대하여는 점차 논하기로 하고, 이 장(章)에서 논할 주제는 먼저 조선말과 글에 대한 문제가 필연적으로 나타나게 되는 것이다.

조선민족은 훌륭한 민족어를 가지고 있으면서 그것을 표현하는 글이 없었다. 그러다가 세종대왕 25년에 훈민정음을 창제한 것이 조선글의 시작이었다. 만일 조선사람이 쓴 것이면 어떠한 글로 썼든지 모두 조선문학이라고 말할 수 있다면, 삼국시대 이후 조선에 이르기까지 한문으로 기록된 많은 작품이 훌륭한 조선문학으로 등장할 수 있을 것이다.

현대[1]에서도 그러한 예를 들 수 있으니, 그것은 조선이 일본의 침략

---

1. 엮은이 주: '현대'는 곧 1942년 조선어학회 사건 이후, 일제가 1943년부터 모든 학교에서 조선어교육을 폐지한 때를 일컫는다.

을 받은 이후 식민교육방침에 따라 조선어문(語文)의 말살운동이 시작된 것이다. 온갖 민족적 정열을 기울여 일어난 조선민족의 문화운동은 더욱이 조선어문의 비상(非常)한 발전을 보인 문학운동은 차차로 고난의 가시밭길을 걸어가게 되었다. 제2차 대전을 전후로 한 일본정부의 이 방면에 대한 강압은 극히 난폭한 바가 있어 젊은 작가들은 넘쳐나는 정열과 창작욕을 조선글로 못 쓰는 대신 외국어로 발표하는 사람의 수가 늘어갔다.

이와 같이 조선문학은 민족적 운명과 한가지로 고난의 길에서 자기의 재능과 정열과 민족의 고뇌와 이상을 세계적으로 외쳐보려고 분산적으로 노력하고 피투성이 된 전사(戰士)와 같이 꺼꾸러지면서 다다른 곳이 1945년 8월 15일이었다.

그러면 이 두 가지의 중대한 사실- 가장 고귀하게 생각하며 아주 타당성 위에서 오히려 명예롭게 생각하던 고대·근대의 조선 지식인들의 한문학(漢文學)이 그 하나이며, 다른 하나는 일문, 영문 등의 외국어로 된 조선사람의 작품들이 그것이다.

그렇다면 이렇게 외국어와 한문으로 된 조선사람의 작품도 진정한 조선문학이 될 수 있느냐는 과제에 당면한 것이다. 그보다도 더 중요한 문제는 조선글이 없었던 시대의 한문학이 조선문학의 권내(圈內)에 들어갈 것인가를 구명함으로써 또한 현대문학에서도 어떠한 표준을 세울 수 있는 것이라고 생각한다.

2

위에서 말한 바와 같이 조선문학이라고 하면 원칙적으로 조선사람이 조선말과 글로 표현한 작품을 뜻할 것이다. 그러나 조선문학은 조선민족의 정치와 문화의 뒤떨어진 근대생활의 복잡하고 모순 있는 여러 가지 사실을 포함한 그대로 문학 자체의 특수성이 되어 있는 것이다.

그리하여 이 문제는 이미 한때 조선문단에서 큰 물의를 일으킨 바가 있었다. 그때의 문단 제가(諸家)의 의견을 다시 종합해 봄으로 논의의 귀착점을 찾아보려고 한다.

1936년 8월호 〈삼천리〉지에 발표된 문단 제가의 의견을 소개하면 다음과 같다.

1) 이광수의 의견: 어느 나라의 문학이라 함에는 그 나라의 문(文)으로 쓰이기를 기초 조건으로 삼는다. 중국문학이 한문으로 영문학은 영문, 일본문학은 일문으로 짓는 것은 당연한 진리다. 만일 일본문학이 독일어로 희랍문학이 범어로 쓰였다면 이러한 담대무학(膽大無學)에 경황실색(驚惶失色)할 일이다.

'조선문학'은 조선말로 쓰이는 것만을 이른다. 조선글로 쓰이지 않은 조선문학은 마치 태어나지 아니한 사람, 잠들기 전 꿈이란 것과 같이 무의미한 일이다.

박연암의 〈열하일기〉, 일연선사의 〈삼국유사〉 등은 말할 것도 없이 중국문학일 것이다. 그러므로 국민문학은 결코 작자의 국적에 따라 어느 국문학에 속하는 것이 아니요, 오직 쓰이어진 국문을 따라 어느 국적에 속하는 것이다.

말하자면 문학의 국적은 속지(屬地)도 아니요 속인(屬人; 작자)도 아니요 속문(屬文)이다. 같은 타고르의 작품도 인도어로 쓰인 것은 인도문학이요, 〈신월(新月)〉〈기탄잘리〉 등 영문으로 발표한 것은 말할 것도 없이 영문학이다. (중략) 조선문학이란 무엇이뇨? 조선문으로 쓴 문학이다.

2) 염상섭의 의견: 한 민족을 단위로 본 개성- 쉽게 말하여 민족성을 표현하여 민족의 마음, 민족의 혼과 특이성을 드러내고, 따라서 민족의 인생관, 사회관, 자연관을 묘사 표현한 것이면 그 민족만의 문학일 것이라고 하겠다. 그러므로 첫째 문제는 '쓴 사람'이 문제일 것이고, 둘째는 작품에 담긴 내용에 따라서 결정된 경우도 있을 것이다. 그리고 어문(語文)은 하나의 표현수단 즉 도구와 같다. 그러므로 제일 조건이 조선사람인 데에 있고, 외국어로 표현하였다고 반드시 조선문학이 아니라고는 못할 듯하다. 조선의 작품을 번역하였다고 곧바로 외국문학이 되지 않음과 같이 외국어로 표현하였기로, 조선사람의 작품이 외국문학이 되리라고는 생각할 수 없다.

3) 이병기의 의견: 조선문학을 순수한 조선문학과 광범한 조선문학으로 나누었다. 그리고 순수한 조선문학은 조선인이 조선말과 글로 쓴 순수한 문학작품(시가, 소설, 희곡 등)이고, 광범한 조선문학은 조선인이 조선말로 쓴 문학작품(일기, 기행, 서간, 전기전설, 담화, 잡록 등)이다. 또는 다른 나라말로 쓴 순수한 문학작품도 광범한 문학작품이다. 그리고 보면 〈열하일기〉 〈삼국유사〉 등이나 장씨강씨(張氏姜氏)[2]의 작품은 광범한 조선문학이고, 중서이지조(中西伊之助)[3]의 작품은 조선문학이 아니며,

---

2. 장씨는 장혁주로 일문소설 〈아귀도(餓鬼道)〉(1932년) 이후 계속하여 일본어로 작품을 발표하였다. 강은 강용흘로 미국에서 영문으로 소설 〈초당(草堂)〉(1931년)을 발표한 작가다.
3. 中西伊之助(나카니시 이노스케)는 1920년대의 일본인 작가로 사회주의자다. 그의 일문소설은 대부분이 조선사람의 생활과 조선사람을 제재로 하였다. 〈汝等の背後より(너희들의 등 뒤에서)〉, 〈赫土に芽ぐむもの(붉은 흙에 싹트는 것)〉, 〈國家と人民〉 등이 조선을 제재로 한 작품이다.

김만중의 〈구운몽〉〈사씨남정기〉 등은 순수한 조선문학에 속한다. 문학의 취재(取材)는 어느 것으로 한 것이든지 상관없을 것이다.

  4) 박종화의 의견: 조선글로 조선사람이 조선사람에게 '읽히기' 위하여 쓴 것이 조선문학이될 것이다. 〈삼국유사〉〈열하일기〉(완전한 문학부류에 속할 것인지 아닌지는 별문제로 하고)는 비록 그 문자가 한문으로 되어 있으나, 우리의 완전한 글이 없었던 시대와 또한 우리글이 어떠한 정치적 또는 시대 조류의 환경으로 인하여 독자(獨自)의 권위를 발양(發揚)하지 못하고 한문으로 대용(代用)되어 일반에게 보편화되었던 시대의 작품이니, 이것은 한 개인과 한 작품만의 문제가 아니다. 그 시대의 전사회가 시인(是認)하고 통용한 것인즉, 글자가 비록 한자로 되었다 하더라도 당연히 조선문학에 속할 것이다.

  5) 김태준의 의견: 그의 저서 〈조선소설사(1933년)〉에서 "문예라는 것은 어떠한 설화적 소재를 예술적으로 문자상(文字上) 표현을 한 것이니, 표현 이전에 문예가 성립하지 못함과 같이, 표현에 사용하는 문학적 규약이 없이는 더구나 국민의 사상 감정을 표현하는 유일한 도구인 국어를 떠나서는 도저히 국민문학이니 향토예술이니 하는 것이 완성할 수 없다. 그러므로 정말 조선문학은 '한글' 창제 후부터 출발하였다고 함이 가(可)하다."

  6) 문일평의 의견: 〈조선문화·예술〉에서 "진정한 의미에서 조선 시가란 조선말로 적은 시가가 아니면 아니 되겠다. 그렇지만 조선인이 쓴 한시(漢詩)에 대해서만은 조선말로 적은 것이 아니라 하여 조선 시가 중에

엮은이 주: 〈씨뿌리는 사람〉 동인이기도 한 중서이지조는 독립운동가 박열(朴烈)과 가네코 후미코 부부의 투쟁을 후원한 사람이다.

서 빼어버릴 수는 없다. 만일 한시를 빼어버린다면 순수한 조선말로 된 시가가 몇 수나 있겠느냐. 우리 선민들이 수천년래 모든 감정을 표시함에 있어서 한시로 하느니만치 한시는 거의 조선인과 불가분의 관계를 가졌다. 그러므로 여기서도 번잡함을 불고하고 한시인(漢詩人)을 조선 예술가의 부문에 넣을 것이다."라고 말하였다.

3

간단할 듯한 문제가 이와 같이 의견이 분분하고 복잡하게 된 근본 원인은 예전에 조선의 글이 없었던 까닭이며, 세종의 정음 창제 이후로도 역시 산문이나 시의 대부분이 한문으로 발표되었기 때문이다. 그리고 조선문학이면 그 내용이 마땅히 조선적이라야 하겠거늘 글만 조선글로 쓰고 내용은 중국소설을 번역이나 한 것처럼 소설의 주인공, 장소, 생활, 풍속 등이 전부 중국적인 것이 또한 얼마든지 있다. 이는 사대사상의 불행한 결과라 하겠으나, 조선문학을 규정함에 있어서는 문제를 복잡하게 만드는 요인이 되는 것이다.

어느 시대에서나 애독되는 〈춘향전〉과 같은 작품은, 인물 장소는 물론 조선적이며 가옥, 기구, 풍속, 정취에 이르기까지 순수한 조선의 것으로 아름답고 향기 높은 작품이다. 그러나 역시 한국고전의 걸작이라고 손가락을 꼽게 되는 〈사씨남정기〉나 〈구운몽〉 같은 작품은 모두 중국적인 작품이다. "화설 명나라 가정년간에 금능 순천부에 한 명인 있으니"는 〈사씨남정기〉의 첫 대목이다. 명나라 소설을 국문으로 번역하였다 해도 변명할 말이 없을 것이다. 이는 중국소설의 모방에서 나온 결함이라고 하겠으나, 여하간 현대에서 조선문학의 체계를 만들기 위하여 분류하게 될 때에는 문제가 되지 않을 수 없다. 중국의 〈전등신화〉를 모방하였다고 하는 〈금오신화〉는 비록 한문으로 쓰기는 하였으나 "南原有梁生者(남원유양생자)니, 松都有李生者(송도유이생자)"니 하여 조선의 인물과 지명 등을 사용함으로써 어디까지든지 조선적인 것을 나타내려는 작자의 정신을 우리는 고귀하게 평가하게 되는 것이다.

  이런 것들은 한 예에 불과하나, 여하간 위에서 말한 조선문학 규정에 관한 서로 다른 의견은 순수한 조선적이며 조선어문을 기본으로 하고 고구(考究)한다면 반드시 필요한 의견일 것이다. 어문이나 생활, 풍속, 인물들이 순수한 조선적이라야 하는 현대문학에서도 다소간 용어에 관한 논의가 있을 만치 불순한 현실을 가졌던 것도 사실이다. 그러나 현대문학에서는 외국어라고 하더라도 한문으로 된 작품은 시인 이외에는 별로 없고, 일문 영문이 더러 있을 뿐이나 어떠한 작품에고 인물, 생활, 풍속 등만은 반드시 조선적임에 틀림없었다. 또한 조선어문이 현대 조선 문학운동의 중요한 강령이 되어 있는 까닭에 현대문학은 순수한 조선말과 글로 쓰이어진 것에 한(限)한다는 정의는 움직일 수 없는 철칙이다. 이러한 의미에서 앞에서 인용한 여러 의견을 종합하여 말하면,

  "현대 조선문학은 조선어문으로 쓴 것에 한한다. 그러나 조선문학을 역사적으로 이해함에는 그 시대적 환경을 알아야 할지니, 조선의 글이 없었을 때의 한문학은 조선인의 저서에 한하여 인정해야 할 것이다. 따라서 조선문학사에서 선사(先史)는 한문학부를 설치함도 타당하니, 이것을 순수에 대한 광범한 조선문학이라고도 할 수 있다. 그러나 내용에는 반드시 조선민족의 정신, 조선민족의 특이성이 표현되어야 하겠다. 외국문학이 조선말로 번역되었다고 조선문학이 아니며, 조선사람이 외

국어로 표현하였다고 곧 외국문학이 되지 않는 것은 조선적인 특이성이 있는 까닭이다"라고 정의를 내릴 수 있다.

그러나 현대의 조선문학에는 과거 사대사상의 불순한 요소는 용인될 수 없으며, 따라서 남의 생활과 감정을 모방하는 것으로 자기 민족의 자랑을 삼는 그러한 부패한 정신도 없다. 또한 조선글이 있어서 이 글의 발전도 현대문학에서 영광스러운 출발을 하였으니 현대문학에서는 용어상 규정이 이미 결정된 것이다. 뿐만 아니라 조선의 현대문학은 잊어버렸던 조선말을 찾으며 이 말의 아름다움을 나타내어 조선민족의 순수한 문화 향상을 추진시키는 것에도 커다란 사명이 있었던 것이다.

조선은 여러 세기 동안 한문을 숭상하여 조선글을 업수이 여겼고, 현대에서는 일본의 식민 침략과 아울러 벌어진 조선말의 말살 위기에서 조선문학은 조선말의 아름다움을 찾아내는 한편, 어디까지든지 우리말의 순수성을 지키기 위하여 고난의 길을 걸어왔다. 이것이 현대 조선 민족문학의 사명이기도 하였다. 그 결과 고투(苦鬪) 40년의 조선문학이 가져온 조선어문의 발전이 또한 거대한 바가 있다고 아니할 수 없다.

일찍이 러시아 문호 투르게네프는 그가 마지막 임종하는 침상에서 러시아 문학자들에게 "우리들의 귀여운 유산인 러시아말을 순수한 그대로 보전하라"는 유언을 남겼다고 한다. 우리는 40년 동안 순수한 조선말을 찾아 그것을 실천에 옮기기에 노력하여 왔던 것이다. 따라서 조선사람이 외국어로 작품을 썼다는 사실보다도 조선의 신문학운동이 그동안 고난의 길에서 우리말과 글을 찾아가면서 조선문학을 창조하여 왔다는 것이 현대 조선문학의 크나큰 자랑이자 임무였다.

제2장 현대 조선문학의 발전 형태

1

조선 신문학운동이 걸어온 길은 어떠하였으며 어떻게 발전하여 왔는가?

그동안 조선 신문학운동이 걸어온 길은 어떠하였으며 또한 어떻게 발전하여 왔는가?

현대 조선문학 40년 동안의 발전은 선진제국의 같은 기간 문학발달사에 비하여 양으로는 매우 빈약한 것이 물론이지만 질에서는 특이한 점이 있다는 것을 잊어서는 안 된다. 질적으로 특이한 것이란 외국문학에서는 볼 수 없는 중대한 임무를 현대 조선문학이 갖지 않을 수 없게 된 것이다.

그러면 그 임무는 무엇이며 어떻게 수행되었는가를 고찰해 보기로 하자.

조선의 신문학 발전은 문학적 유산이 풍부한 다른 나라와 같이 평탄한 길에서 순차적으로 자주적 발전을 하지 못하고, 늘 선진국의 사조(思潮)에 좇아서 혹은 자체만의 필요에 따라 순차(順次) 없이 또는 비약적으로 발전하여 왔다고 말할 수 있다.

뒤떨어진 민족의 문화란 것은, 흔히 자체의 자주적인 주체적 문화관이 확립될 겨를이 없이 선진 국가나 그 민족의 문화 및 사조를 거의 전체적으로 따라가는 경향을 말한다. 사정이 이러하므로 후진 민족의 문화 발전은 독자적 사상성이란 것이 매우 적을 수밖에 없다. 어느 때나 선진국의 정치, 사상, 문화의 모든 경향과 진전에 따라 늘 바쁘게 자기의 발전을 꾀할 때가 많으니 이것이 바로 후진 민족문화의 결함이다.

자기 유산이 적은 조선의 현대문학은 고전으로부터 새로 세기(世紀)의 문학을 창조하지 못하고 구미(歐美)문학에서 사조와 이상과 형상 등을 감상하고 모방 탐색하여 비로소 자기 문학의 바탕을 만들어 왔던 것이다. 조선의 신문학운동이 일어나던 때는 외래 사조가 홍수와 같이 밀려들어온 시기다. 새로운 것이면 무엇이나 받아들이려는 시대 상황과 분위기에서 충분한 감상과 비판할 겨를이 없이 어떠한 것에나 자기 민족의 문화적 요소가 될 수 있도록 섭취하려는 정열과 심취한 가운데 복잡한 사상적 총림(叢林) 속을 용감히 걸어온 것도 현대 조선문학의 모습일 것이다.

그러므로 현대 조선문학의 과정에는 한 시대를 대표할 만한 문학적 난숙기(爛熟期)를 갖지 못한 대신, 늘 새로운 시대와 사조의 많은 계단이 주마등과 같이 스쳐왔던 것이다. 말하자면 어느 때나 바쁘게 달리며 성장을 해온 것이다.

따라서 조선의 현대문학은 걸어온 길에서 각각 시대적으로 분류는 할 수 있으나, 한 시대를 확대할 만한 작품의 축적은 매우 적은 편이다. 그러므로 각 시대를 대표할 만한 걸작의 수가 많지 못한 이유도 여기에 있을 것이다. 개별적으로 보면 명작이나 걸작 문제는 깊은 문학적 수양에서 작가의 역량이 반드시 좌우하는 것이지만 대국적으로 바라볼 때에는 그 책임을 작가 개인에게만 돌릴 것이 아니라 모든 것을 침체케 하며 불활발하고 질식하게 하는 조선민족의 정치적 자유가 없었던 데에도 그 원인의 하나가 되었던 것이라고 생각할 수 있다.

2

그러나 나오려는 싹은 어떠한 외계의 압박이 있을지라도 뚫고 나오고야 마는 법이다. 이러한 경우에 문학의 발전 형태는 먼저 자기의 발전을 막는 외계의 압력을 극복하기 위하여 투쟁적 형태를 갖게 된 것도 필연적 사세(事勢)일 것이다. 새로 일어나는 조선의 현대문학은 자체의 완전한 수립을 위하여 토대를 만들고 초석을 놓아야 한다. 그러자면 좋은 재목을 세우기 전에 먼저 터를 닦고 장해물을 치워버리는 일을 하지 않으면 안 되었던 것이다. 순수한 문학적 견지에서 본다면 이러한 일은 뜻하지 않은 다른 일이 아닐 수 없다. 그러나 현대의 조선문학이 당면한 운명적인 사실로서 문학에서 정치적 의식의 강화가 커다란 자리를 차지하게 된 것도 그러한 까닭에서 타당성이 인정되어야 할 것이다.

조선의 현대문학은 민족적 의식에 고립되어 개별적으로 발전하기가 거의 불가능하였다. 사실상 조선민족의 해방에서 오는 완전한 자유가 없이는 조선적 문화가 있기 어렵고 또한 좋은 문학작품이 나올 수 없다는 결론에 다다르게 되는 이유다. 이리하여 조선민족의 정치적 투쟁 의식의 강화와 심화는 조선의 민족문화 전면(全面)에까지 이르게 되었던 것이다. 현대 조선문학의 첫 출발이 이러한 환경에서 시작된 까닭에, 그와 같은 새로운 임무가 문학 의식에 가중(加重)하게 된 것이다. 그러나 일본의 식민지적 난폭한 정책은 조선 민족문화의 모든 부면의 건설 사업을 거의 불가능하게 만들었다.

그래도 가혹한 검열제도를 이용하여 고난을 뚫고 나아갈 수 있었던 길이 오직 문학 부면(部面)에 남아 있었기 때문에 조선 지식인들의 주의(注意)는 여기로 집중되었다. 이에 따라 현대 조선문학의 범위는 훨씬 넓어져서 정치와 사상의 영역 안으로 추진되고 말았던 것이다. 이러한 경향이 고도에 이르렀을 때 정치, 사상, 사회문제 등이 문학운동에서 당연히 취급되어야 하는 것처럼 생각하였다. 또한 그러한 것은 문학에서만 해결할 수 있는 듯이 자부도 하였다. 이것만이 문학의 정당한 발전의 전부라고는 할 수 없으나 조선의 현대문학이 당면했던 필연성임에는 틀림없었다. 조선의 현대문학은 이러한 무거운 짐을 지고 문단 부진(不振)의 비명을 외쳐가면서 어떠하든 간에 한 시대를 지내온 것이다.

3

아무리 문학적 역량이 풍부한 천재라고 하더라도 기량과 역량의 근본을 민족문학의 풍부한 유산에서 찾지 못하고 북돋아주는 환경이 없이는 작가의 재능을 충분히 발휘하기 어려운 것도 하나의 사실이다. 불모의 땅에서 좋은 종자가 아무 소용이 없는 것과 동일한 이유가 성립할 수 있다. 이러한 말은 조선문학 40년 동안 부진하였던 부면을 변명하려는 것보다도 현대 조선문학의 진실한 의미의 진로를 밝히려는데 있는 까닭이다. 즉 이와 같은 현대 조선문학의 과정은 앞으로 다가올 조선문학을 위한 기본 역사(役事)이며 개간(開墾) 활동이었다고 규정하려는 바이다. 바윗돌이 깔린 땅을 경작하는 농부와 같이 이 위대한 고난과 노력과 원대한 희망이 당년(當年)에 이루어지지 못하고 수년 혹은 수십 년 후에야 기대되었던 수확이 있게 되는 것과 같다고도 말할 수 있다. 그러나 농부의 활동에는 물론 고난에서 고난의 길을 지나가야 할 것이다. 이 길은 바야흐로 현대 조선문학이 가야할 길이기도 하였다.

일본의 압박 아래에 있던 조선민족은 어느 때나 민족해방에 관하여 예민한 감수성이 발달되었으니 정치, 사상, 사회문제 등에 대한 관심과 논의가 생활의 대부분을 차지하였다. 그러므로 선진 제국의 정치 사상 운동의 추진력을 그대로 받아들여 우리 민족운동의 추진력에 보충하려고 하였던 것이다.

따라서 빈약한 실력을 가지고 난숙(爛熟)한 외국문학을 따르려는 노력에도 물론 고난이 있을 테지만, 가혹한 검열제도로 말미암아 자유로운 문학발전이 있을 수 없었다. 더욱이 전쟁 중에는 작품의 내용보다도 조선문으로 된 출판물은 일률적으로 내리누르게 되어 그야말로 암흑시대를 이루었던 것이다.

전쟁 말기에는 조선어문의 사용까지 아예 금지 당했다. 학교에서 조선어를 쓰는 아동에게 엄벌까지 하여 조선어문에 대한 애착심을 모조리 빼앗아버리려 하였다. 이러한 결과 조선의 젊은이들은 우리문학에 대한 관심이 점점 줄어갔다. 그들은 우리말과 글이 서툴러 조선문이 마음대로 읽어지지 않게 되었으니 문장에서 아름다운 정서를 느낄 수 없었던 것도 어찌할 수 없는 일이었다.

그리하여 조선 문학작품을 읽는 조선의 젊은이 수는 점점 줄어져 갔다. 따라서 빈약한 출판업자들이 그나마 가졌던 의식조차 없어지기 시작하였다. 조선문으로 쓰는 작가들에게는 일본 경찰의 요시찰인의 패를 붙여놓는 것이다.

조선문학의 길은 가시밭길이었다. 험악한 사회분위기에서 어찌 문학의 난숙한 시대를 가질 수 있었으랴!

  이토록 어려운 시대 상황에도 적극성이 있는 두셋의 젊은 출판업자의 열성에서 문학전집류의 간행을 보게 된 것은 1936년 이후의 일이었다. 이를 계기로 출판계는 활발하여지려는 경향이 보였으나 이것도 진전을 보지 못하고 중일전쟁 이후 태평양전쟁 중에는 여러 가지 이유를 내걸고 그나마 이어오던 숨통은 끊어지고야 말았다. 또 다시 심연의 암흑 속으로 빠져버렸다.

  고난의 길을 걸어온 조선문학은 여러 가지로 두려운 환경과 싸우면서 문학적 각 계단을 비록 주마등 같이 지나왔다고는 할지라도 이러한 가운데서 그동안에 귀중한 문학적 축적이 생겼으며 이에 대한 반성과 비판도 있었다. 세월이 흐름에 따라 작가의 문학적 수양의 심화와 아울러 초기의 미숙한 내용과 거칠었던 형식이 점점 난숙하게 되고 기량과 시야가 또한 넓어져 갔다.

  이러한 의미에서 그동안 조선문학의 축적은 많은 수는 아닐지라도 실로 귀중한 고뇌의 결정(結晶)인 것이다. 문학적 축적은 앞으로 다가올 조선문학의 자양(滋養)이 될 수도 있는 것이다. 40년 동안 황량한 들판을 일궈온 작가들은 이곳에서 각자의 명예를 찾은 것이며 고뇌기의 조선문학은 비로소 자기의 임무를 설명할 수 있을 것이다.

제3장 현대 조선문학과 그 사상성

1

현대 조선문학을 산출케 한 모체(母體)는 무엇인가? 모체가 있으면 반드시 유전이 있고 따라서 혈통이 생기게 되는 것이다. 모든 선진 국가의 문학에는 나름대로 모체로서의 고전문학을 가지고 있다. 물론 여기에서 말하는 고전이란, 다만 옛날의 작품 일반을 뜻하는 것뿐이 아니라 고전의 명작·걸작을 뜻한다. 즉 쇠약해가는 유아(幼兒)의 생명을 날로 양육하는 어머니의 젖과 같이 후세의 작품에 생명과 정신의 발전을 도우며 때로 암흑의 구렁텅이에 빠졌을 때에는 고전의 위대한 정신과 계시에서 재생의 길을 찾을 수 있게 할 수 있는 걸작을 의미하는 것이다.

퀸투스 쿠루티우스(Quintus Curtius)는 우리에게 이러한 말을 하였다.

– 어떠한 계절에는 박트리아[4]의 도로가 먼지의 회오리바람으로 뒤덮여 캄캄하게 되는 때가 있다. 그리하여 평일의 경계표를 찾지 못하고 방황하는 사람들은 별들이 나타나기를 기다리고 있다. 그 별들은 "어둡고 위험한 길을 비칠 수 있으므로"

이 말은 〈괴테 전기〉 맨 앞에 씌어 있는 구절이다. 때때로 문학이 당

---

4. 엮은이 주: 박트리아(Bactria; BC246~BC138)는 힌두쿠시산맥과 아무다리아강 사이에 고대 그리스인이 세운 나라다.

면한 시대에서 전진할 길이 막혀 어둠에서 헤맬 때에 위대한 고전문학은 별과 같이 또 다시 나갈 길을 비쳐줄 수 있는 것을 의미한다. 나라마다 세계적인 명작과 위대한 문인들을 가지고 있다. 예를 든다면 영국의 셰익스피어, 독일의 괴테, 프랑스의 위고 등 실로 많은 작가와 작품들이 있는 것이다.

고전의 집적(集積)은 풍부한 문학적 유산으로 현대문학의 온상이 되며 모체가 되는 것이다.

이러한 의미에서 현대 조선문학의 온상과 모체를 찾아보려 한다. 어떠한 민족이나 역사를 거슬러 올라가면 갈수록 각 민족의 예술은 대개가 고립상태에 있고 세계적 상호관계라는 것이 없다. 그러나 근대나 현대에 이를수록 이들은 서로 영향을 주고받으며 밀접한 교류작용을 하는 것이다.

조선의 고전과 유산은 무엇인가?

순수한 조선문학의 고전이라 하면 구전가요·민요라든지 혹은 이두문(吏讀文)으로 기록된 향가 그리고 시조 등을 들 수 있다. 그밖에는 전부 한문으로 기록된 시편(詩篇) 소설류가 있을 뿐이다. 고대인의 한문은 다만 자기의 글이 없는 까닭에 이용하는 수단으로서 사용되었을 뿐만이 아니라, 이 한문은 곧 중국문화를 그대로 받아들여 조선정신의 쇠퇴를 일으키는 원인을 만들기도 하였다. 그러므로 조선사람의 붓으로 된 한문소설류는 대부분이 중국문학의 모방이었다. 그것은 중국문학에서 육조 시대의 귀신지괴(鬼神志怪)의 서(書), 당의 전기문(傳奇文), 명의 신마소설(神魔小說) 등의 귀신이나 신선이야기 또는 황당한 엽기적인 내용을 그대로 흉내 낸 것, 번안한 것 등이 대부분이다.

그러면 현대 조선문학은 이들과 어떠한 관계를 가질 수 있느냐는 것이다. 다시 말하면 이러한 작품들이 현대 조선문학에 무엇을 기여하였느냐. 조선에서는 이러한 고전이 어둠을 비치는 별이 될 수는 없었던 것이다. 새로 일어나는 조선의 민족문학은 사대사상, 모화사상의 부패된 정신을 깨뜨려버리려는데 오히려 커다란 임무가 있었다. 그러므로 진실한 의미에서 말한다면 현대문학은 그 자체가 새로운 전통이 되며 별이 되며 광명이 되기 위하여 떨쳐 일어난 것이다.

첫째로 현대 조선문학은 한문으로부터 해방되어 조선어문에서만 민족문학의 첫 출발의 조건을 삼았다. 비로소 언문일치(言文一致)의 문장을 쓰기 시작하였다. 그러므로 복잡한 사상과 온갖 정열의 가닥가닥을 참신하고 치밀하며 정확하게 표현할 수 있게 되었다. 여기에서 한문학과 조선어문학은 완전히 분리될 수 있는 것이다.

둘째로 이른바 조선의 한문학적 고전이 가지고 있는 내용 즉 사상성을 말하자면 작품의 대부분은 유불(儒彿)사상의 표현이다. 가령 신마(神魔)소설, 전기소설류의 황당무계한 소설이라 할지라도 결국 유불사상의 인생관이 그 근본을 이루어 인간을 오랜 세기 동안 허례(虛禮)와 종교적 전형(典型) 속에서 구속 상태를 계속하여 왔던 것이었다.

조선민족을 암흑과 파멸의 구렁텅이로 몰아넣게 한 관료 만능, 예속사상, 인종(忍從), 허례, 구속(拘束), 사대(事大) 등의 모든 부패한 사상을 깨뜨려 부수고 거기서 뛰쳐나와 민족 재건의 봉화를 높이 들어 신조선 건설을 세계에 선언하려는 새 세기 조선민족의 사상성이 현대 조선문학의 중대한 내용을 형성하였던 것이다. 그러므로 진부한 고각(古殼) 속에서 신세기의 인간이 생활할 수 없음은 물론이다. 더욱이 유교사상의 극치는 인간의 개성과 정열을 제한하며 거세하여 개인은 말할 것도 없고 민족적으로도 거의 무표정 무감각의 생활 속에서 신음하여 왔던 것이다.

다만, 구전(口傳)하는 소수의 옛날 대중적 가요나 향가 중에서 민족 생활의 진상(眞相)과 순수한 정서의 편린을 찾을 수 있었으나, 분류(奔流)와 같이 터져 나오는 혁명적인 현대 조선문학을 육성하기에는 너무 늦고 미약하였다. 사실상 이것이나마 조선의 고전으로서 연구되기 시작한 것은 현대문학이 새 출발을 한 지 오랜 후의 일이었다. 그것은 조선의 현대문학이 침체 정돈(停頓)되었을 무렵 타개책으로 세계문학에서 고전의 별을 찾게 될 때 비로소 조선의 고전도 돌아보게 된 것이다.

이것은 1930년 전후에 발생한 세계문단이 동시에 침체되면서 어둠을 비쳐줄 수 있는 별들이 나타나기를 기다리던 때였다. 그러나 현대 조선문학은 조선만이 가질 수 있는 특수성에서 처음부터 독자적인 창조의 길을 걸어왔다. 이 새로운 길을 위하여 세 가지의 기본적인 준비가 필요하였다.

첫째, 조선말과 글의 완전한 표현이다. 즉 언문일치(言文一致)의 확립이었다.

둘째는 유교사상의 전형 속에서 형성된 부자연한 생활의식에 대한 예리한 비판이니 진부한 고각(古殼) 속에 갇혀 있던 인간의 본체를 찾음으로써 비로소 건전하고 명랑한 민족생활을 건설하려는 것이다.

셋째는 새로운 인생관을 수립하는 것이다. 이것은 과학적이며 사실적(寫實的)인 세계에서 자아의 무한한 발전을 위한 사상성의 수립이었다.

이와 같이 현대 조선문학은 어문에서 인간성에서 사상성에서 전래의 케케묵은 관습을 깨뜨리고 넓은 신천지를 찾아 그곳에서 자아와 민족을 찾고 사상을 찾기 위한 혁명정신의 발로였다. 이리하여 조선문학은 자기를 비추어줄 별들을 기다리는 대신 자체가 별의 임무를 수행하며 따라서 미래 문학의 빛이 되기 위한 발전을 하지 않으면 아니 되었다.

2

현대 조선문학은 시야를 넓혀 세계적으로 교류관계에 참여하면서 자연히 세계적 고전에서 그 온상을 발견하게 되었을 뿐만 아니라, 거기에는 조선의 새로운 세기에 영합될 만한 풍부한 사상의 보고(寶庫)가 있어 젊은 작가들을 열광시키며 심취하게 하는 정열의 여신이 부드러운 두 팔을 벌리고 따뜻한 포옹을 아낌없이 주고 있었던 것이다.

조선의 젊은 작가들이 구미문학에서 영향을 받았음은 필연적 사실이다. 그러므로 조선의 새로운 민족문학은 세계문학에서 수법과 사상을 섭취하여 세계문단과 동일한 방향을 바라보고 행진을 시작하게 된 것이다. 다시 말하면 세계적 고전문학과 그 유산은 곧 현대의 조선문학을 육성하는 자양(滋養)도 될 수 있었던 것이다.

특기할 만한 것은 구미작가의 작품 가운데서도 사색적인 것과 사상적인 것이 더 많이 읽혀졌다. 따라서 조선문학의 방향도 향락적인 것보다는 사상적인 데로 기울어졌다. 오랫동안 유불사상에서 개성의 자유가 구속되었으며 민족적으로 정치적 자유가 없었기 때문에 여기서 해방되기 위한 사상에 더 흥미를 가졌던 까닭이다. 그러므로 문학운동도 민족해방운동의 일익(一翼)으로서 합류하게 되었던 것이다. 일례를 들면 루소의 혁명적 자유사상이 당시 청년들에게 절대적으로 영합(迎合) 구가(謳歌)되었으며, 또 혁명 전야의 러시아 작가들의 작품이 애독되었던 사실 등을 열거할 수 있다.

조선의 신문학운동 초기에 애독된 작품의 외국작가들은 대체로 톨스토이, 푸시킨, 투르게네프, 도스토예프스키, 고리키, 고골리, 체호프, 괴테, 하이네, 셰익스피어, 바이런, 와일드, 휘트먼, 포우, 위고, 모파상, 플로베르, 졸라, 베를렌, 보들레르 등이다.

그 중에도 혁명 전야 러시아 작가들의 작품이 더 많이 읽혀진 것은 그들의 생활과 사상이 조선청년들의 심금을 울릴 수 있었던 때문이었다. 제정러시아의 전제정치 아래서 신음하던 인민의 참담한 상태가 일본의 전제 밑에서 신음하는 조선사람의 불행한 생활과 같은 까닭에서다. 그때의 러시아의 도시노동자들은 자본가와 특권계급의 잔인한 착취로 굶주리고 헐벗었다. 농촌에는 농노제도가 있어 농민들은 마소와 같은 생활을 할 뿐 권력과 자유가 없었다. 압박과 굶주림에 허덕거리면서 자유와 해방을 갈망하였다. 지식인들은 정치적 자유가 없었던 까닭에 비밀결사 지하운동에 몸을 바쳐가면서 싸우다가 투옥, 유형, 사형 등을 당하는 것이 그 당시 제정러시아의 자태(姿態)이었다. 그들의 문학이 이러한 환경에서 창작되며 또한 이곳에서 인생 문제의 모든 과제가 제출되었던 만큼 민족운동에서 동일한 고뇌를 당하고 있던 조선작가의 심금을 울린 것은 당연한 일이었다.

그렇다고 남유럽의 화려하고 현란한 문학이 조선문학과 무관하였다는 것은 아니다. 말하자면 조선문학은 북유럽 문학에서 사상성을 섭취하였고, 남유럽 문학에서 난숙(爛熟)한 형상과 예술적 방향(芳香)을 찾으며 배웠던 것이라고 말할 수 있다. 그 다음으로는 일본에서 받은 사조다. 그러나 사조(思潮)라는 것은 일본의 것보다는 역시 세계사조라고 할 수 있다. 일본은 명치유신 이후 세계사조와 문화를 흠씬 받아들여 번역문화의 개화기를 만들었던 까닭에 대부분의 외국문학도 일본어를 통하여 조선작가들의 식견을 넓혀 주었던 것이다. 그러므로 일본에서 유행된 세계사조는 일 년 후면 반드시 조선에 건너왔다. 그들의 강력한 일본어 교육의 결과는 필연적으로 이러한 과정을 만들고야 말았다. 이러하므로 현대 조선문학사상에 있어서도 사조 변천의 줄거리가 어느 정도로 일본 현대문학사와 같은 점이 있게 된 것이다.

이에 따라 일본의 신세대를 대표하는 명치·대정 문단의 거장들의 작품이 많이 읽혀졌다고도 할 수 있으나, 이런 것은 하나의 삽화적 사실이고 조선의 문학정신을 형성하는 데 아무러한 영향된 바를 찾을 수 없다. 다만 조선문단과의 교류관계라는 것은 세계사조를 전해주는 중계적인 중요성이 있었을 뿐이다. 일례를 들면 일본이 세계문단에서 받아들인 세기말적 사상이 곧 조선문단에 들어오게 되며 또 일본에서 유행하던 자연주의문학이 얼마 후에 조선문단에 옮겨오게 된 것이라든지, 그 후 큰 세력으로 일어난 계급문학이 또한 그대로 조선문단의 주류를 이루었던 사실로 보아서도 알 수 있다.

이상과 같이 현대 조선문학은 여러 가지 의미에서 역경에 있으면서도 세계문학에서 필요한 사상을 찾아 새로 일어나는 민족문학의 건설을 꾀하기에 노력하였던 것이다.

3

조선의 현대문학은 민족의 정치적 각성과 한가지로 일어났고 민족해방운동과 병행하여 성장하였으며 민족적 고뇌 속에서 사색하여 왔던 것은 피치 못할 사실이었다. 그러므로 이러한 민족생활의 환경을 갖고 민족 감정 속에서 자라난 조선의 현대문학은 보다 더 많은 사상성을 내포하게 되었다. 따라서 외국문학에서 제일 먼저 섭취한 것은 사상성이었으니 이것 없이는 만족할 수 없었던 까닭이다. 난숙한 형식을 배우기 전에 먼저 무엇을 표현하겠느냐 하는 문제에 보다 더 주의를 집중시켰다. 정서적인 면보다도 지성적인데 더 많은 흥미를 갖게 하였고 예술을 향락하는 것보다도 더 많이 인생을 탐색하려고 하였던 것이다.

문화에 뒤떨어진 민족의 과학에 대한 연구열이 엄청나게 높은 것처럼 문학에서도 과학적인 관찰과 철학적인 결론에 초조(焦燥)하였다. 그러므로 현대 조선문학 전반을 통하여 본다면 '예술을 위한 예술' 운동은 초기적 현상에 불과하고, '인생을 위한 예술'의 탐색이 주류를 이루었다고 말할 수 있다. 그런 까닭에 현대 조선문학은 계몽적 주관적 철학적인 데가 많았고 형상적이며 향락적이며 심미적인 면이 적었다고도 볼 수 있다. 이에 대하여 또 한 가지 이유는 조선의 신문학운동의 역사가 극히 짧아서 화사(華奢)한 형식의 집적(集積)이 있기 전에 민족의식의 당면한 과제가 앞서게 되었다고 말할 수 있다.

그러면 사상성(思想性)의 구체적 사실이 무엇인가.

첫째로 권선징악의 재비판이요, 둘째는 개성 해방과 자유를 위한 투쟁이요, 셋째는 민족해방을 위한 혁명의식의 고양이요, 넷째로는 계급의식을 위한 투쟁이었다.

그 다음으로 현대 조선문학의 전폭적인 반성기가 시작되었다. 권선징악은 조선의 고대·근대소설에 나타난 한 전형적인 사상이다. 이것은 조선의 불교·유교사상과 한가지로 조선의 지식계급뿐 아니라 대중적 의미에서 조선사람의 정신이고 신앙이며 사상이었다.

그러나 과학적인 현대사상에 비추어볼 때, 너무도 주관적이고 소극적이며 종교적이며 부분적이었다. 현대사회에서 권선징악이라는 표어로 사회의 질서를 유지하고 개인의 도의심을 육성하기에는 무능력한 구시대의 관습이 되고 말았던 것이다.

인생의 본체를 찾으며 선악의 심오한 데서 본연의 인간성을 나타내려는 현대문학에서는 벌써 인위적인 데에서 과학적인 새로운 단계로 올라온 것이다. 이러하므로 고대소설에 나타난 '권선징악'의 형식과 내용은 현대문학을 그곳에서 확연히 구별하고 만 것이다.

현대 조선문학의 초창기 작품에 나타난 신구(新舊)사상의 투쟁이란 것은 무엇인가. 그것은 말할 것도 없이 조선 500년 동안 유학적 의식에 대한 투쟁이었다. 충효(忠孝) 의절(義絶)과 인의 예법(仁義禮法)에 대하여 굴욕적인 허식에 대한 싸움이었다. 유학을 숭상하는 나머지 중국 제일주의로 스스로 굴욕을 만들어 민족 자주의식을 쇠패(衰敗)하게 하며 유학 이외의 학문은 사문난적(斯文亂賊; 유교의 질서와 학문을 어지럽히는 사람)의 이학(異學)이라고 배척하여 세계적 진출의 길을 막아 스스로 후진 문화의 민족적 비운에 빠뜨리게 하였다. 그뿐만 아니라 번문욕례(繁文縟禮; 번거로운 글과 허례허식)를 일삼아 개인의 자유의식을 봉쇄함은 물론이고 새 세대의 추진력인 청년들의 의지를 꺾고 말았던 것이다.

세계무대에서 민족 재건의 봉화를 든 현대 조선청년의 사상이 유학적 사상과 충돌한 것은 당연한 일이다. 따라서 그러한 사상적 투쟁생활이 초창기 문학작품에 표현된 것도 타당한 일이었다. 이에 뒤를 이어 새로운 세대의 정열은 세찬 물줄기로 터져 나왔다.

이 분류(奔流) 가운데서 시를 읊조리고 소설을 쓰고 평론을 썼다. 한편 둑을 터뜨리고 쏟아져 들어오는 외국의 문예사조는 벅차게 뒤를 이어 그칠 줄을 몰랐다. 조선의 작가들은 한 가지를 충분히 이해하기도 전에 다음 사조(思潮)를 따라가기에 바빴다. 낭만주의니 자연주의니 사실주의니 하는 여러 사조가 주마등같이 지나가고 다다른 곳이 민족문학과 계급문학의 대진(對陣) 상태였다. 이러한 분위기는 오랫동안 계속되었다.

본래 현대 조선문학은 출발이 민족의식으로 조선민족의 이상과 정열과 애수와 고뇌가 그대로 표현되었던 것이다. 그러나 이것은 발전에 따라 개인주의로 분화되기 시작하여 개인의 정서와 고뇌와 향락과 운명에서 각각 그 인생관을 만들어 내었다. 말하자면 민족적인 데로부터 넓은 의미의 인생 문제에 이르렀던 것이다. 그러나 '인생은 무엇이냐'는 것보다 '어떻게 살아갈까'가 당시 조선작가들의 관심을 끄는 중요한 과제였다. 비록 짧은 동안이기는 하였으나 예술의 상아탑을 쌓고 있던 조선의 젊은 작가들은 결국 비참한 민족적 현실생활로부터 생긴 커다란 회의(懷疑)에서 헤매게 되었던 것이다.

이러한 때를 당하여 권력과 전제적 세력에 항쟁하여 압박과 기근(饑饉)과 고뇌(苦惱)로부터 대중을 해방한다는 운동이 세상 한편 구석에서 전개되고 있었으니, 그것은 공산주의 원리에서 혁명국가를 세웠다고 과장하여 떠들던 기괴한 존재이었다. 이른바 그들의 표어는 전제적 세력을 거꾸러뜨리고 제국주의 자본주의를 타도하여 약소민족을 해방하며 인민에게 자유와 행복을 준다는 것이다.

소위 유명한 '만국의 노동자여 단결하라!'라는 표어는 그들의 유일한 목적이며 국제공산당의 지상명령이었다. 그리하여 정치적으로 그들은 세계 적화를 기도하였던 것이다. 당시 이 국제 공산당의 맹렬한 활동은 거의 전 세계 무산계급을 혁명의 투쟁 속으로 집중시키고 말았다. 극동에는 일본이 놀랄 만한 세력으로 계급운동이 발전되어 지하에서만 활동을 하여오던 무산 정당이 합법적으로 활동을 하게까지 되었다. 그리고 출판 문화면에도 정치, 경제, 문학, 기타 각 방면에는 모두 좌익 서적이 넘쳐 나왔다. 그야말로 욱일승천의 기세였다.

이것이 1925년을 전후한 사회정세였다. 그런데 일본의 공산주의 운동은 일본의 특권 자본계급을 거꾸러뜨리고 국체(國體)를 변혁하는 것이 그들의 목적이었다.

이러한 때에 조선의 민족주의적인 비탄(悲歎)과 불평 그리고 애수로는 민족해방을 위한 투쟁력이 너무도 미약하였던 것이다. 조선민족운동은 무산계급과 동일한 보조를 취하여 일본의 국체를 거꾸러뜨리는데 합세할 필요성이 충분히 있었다. 그리하여 조선민족의 해방운동은 그 목적 실현을 위하여 마르크스주의의 동정자를 얻었다. 결국 마르크스주의적 사상계급에 합류한 것이다.

새로운 인생문제를 둘러싸고 회의와 환멸에서 헤매던 조선문학이 비로소 민족문학의 새로운 후계자로 계급문학의 길로 발전하게 되었던 이유도 실로 이곳에 있었다. 그러나 다만 목적만을 위한 것이었고, 조선은 역시 조선으로서의 특수성이 있었던 것이다.

그때 조선의 민족문학이나 계급문학의 이념은 한가지로 일본의 제국주의에 대한 항쟁이었다. 조선의 마르크스주의자의 진정한 임무라는 것은 공식적 계급투쟁으로 민족을 분열하려는 것이라기보다는 정치적으로 민족 전체를 한 개의 강력한 힘이 되게 하기 위하여 투쟁하는데 의의가 있었다. 그리하여 일본 제국주의에 항쟁함이 마땅하였다. 그런데 공식적 기계적 마르크스주의자들은 조선 재래의 민족운동과 합세할 것인가 분열할 것인가에 관하여 실로 지리멸렬한 이론투쟁이 있었다.

그러나 현실은 이론보다 명확한지라 드디어 1927년 2월 15일에 민족단일당, 민족협동전선이란 양대 표어 밑에서 '신간회(新幹會)'가 탄생한 것이다.

이러는 동안 매년 조선민족의 생활은 경제적으로 몰락의 길을 걸어가 전부 무산계급으로 전락하기에 이르렀다. 그러므로 경제적으로도 조선사람의 투쟁 대상은 일본 자본계급이며 정치적으로도 제국주의적 권력이었다. 이미 조선의 계급운동은 민족적 특수성을 내포하고 있었던 것이다. 이러한 의미에서 조선의 계급문학은 이른바 정치적 방향전환을 하여야 한다고 새로운 이론의 전개까지 보였다. 결국 최고계급에서 엄정한 자기비판과 아울러 보다 더 높고 깊고 넓은 민족문학의 새로운 설계도를 암시하였던 것이다. 그러나 새로운 맹아(萌芽)를 보지 못한 채 또 다시 조선문학은 중일 미일전쟁 중 암흑의 심연으로 빠져 들어가고 말았다. 그러므로 현대 조선문학은 사상성에서 어떠한 시대 어떠한 형식에서라도 조선민족의 투쟁과 이념을 찾을 수 있는 사실성(寫實性)을 무엇보다도 귀중히 내포하고 성장하여 온 것이다.

제4장 '신소설'과 현대 조선문학

1

 현대 조선문학을 위한 준비 단계로 이야기책 시대 즉 '신소설' 시대를 말하려 한다. 이것을 본론에 넣지 않고 서론에서 말하려는 것은 조선문학의 현대적 성격을 더욱 명확하게 하려는 까닭이다.
 따라서 여기에서는 '신소설'에 대하여 일반적 현상이 아닌 시대적 특수성을 설명하려 한다.
 그런데 신소설은 대중적 의미에서 등한(等閒)히 할 수 없는 것이 있다. 그것은 실로 많은 수의 독자를 가진 까닭이다. 독자층 가운데 대부분은 부녀자와 농촌 대중으로 비교적 지식 정도가 낮은 사람들이었다. 매년 농한기에 수십만 권의 신소설이 농촌으로 퍼져나갔다. 그 외 문학 서적은 일반적으로 재판(再版)이 되기까지 몇 년이 걸리던 때라 놀라지 않을 수 없는 일이다. 신소설은 굵은 4호 활자로 인쇄한 읽기 좋은 이야기를 써놓은 것이다. 양으로 보더라도 50~60페이지쯤이 보통이고 많아야 100페이지를 넘지 않아 대개 하룻밤에 읽어버리고 길어야 이틀을 넘기지 않을 정도다. 문장은 음독하기 좋도록 7·5조나 4·5조와 같은 일정한 선율로 되어 있다. 그리하여 농촌의 석유 등잔 침침한 방에 모여 앉아 한 사람의 목청 좋은 낭독자가 큰 소리로 읽으면 다른 사람들은 듣고 함께 즐기기에 편리하게 구성하였다. 각 가정에서도 또한 같은 방법으로 이야기를 듣고 또 읽었다.

　이야기책을 신소설이라고 부르는 이유는 고대소설에 대하여 현대적인 뜻을 나타냄은 물론이려니와 한문소설에 대한 순국문소설의 의미도 있으며 옛날이 아닌 새로운 시대 생활의 이야기라는 뜻도 될 것이며 옛날 사회도덕과 인습에 대하여 신사회 도덕을 내용으로 하였기 때문이기도 하다.

　그리고 또 황당무계한 가공적 이야기에 대하여 현실적인 생활에서 얽어진 이야기인 까닭에 신소설이란 이름을 지었다고 생각할 수도 있다. 더 현실적으로 말한다면 신소설을 개화(開花)소설이라고 해도 좋을 것이다. 개화운동이란 선진 제국의 문물을 배워야겠다는 일종의 문화·사상운동이었다.

　19세기말 쇠퇴한 조선을 침략하려고 외국의 세력들이 난마(亂麻)와 같이 어지러이 몰려 들어왔다. 고뇌와 초조한 가운데 조선현대사의 첫 장이 열리려던 때는 또한 조선의 민중운동이 일어나던 시기이기도 하였다. 과학과 문화가 뒤떨어져 외국의 침해를 받게 된 것을 자각한 조선의 지식인들은 선진국의 문물을 받아들여 하루바삐 민족의 재흥(再興)을 꾀하려는 운동을 일으킨 것이다. 학교를 만들어 교육 보급과 아울러 인재를 육성하며, 신문 잡지 등을 간행하여 민족의 계발 향상을 실행하였다. 조선을 암흑의 구렁텅이에 빠뜨리게 한 사대사상을 깨뜨리고 조선청년의 의기(意氣)를 말살하던 유학적 굴레에서 벗어나 머리를 깎고 양복을 입고 개화장을 짚고 해외로 유학을 가는 것이 다 개화운동이었다.

　그때로 말하면 머리 깎고 학교에 가는 젊은 사람을 볼 때 부로(父老)

들은 기가 막혀서 입을 벌릴 뿐으로 공자의 말씀에 신체와 발부는 부모에게서 받았다하셨거늘 제 마음대로 머리를 깎고 외국학문을 배운다는 것은 오직 무학패류(無學悖類)의 할 짓이라고 탄식하였다. 이곳에서 신구 세대 간의 갈등이 생기고 옛 사상과 새 사상의 투쟁이 시작된 것이다. 새 사상은 곧 개화운동의 사상이었다.[5]

개화운동은 갑오경장(1984년) 이후에 더욱 큰 세력을 가지고 일어났다. 이 시대의 생활과 의식을 가장 명확하게 표현한 것이 '신소설'이었다. 그러므로 신소설 시대는 자연히 갑오 후 10년(1894~1904년) 동안으로 정할 수밖에 없게 된다.

그동안에 신소설 작품의 종류는 매우 많아 정확한 수를 헤아리기 어려운 정도에까지 이르렀다. 김태준의 〈조선소설사〉 조사연구표에 보면 한 서점에서 간행한 것만 해도 40여 종이나 될 정도로 상당수에 이른다. 그 중에서 저명한 것은 이인직의 〈귀의 성〉 〈치악산〉 〈혈의 누〉

---

[5] 엮은이 주: 신소설은 고전소설과 현대소설의 틈새에서 교량역할을 한 과도기의 소설이다. 주제면에서 권선징악의 요소를 계승하였으나 작중인물·사건이 현대이고 표현에 있어서도 언문일치와 산문적인 문장이라는 데서 고전소설과 차별화된다. 다만, 고전소설에서의 근대성을 간과한 근시안적인 관점이 문제점으로 보인다. 70년대 들어 '신문학'이라는 중간항이 전통계승이냐 단절 또는 이식문화냐의 논제를 융합적 사유로 재해석해 놓은 저서가 김윤식·김현의 〈한국문학사〉라고 할 수 있다.
윤영천은 '신소설의 전통계승 여부'에서, "신소설의 주요 인물은 교묘히 결정적인 '위기를 외면'하는 '친일적 개화파'가 대부분인데, 작가는 작품 자체의 내적 통일이라는 문제는 전적으로 외면한 채 쉽사리 표면적 주제를 포기하고 '이면적 주제'인 도덕적 당위로서의 인습으로 재빨리 후퇴함으로써 결국 '주제의 괴리현상'을 몰고 오는 이런 인물을 만들어냈다. (중략) 따라서 이는 개화기 지식인으로서의 신소설 작가의 기회주의적 태도의 소산이라고도 할 수 있으니, 한편으론 개화를 부르짖으면서도 걸핏하면 교훈적 엄숙성을 앞세워 '독선적 인습'의 칼날로 가차 없이 민중을 내려친 '사이비 개화파 작가'의 은폐된 비열한 속성이 여기서 나타난다"라고 하며, 이런 소설 속의 인물들은 하나같이 운명론적 인생관에 깊이 침윤된 체제순응적 인물로서 독자들에게 패배주의적 세계관을 조장시켜 주는 독소적 요인으로 작용한다고 덧붙였다.

〈은세계〉, 이해조의 〈빈상설〉〈자유종〉〈모란병〉〈소양전〉〈구의산〉〈쌍옥저〉〈누구의 죄〉〈봉선화〉 등이고, 최찬식의 〈추월색〉〈금강문〉〈도화원〉〈능라도〉〈강산촌〉〈춘몽〉〈여의 화〉〈형월〉〈새벽달〉〈일엽청〉〈열혈〉 등이고, 이상협의 〈재봉춘〉, 선우일의 〈두견성〉, 김익수의 〈설중매화〉, 김교제의 〈난봉기합〉〈경중화〉 등이 있다.[6]

2

신소설에 나타난 시대, 생활, 사상 등을 알아보기 위하여 이인직과 그의 작품을 살펴보기로 한다.

국초 이인직은 경기 출생이다. 일찍이 정치에 뜻을 두고 일본에 유학하여 신학문을 배운 사람으로 당시 개화사상에 열렬한 청년이었다. 그러나 정치운동이 마음대로 되지 않아서인지 문예 방면으로 방향을 틀었다. 그는 일본에서 귀국하면서 소설을 쓰기 시작하여 〈귀의 성〉을 비롯한 〈혈의 누〉〈치악산〉 외 여러 편의 작품을 발표하였다. 그리고 조선 신극운동에도 뜻을 두어 〈설중매〉〈은세계〉〈김옥균사건〉 등을 각색하여 원각사에서 연출한 일이 있다. 광무 10년에 창간한 '만세보'의 주필로 활동하면서 여기에 〈귀의 성〉을 연재하기도 하였다.[7]

---

6. 엮은이 주: 신채호의 〈을지문덕〉(1908년)은 그의 사상이 지닌 전체상을 보여주는 작품이다. 장지연의 전기·번안소설 〈애국부인전〉(1907년)이 있다. 안국선의 〈금수회의록〉(1908년)은 당시의 현실을 비판한 이유로 판매금지 되었다. 이 작품은 일본소설 〈인류공격금수회〉(1885년)를 창작요소로 가미하여 개작 번안한 것으로 알려졌다. 회월문학사에서는 이들을 다루지 않은 것이 아쉽다. 우리가 '개화기문학'을 거론할 때 이인직, 이해조, 안국선, 최남선, 이광수 등이 반민족적이었거나 정신경향이 외래지향인 면에서 주체성 문제와 부딪친다는 사실을 외면해서는 안 되기 때문이다.
7. 엮은이 주: 이인직(1862~1916)은 대한제국 말기 친일개화파로 일본에 망명하여 러일전쟁 때 일본군 통역으로 귀국한 후 신문사에 근무하면서 정치소설을 쓰고 신파극

그러면 그의 작품 중에서 〈치악산〉을 뽑아 살펴보기로 한다. − 〈치악산〉의 이야기 줄거리 (생략) −

'신소설'은 이야기를 만드는 줄거리라든지 주인공이나 기타 인물들의 구성이 대개가 동일형의 것이 많다. 그 중요한 것 몇 가지를 말하면,

첫째로 양반들에 대한 증오와 불평이다. 즉 양반과 상인(常人)의 생활을 반드시 대조하여 놓았다. 그리하여 시대에 적합하지 않은 양반생활의 몰락을 그리며 옛날 꿈만 꾸고 있던 양반생활의 부자연하고 불합리한 것을 조소할 뿐만 아니라 상인이나 하층계급의 사람의 입을 빌어서 양반을 욕하고 저주하는 것이다.

〈치악산〉에는 이판서 홍참의가 나오고 〈귀의 성〉에는 김승지 강동지의 생활이 대립되었으며 〈춘몽〉에는 서판서가 나오는 등, 또 상대자의 인물들은 모두 양반을 미워하는 사람들뿐이다. 이것은 그 시대의 생활과 사상을 그대로 표현한 것이었다.

국가의 재생과 민족의 재흥(再興)을 위하여 반드시 민족 전체의 행복이 될 수 있는 새로운 사회제도의 이상이 용솟음쳐서 끓어 나왔던 것이다. 〈귀의 성〉에서 보면 "양반을 보면 대포로 놓아서 무찔러 죽여 씨를 없애고 싶은 생각이 있으면서 거죽으로 따르고 돈을 보면 어미 애비보

운동을 일으키는 한편, 이완용의 비서로 한일합방의 이면공작을 벌인 인물이다.
전규태는 '개화기 시가의 재검토'에서, "이인직이 일본 제국주의적 침략에 대해 위기의식을 갖기는커녕, 오히려 제국주의의 식민정책과 일치하는 국가관을 서슴지 않고 받아들일 수 있었고, 그들 편에 서서 그들의 이익에 합당한 일을 꾸미고 다닐 수 있었던 것이다. − 소설을 하나의 도구로써 계몽 내지는 선도의 목적 수단으로 삼아 친일적인 색채를 농후하게 띠었다."라고 하였다. 조동일은 그가 우리 고전문학의 전통을 계승하는 데 실패했고 극히 공허한 형식에다 뿌리 없는 구호를 담았다고 비판한다. 그러함에도 신소설의 길을 연 그의 공적은 크다고 하겠다.

다 반갑고 계집 자식보다 저해하는 마음이 있어서 속으로 따른다"하는 말이 있다. 이 말은 그때의 사회실정을 그대로 나타낸 말일 것이다. 양반들은 정치에 참가하여 당쟁을 일삼아 서로 죽이고 모해하는 동안에 국운이 기울어지는 것도 깨닫지 못하였으며 다만 일반 대중을 천대하며 착취, 압박하는 것이 그들의 정치였다. 그리고 중국 이외의 선진 제국을 오랑캐라 하여 쇄국정치를 굳게 하는 동안 과학과 문화에 뒤떨어져 나라와 민족이 쇠패(衰敗)하게 되었다는데 그 이유가 있는 것이다.

둘째로 개화운동의 촉진과 신구사상의 충돌이다. 새로운 세기를 맞는 조선의 청년들은 신학문을 배워서 다른 나라 사람과 같이 살아야 한다는 생각에 불탔다. 그리하여 신소설에 나오는 청년 주인공들은 대개가 일본 유학이나 미국 유학의 길을 떠나는 것이다. 〈치악산〉에 나오는 청년 주인공도 일본 동경 조도전대학에서 배웠고 〈춘몽〉에 나오는 청년도 같은 대학에서 배웠다. 따라서 신소설에는 대개가 일본 동경이 나오고 상야공원, 불인지(不忍池) 등이 나온다. 이것 또한 서양문화가 일본을 거쳐 조선에 들어왔던 까닭에 피치 못할 시대상일 것이다.

이 곳에서 신구사상의 충돌이 생기게 되었으니 보수사상과 개화사상의 싸움이었다. 양반 부로(父老)들은 공자나 맹자 이외에는 학문이 없고 또 있되 참된 학문이 아니라고 생각하여 청년 자제가 일본이나 서양으로 유학을 갔다면 그 집은 망한 것으로 생각하였다. 〈치악산〉에서 청년 홍철식이가 일본에 갔단 말을 듣고 그의 아버지 홍참의는 노하여 말하기를 "남의 외아들을 꾀어서 대강이를 깎아 일본으로 들여보내는 심사가 무슨 심사란 말이요"하고 부르짖었다.

셋째는 노예제도에 대한 불평이니 신소설에는 으레 여종 남종이 나온다. 양반의 집에는 반드시 계집아이나 사내의 종이 있으며 주인이 해방해 주기 전에는 일평생 남의 집 종으로 있다가 죽게 되는 운명에 있는 것이다. 〈치악산〉에는 이씨 부인의 몸종 검홍이가 있고 〈귀의 성〉에는 김승지의 마누라의 종 점순이가 있고 〈빈상설〉에는 이씨 부인의 종 복단이가 있다.

  이 종들은 주인들을 겉으로는 충직하게 섬기고 속으로는 크나큰 불평이 있다. 그렇다고 또 적극적인 투쟁을 한 것도 아니다. 다만 노예에서 해방되기만 갈망할 뿐이었다. 〈치악산〉에 나오는 악독한 김씨 부인의 종 옥단이는 주인과 더불어 이씨 부인 죽이기를 공모할 때 이것이 성공되거든 상급(賞給)을 달라고 조건을 내어 걸었다. 주인이 무슨 상을 달라는 말이냐고 물을 때 옥단이는 "쉰네 같은 양반의 댁 종년은 상전을 위하여 큰 공이 있어서 속량(贖良; 解放)이나 얻어 하면 일등 훈장이나 타고 대신(大臣)한 것이나 다름이 없겠습니다" 하였다. 이와 같이 노예생활에서 해방되기를 얼마나 갈망하였던가를 엿볼 수 있는 대목이다.

  넷째는 축첩(蓄妾)제도에 대한 비판이다. '신소설'치고 첩이 없는 것이 거의 없을 정도다. 본처와 첩 사이에 일어나는 싸움과 이로 인하여 생기는 가정비극이 신소설의 주제라고도 할 수 있다. 이것 역시 당시 조선 사회와 가정생활이 무너져 들어가는 중대한 문제이며 성생활이 어지러운 싸움의 근본이었던 것이다. 그리하여 본처는 첩을 없애려 하였고 첩은 본처를 죽이려고 하여 이 곳에 모해(謀害)가 늘 있고 범죄가 있으며 살인과 악행이 가정을 깨뜨리고 사회의 질서를 어지럽혀 놓았다. 신소설은 이러한 생활에서 시대상과 아울러 새로운 이상을 나타내려는 데서 그 가치를 찾을 수 있는 것이다.

이러한 것들이 신소설을 구성하는 공통된 요소라고 할 수 있다. 신소설은 개화운동이 기세 있게 일어나던 당시의 사회 실정을 반향(反響)할 뿐 아니라, 구사회나 개인생활의 부패하고 타락한 것을 해부하며 표현하였다. 그러나 이 시대는 각성기로 옛것에 대한 증오와 불평만이 있었고 철학적으로 확실한 건설적 신념이 부족하였던 까닭에 도덕면에서는 권선징악을 중심으로 한 구소설(舊小說)의 인생관을 그대로 답습하였던 것이다. 또한 소설적 형태에 있어서도 다소의 차이는 있으나 구소설의 형식에서 완전히 벗어나지 못하였다. 다만 신소설은 구소설에 비하여 시대적 사실성이 있으며 개화사상을 고조(高調)한 특이성이 있는 것뿐이다.

이와 같이 신소설은 신소설로서의 독특한 형태가 있으므로 현대 신문학에 이르는 교량의 임무를 가졌다고는 설명할 수 있으나 직접 신문학의 범주에 들어올 수는 없다고 생각한다.

이에 대하여 조윤제는 1940년 9월호 〈문장〉지에 실린 '조선소설사개요'에서 "이상(以上) 신소설이 고대소설로부터 출발하여 현대소설에 가까이 접근하여 왔음을 보았으나, 신소설은 아직 의연(依然) 가정 중심 소설이었고 또 전기체(傳記體)를 이탈하였느니 혹은 사실(寫實)을 존중하였느니 하여도 모두 완전한 것은 되지 못하였다. 그런데 한편 사회제도는 나날이 변경하여 가고, 거기 따라 가족제도는 거의 붕괴하다시피 혼란하여 새로이 개인주의 자유주의가 물밀 듯 들어오며 또 기미년을 전후하여 일반사회의 지식교양이 월등히 높아지며 동시에 문단에는 상당한 고도의 외국문학이 영향하여오니 한때 소설 문단에 독보하던 신소설의 형태도 이제는 벌써 고전의 과정을 밟게 되고, 거의 그 명맥을 무명작가의 활동에 맡겨 비교적 보수적인 농민계급에 독자를 구하여 후퇴하였다"라고 정당한 의견을 발표하였다.

위에서도 말한 바와 같이 신소설과 현대문학과는 문학 형태의 범주가 다르므로 물론 현대문학과는 구분되어야 할 것이다. 그러므로 서론에서 현대 조선문학과의 관계를 간단히 설명하기 위하여 신소설을 구성한 요소를 분석하며 아울러 그 시대성만을 고찰한 것이다.

| 제1편 |

청춘 조선의 정열과 이상

제1장 신문학 건설의 출발

1

조선의 현대문학은 춘원 이광수로부터 시작한다. 그러나 춘원과 아울러 조선문학 건설의 공헌자인 육당 최남선의 존재를 또한 생각하지 않을 수 없다. 육당은 넓은 의미에서 조선문화 건설자의 한 사람이다. 그는 사학가인 동시에 문예가다. 그는 1890년 서울에서 출생하였다. 최남선은 새로 일어나는 조선의 문학운동에 몸을 바쳐 계몽운동을 일으키기 위하여 '광문회(光文會)'를 창설하여 조선의 고서(역사류)를 간행하는 한편 '신문관(新文館)'을 만들어서 잡지와 외국문학류를 번역 출판하여 신대한(新大韓)의 힘을 기르기에 노력하였다. 또한 신문학 창작에 붓을 들어 산문, 자유시, 시조 등을 쓰기 시작하였다. 당시에 국문의 언문일치로 시를 쓴다는 것이나 시조를 새로 짓는 일들은 모두가 새로운 첫 시험이었다. 그는 말하기를 "정미조약이 체결되기 3개월 전에 붓을 들어 우연히 생각한 대로 기록한 것을 시초로 하여 한 것이 이 곧 내가 붓을 시에 쓰던 시초요 아울러 우리 국어로 신시(新詩)의 형식을 시험하던 시초라"라고 하였다.

그뿐만이 아니라 1908년 11월, 19세 되었을 때 〈소년〉지를 창간하였다. 이 잡지는 그때에 하나밖에 없는 존재로서 뜻있는 소년들의 정신의 양식이었으며 사상의 온상이었고 문예의 요람이었다. 약 4년 동안 계속하다가 1911년 5월호를 최종간으로 폐간하였다. 그 후 1914년 10월부터 〈청춘〉을 간행하였다. 〈소년〉과 〈청춘〉지는 후대 조선문단의 중견작가들을 육성해낸 문예독본의 임무를 하였다고 말할 수 있다. 조일제는 회고기에서 "그때 내 나이 스물일곱 살이었다. 지금 같으면 20세만 되어도 조선청년도 선배의 창작과 번역을 통하여 소설과 시 등 문예적 교양을 쉽사리 얻어가질 수가 있었지마는 24,5년 전 우리가 청년일 때에는 한 조각의 소설, 한 편의 시가를 읽어보기가 참으로 어려웠다. 겨우 간행물로는 매일신보가 있었고 잡지도 육당의 〈소년〉〈청춘〉〈아이들보이〉 또는 〈붉은 저고리〉 들이 있었을 뿐"이라고 하였다. 그때는 캄캄한 밤이 비로소 밝으려고 하는 때였으므로 아무것도 새로운 것이 없었다. 문화면이란 아주 황무한 벌판과 같았다. 이러한 때에 잡지가 나왔다고 하여 그 가치를 인정하려는 것은 아니다. 다만 하나인 이 잡지는 새로 일어나는 조선 청소년에게 조선적인 교양을 넣어주고 인격 완성을 위한 노력과 연마를 가르치며 재흥 조선(再興朝鮮)을 위한 견고한 의지와 정신을 주입하며 현대적 신문학의 소개와 창작을 장려하는 등 실로 커다란 노력이 있었던 까닭이다. 이는 황량한 들판에 홀로 핀 한 떨기 꽃이었다.

그때의 사회 형편을 살펴본다면 소위 개화기를 넘어선 조선의 발전은 사실상 컸다. 그러나 이것은 조선사람의 사상적 발전을 의미하게 되는 것이요 물질-경제방면에서는 오히려 쇠퇴의 길을 걸어갔을 뿐이다. 큰 농장이나 공장이 늘어갔으나 일본인이나 외국인의 것이 대부분이며 조선사람은 날로 빈궁하여 갈 뿐이었다. 사실상 정신, 사상 방면의 내용을 살펴본다면 시대적 각성과 극히 단편적인 식견이 있었을 뿐으로 매우 유치하였던 것이다. 그때의 실정을 김명식은 1934년 11월호 〈삼천리〉지에 실린 회고 논문 '필화(筆禍)와 논전(論戰)'에서 "재래 사상으로부터는 이탈하였지마는 그 빈자리에 채울 만한 신사상을 얻지 못하였다. 새로 국제연맹이 생겼다고는 하지마는 구성의식이 무엇인지 아는 자 적었고 또 알려주는 자 없었다. 윌슨의 평화원칙은 들었지마는 무슨 자유이니 무슨 자결이니 하는 의미를 아는 자 적었고 알려주는 자 없었다. 일찍이 문예부흥이니 종교혁명이니 하는 말과 미국의 독립전쟁과 남북전쟁이 있었고 프랑스에 대혁명이 있었고 영국의 산업혁명이 있었단 말은 들었지마는 그들이 모두 무슨 사상과 주의의 실현인지 아는 자는 적었고 또 알려주는 자 없었다. 더구나 러시아의 신사실(新事實)은 물을 곳이 없었다"라고 하였다. 이것은 당시 조선에는 민중을 교육시킬 만한 아무러한 기관이 없으며 문화를 향상시킬 독자적인 힘이 없어서 실질적 발전이 없었다는 것을 의미한 말일 것이다. 굳게 닫혔던 조선의 문호가 개방되자 선진국가의 여러 사조가 밀려들어와 후진 조선사회에서 그것들을 받아들이기에 바빴고 학문으로 연구하며 이해하는 힘이 매우 적었다는 것이다.

이러한 환경에서 먼저 조선사람은 조선을 알아야 하며 또 알려주어야 할 것이다. 그리고 선진국가의 모든 문물을 정확히 알아야 하며 또한 가르쳐서 조선민족에게 지식의 힘을 크게 하며 애국심을 조장하여 신흥 조선민족의 실력을 세계에 알려야 하겠다고 이 민족적 계몽운동에 몸을 바친 이가 곧 육당이었다. 그리하여 그는 조선의 위인과 용사의 정신을 예찬하는가 하면 서양의 위인들의 근면 노력의 생활을 소개하기에 힘써

왔다. 스마일스(S. Smiles)의 〈자조론(自助論)〉을 번역한 이도 육당이다. 시가에 있어서도 역시 이러한 정신을 기초로 한 것이 대부분이다. 〈소년〉 창간호에 실린 〈해에게서 소년에게〉는 국문으로 된 자유시의 처음일 것이다. 이 시는 바다 물결의 크고 웅장한 힘과 높고도 용감한 뜻을 소년의 정신으로 삼으라는 뜻의 시편이다. 그때의 피 끓는 청년에게 처음 보는 시형(詩形)이며 또 가슴의 피를 뜨겁게 하며 주먹을 쥐게 하는 폭풍우와 같이 정서를 흔들어놓는 시편(詩篇)이었다. 그리고 7·5조 혹은 4·4·5조 등의 정형률의 시를 썼다. 그때로 본다면 국문으로 되어 있는 시라는 것이 없었다가 보게 되니 청신한 정서를 맛보았음은 물론이며 시의 정신은 웅건한 교훈적인 것이 대부분이었으나 지금의 서정시 이상으로 아름다웠다. 장시가(長詩歌)로는 7·5조로 된 것 중에 〈세계 일주가〉가 유명하다. 이 노래는 세계 각처의 명승지를 찾아다니며 노래로 쓴 것이라 1절이 4행으로 된 것이 133절로 된 대장편이다. 그러나 이것은 지금의 시에 비할 수는 없다. 말하자면 창가(唱歌)[8]라고 할 수 있을 것이다.

　그는 어느 때나 조선정신을 찾았으며 이를 선포하려고 노력하였다. 그리하여 조선 역사에서 빛나는 문화를 자랑하며 문화면에서 숭고한 조

---

8. 엮은이 주: 김윤식, 한국현대시론비판, 일지사, 185쪽에서 "개화기소설은 그것이 새로운 개화지식을 감당하지 못하고 새로운 사상 담당기능을 잃어버린 채, 플롯 중심의 탐정소설로 전락한다. 따라서 점점 지식층과는 유리되어 부녀자들 층으로 옮겨져 마침내 육전소설류와 결합되고 만다. 이와는 달리 개화지식의 전달 보급 방법의 하나가 노래체 창가(唱歌)였던 셈이다. 즉 개화기에서 소설이 담당할 기능을 리듬화된 노래체가 담당한 것이다."
여기서 우리가 짚고 넘어가야 할 것은 회월 문학사에서 신태식 〈창의가〉와 〈한반도〉 등 저항기의 시가(詩歌)에 대하여 언급을 하지 않았다는 점이다.

선정신을 찾아 나타낼 뿐만 아니라 그의 시가도 전부가 결국 조선정신의 표현이었다. 씩씩하고 굳세어 웅대하고 용감한 기질과 정서를 가진 시편이 다 조선정신의 발로라고 볼 수 있다.

육당은 〈시문독본(時文讀本)〉 서문에서 이렇게 말하였다. "아름다운 내 소리, 넉넉한 내 말, 한껏 잘된 내 글씨, 이 올과 날로 낳은(짠) 내 글월. 이리도 굳센 나로다. 버린 것을 주우라. 잃은 것을 찾으라. 가렸거든 헤치라. 막혔거든 트라, 심어라, 북돋우라, 거름하라, 말로 글로도 나"라고 하였다. 이 짧은 문장 중에서 그의 정신과 포부를 엿볼 수 있다.

또 다른 저서 〈심춘순례(尋春巡禮)〉에서 말하기를,

"나는 조선 역사의 작은 한 학도요 조선정신의 어설픈 한 탐구자로 진실로 남다른 애모, 탄미(嘆美)와 한가지로 무한한 궁금스러움을 이 산하 대지에 가지는 사람입니다. 자갯돌 하나, 마른나무 밑동에도 말할 수 없는 감격과 흥미와 또 연상(聯想)을 자아냅니다. 이것을 조금조금 미독(味讀)하게 된 뒤로부터 조선이 위대한 시의 나라, 철학의 나라임을 알게 되고 또 완전상세(完全詳細)한 실질적 오랜 역사의 소유자임을 깨닫고, 그리하여 처음 쳐다볼 수 있도록 거룩한 조선정신의 불기둥에 약한 시막(視膜)이 퍽 많이 어뜩해졌습니다"라고 말하였다.

그는 또한 창작 시조를 많이 썼다. 그리하여 후일 〈백팔번뇌(百八煩惱)〉라는 시조집을 내었다. 기미년 민족운동에 관련하여 영어(囹圄)의 몸이 된 지 수년, 다시 사회에 나온 후에는 주간 〈동명(東明)〉과 그 후신인 일간 〈시대일보〉 등을 경영하였으나 모두 실패하고 말았다. 1925년 〈조선문단〉 3월호에 실린 춘원의 '육당 최남선론'에서 보면 "그에게 청춘의 생활이 없었다함은 아마 가장 그를 동정하고 존경할 점일 것이다.

〈소년〉을 창간한 것이 19세 적이요, 그가 동경에 유학을 간 것이 16세 적이라고 한즉 그는 16세 적부터 오늘날까지 시속(時俗) 청년들이 가장 행복되다고 하는 생활을 맛보지 못하였다. (중략) 20년의 세월을 잡지와 고서 간행과 조선역사 연구 –일언이폐지하면 조선주의를 위하여 희생한 것이다. 독자여, 사람이 바칠 수 있는 희생 가운데 꽃 같은 청춘시대를 희생하는 것보다 더 큰 희생이 어디에 있을까. 그는 진실로 이 인생에 노력하려 나온 사람 중의 하나다. 그에게는 인생의 향락이 없었다"라고 하였다.

2

이러한 조선주의를 역사적으로 계몽적으로 나타낸 이가 육당이라면 예술적으로 순문학적으로 나타낸 이는 춘원이다. 문학은 생활과 정서에서 시작하는 것이다 그러므로 새로운 조선문학은 새로운 조선민족의 생활에서 시작하였다. 개화기를 넘어서자 국권을 빼앗긴 조선의 젊은 세대는 떨쳐 일어나서 용솟음쳐 오르는 정열과 새로운 민족 재흥의 높은 이상을 생활 전체 속에서 실현시키려고 하였다. 그러나 아직도 보수적인 생활, 인습적인 생활이 새로운 생활 이상에 대하여 장애가 되었다. 필연적으로 신구(新舊) 생활과 사상의 투쟁이 일어나게 된 것이다. 춘원의 문학은 이러한 생활 속에서 생긴 귀중한 결정체라고 할 수 있다.

그보다도 정열과 이상을 높이 나타내어 새로운 세대의 추진력을 만들었다. 조선의 젊은 세대는 낡은 도덕 속에서 아직 눌려 있었고 정열은 질식된 채로 있었다. 구도덕 관념과 그 잔존세력에 향하여 춘원은 용감히 투쟁을 시작했으며 그 정열에 불을 붙였다. 춘원은 구도덕에 대하여 확연한 이단자였으나 젊은 세대에게는 빛나는 지도자가 된 것이다.

그러면, 이러한 생활과 사상이 그의 문학 세계에 어떻게 나타나 있는가를 살펴보기로 한다.

첫 번 장편작품인 〈무정〉을 보자. 문학적으로나 사상적으로 신흥 조선사회에 던진 〈무정〉의 영향은 실로 컸던 것이다. 사상적 지도자가 없으며 또한 문학이 없었던 그때 청년들에게 〈무정〉은 사막에서 헤매는 나그네에게 주는 한 방울의 감로수며 그야말로 오아시스였다. 〈무정〉은 1917년 〈매일신보〉에 연재되었다. 그 후 〈개척자〉〈재생〉 등 많은 작품이 나왔다. 〈청춘〉지에 〈방황〉이니 〈어린 벗에게〉나 또는 〈윤광호〉 등의 단편소설, 감상문 등을 발표하였다.[9]

그때의 청소년들에게 실로 커다란 경이와 감탄인 것은 먼저 그의 문장이다. 어려운 한문도 아니며 또한 이해하기 곤란한 문장도 아니었다. 순국문으로 말하는 것처럼 알기 쉽게 쓴 까닭이다. 즉 언문일치의 문장이었다. 뿐만 아니라 글자마다 띄어서 쓰며 끝에 '하였다'를 쓴 것도 춘원으로부터 시작된 것이다.

그 한 예를 〈윤광호〉(1918년 〈청춘〉지 4월호)에서 뽑아 보면,

"電車속에서 아름다운 少年少女를 보고 快美의 感情을 얻는 것으로 唯一의 慰安을 삼아 일부러 朝夕通學時間에는 電車를 탔다. 光浩는

---

9. 엮은이 주: 춘원 문학의 의의를 김동인은 그의 '조선근대소설고'(1928년)에서, "그가 처음 사회에 던진 문학은 반역적 선언이었다. 실로 용감한 돈키호테였다. 그는 유교와 예수교에 선전(宣戰)을 포고하였다. 결혼에 선전을 포고하였다. 온갖 도덕, 온갖 제도, 온갖 법칙, 온갖 예의 – (중략) 춘원의 반역적 기치는 높이 들리었다. 청년들은 모두 그 기치 아래 모여들지 않을 수가 없었다."라고 하였다. 그리하여 춘원의 사상은 시대의 사상이었다.

다만 아름다운 *少年少女*를 얼굴과 몸과 옷을 바라다보기만으로는 *滿足*하지 못하였다. 바로 *少年少女*가 *自己* 곁에 앉아서 그 *體溫*이 *自己* *身體*에 옮아올 만하여야 비로소 *滿足*하게 되고 惑 *滿員*인 때에 *自己* 의 손이 *女子*의 하얗고 따뜻한 손에 스칠 때에야 비로소 *滿足*하게 *快 感*을 맛보게 되었다. 그래서 *光浩*는 일부러 *車*가 휘이 돌아갈 때를 타 서 몸을 곁에 서 있는 *女子*에게 기대기도 하고 혹 *必要*없이 팔을 들었 다 놓았다 하야 *女子*의 살의 따뜻한 맛을 보려 하였다"

 그때 청소년들은 그러한 마음의 비밀을 어떻게 글로 썼을까 하고 읽 으면서 얼굴이 붉어졌다. 이 글을 읽고 또 읽고 바로 아름다운 애인이나 옆에 앉은 것처럼 보고 또 보곤 하였다. 그만큼 그 내용의 표현이란 실 로 대담하였다고 볼 수 있으며 청소년들의 감정과 정서를 마음껏 나타 낼 수 있는 자유성의 발전이 또한 여기서 시작되었던 것이다.

 그러면, 다시 본론으로 들어가서 〈무정〉의 페이지를 열어보자.

 조선의 새로운 세기는 새로운 청년의 정열과 이상에서 비롯한다는 의미에서 조선 신문학의 첫소리인 〈무정〉의 주인공들의 행동과 생활과 이상은 주목의 초점이 되는 것이다. 이것은 〈무정〉뿐이 아니라 〈개척 자〉에서도 또한 그러하니 〈무정〉에서는 개성의 완전한 해방의 신호탄 으로 '사랑' 즉 자유연애관을 부르짖으며 황홀하고 아름다운 경지까지를 엿보았다고 하면, 〈개척자〉는 이에 대하여 구도덕관을 파괴하려는 선 언이며 항전(抗戰)일 것이다. 여하간 〈무정〉과 〈개척자〉에는 새 세대가 요구하는 온갖 조건이 구체적으로 나타나 있다.

 사람의 정서 가운데서 가장 높고 아름다운 것은 사랑이다. 〈무정〉의 주인공 이형식은 사랑이 무엇인지를 비로소 알았다. 처음으로 깨달았다. 형식은 김장로의 딸 선형에게 영어를 가르치던 첫 시간에 비로소 사랑의 전당을 열 수 있는 비밀의 열쇠를 찾았다. 이때부터 형식은 모든 사물 속에서,

"전에 보지 못하던 빛을 보고 내를 맡았다. 바꾸어 말하면 모든 그것들이 새로운 빛과 뜻을 가진 것 같다. 길 가는 사람은 다만 길 가는 사람이 아니요 그 속에 무슨 알지 못할 것이 품긴 듯하며 두부장수의 '두부나 비지드렁 사료'하고 외치는 소리에는 두부와 비지를 사라는 뜻 밖에 더 깊은 무슨 뜻이 있는 듯하였다. 형식은 자기의 눈에서 무슨 껍질 하나가 벗겨졌거니 하였다"라고 새로운 세계의 암시를 고백하였다.

단편 〈어린 벗에게〉의 주인공은 부르짖기를,

"나는 조선인이로소이다. 사랑이란 말만 듣고 맛은 못 본 조선인이로소이다. 조선에 어찌 남녀가 없아오리까마는 조선남녀는 아직 사랑으로 만나본 일이 없나이다. 조선인의 흉중에 어찌 애정이 없아오릿가마는 조선인의 애정에는 두 잎도 피기 전에 사회의 습관과 도덕이라는 바위에 눌리어 그만 말라죽고 말았나이다. (중략) 우리 반도에는 사랑이 갇혔나이다. 사랑이 갇히매 거기 부수(附隨)한 모든 귀물(貴物)이 같이 갇혔나이다. 우리는 대성질호(大聲疾呼)하야 갇혔던 사랑을 해방하사이다. 눌리고 속박되었던 우리 정신을 봄풀같이 늘리고 봄꽃같이 피우게 하사이다."

이렇게 막히고 갇혀있던 정열의 제방을 터놓았다. 정열의 분류(奔流)는 거침없이 흘러내려 구도덕의 전당을 무너뜨리고 이곳에 새 세기의 화려한 건설을 하려는 것이다.

여기에서 춘원의 인생관 도덕관이 새로이 만들어지는 동시에 또한

자유연애관의 첫 장이 시작되는 것이다. 그러나 사랑이라는 것은 개인을 표준한 남녀의 사랑에서 한 걸음 더 나아가 민족애에도 이를 수 있는 것이었다. 말하자면 낡은 옛 사회로부터 해방된 새 인간의 전인격(全人格)을 말할 수도 있었다. 그러므로 이때에는 연애의 해방이 인생 개체의 완성을 위한 시작일 뿐 아니라 이때까지 속박하고 짓누르던 옛 사회도덕에 대한 반항의 제일보이기도 하였다.

수백 년 동안 유교도덕에 눌러서 인민은 군주의 노예와 같고 여자는 남자의 노예와 같고 청년은 부로(父老)들의 노예와 같이 자주적 자유성이 없었음은 물론이며, 따라서 이지(理智)와 정서의 세계가 또한 봉쇄되어 오랫동안 침묵 인종하던 사화산은 다시 소리를 내고 터지기 시작하여 분화구에서는 걷잡을 수 없이 정열의 뜨거운 용액이 넘쳐 나왔으니 사랑은 이 전체를 포함한 원동력이었던 것이다. 그러므로 그때의 자유연애라는 것은 옛 도덕에 대한 항쟁이자 옛 사회에 대한 투쟁이었다. 그리고 이 사랑은 모든 자유와 해방을 얻기 위하여 뛰어나오는 제일의 문이었다.

이 첫 문을 열어놓은 〈무정〉의 주인공 이형식의 사랑은 좁은 뜻의 남녀의 사랑만은 아니었다. 그는 또한 조선을 사랑하였다. 조선의 산천을 사랑하고 청년남녀를 사랑하고 동포를 사랑하였다. 이형식은 자기 학교 학도에 대한 일기에 "너희는 나의 부모요 형제자매요 아내요 동무요 아들이로다. 나의 사랑을 나의 모든 정신을 점령한 것은 너희로다. 나는 너희를 위하여 이 피가 다 마르도록 살이 다 깎이도록 뼈가 다 휘도록 일하고 사랑하마"라고 외친 것이다.

형식은 또 이렇게 생각하였다. "만일 학생들 중에 사람의 피를 마셔야 살아나리라 하는 병인이 있다면 형식은 달게 자기의 동맥을 끊으리라"고까지 생각하였다. 그 중에도 이희경 같은 몇 사람에 대하여는 남자가 여자에게 대하여 가지는 듯한 굉장히 뜨거운 사랑을 깨달았다는 것이다. 남자의 동정애를 그린 〈윤광호〉도 이와 같이 폭발하는 정열의 불덩어리의 한 토막이었던 것이다. 이 곳에는 성별을 가릴 필요조차 없었다. 다만 거대한 정열이 있을 뿐이었다. 이러한 정열 속에 자기 생명의 무한한 성장이 있고 사랑의 구속 없는 세계가 벌어져가는 것이다. 그러므로 형식은 부르짖었다.

"사람의 생명도 결코 하나의 의무나 하나의 도덕률을 위하여 존재하는 것이 아니요, 인생의 모든 의무를 위하여 존재하는 것이다. 그러므로 충효나 정절이나 명예가 사람의 생명의 중심이 아니니, 대개 사람의 생명이 충효에 있음이 아니요, 충효가 사람의 생명에서 나옴이라. 사람의 생명은 결코 충이나 효의 하나에 붙인 것이 아니요, 실로 사람의 생명이 충, 효, 정절, 명예 등을 포용하는 것이 마치 대우주의 생명이 북극성이나 백낭성이나 태양에 있음이 아니요, 실로 대우주의 생명이 북극성과 백낭성과 태양과 기타 큰 별 잔별과 지상의 모든 미물까지도 포용함과 같다"라고 하였다.

이것이 〈무정〉에 나타난 도덕관이요 인생관이다. 한 개의 도덕률에 인생의 전체를 집어넣고 가두어버리려는 옛날 도덕― 더욱이 유학적인 인생관과 도덕관에 대한 정면충돌이었다. 즉 반기를 든 것이다. 그리하여 그는 자유연애에 관련하여 조선 재래의 결혼관에도 아주 쓰라린 비판을 내렸다. 〈어린 벗에게〉에서 "그네가 부부가 될 때에 얼굴도 못 보고 이름도 못 듣던 남남끼리 다만 계약이라는 형식으로 혼인을 맺어 일생을 형식에만 속박되어 지내는 것이로소이다. 대체 이따위 계약결혼은 짐승의 자웅을 사람의 마음대로 마주 붙임과 다름이 없을 것이로소이다"라고 하였다.

그러면 다시 〈무정〉으로 붓을 돌려 좀 더 자세히 주인공들의 신조선 건설을 위한 그 이상이 무엇인가를 살펴보기로 한다.

아무데도 의탁할 곳이 없는 어린 이형식은 박진사에게 거둠이 되어 그 집에서 공부를 하였다. 박진사는 암흑한 구조선 시대에서 조선을 다시 살리려면 교육에 힘씀으로 인재를 양성하는데 있다고 생각하고 자기 집에다 학교를 만들고 교육 사업에 노력하였으나, 이로 인하여 그의 가산은 다 없어지고 말았다. 박진사에게는 열 살 먹은 영채라는 딸이 있어 일찍부터 그들이 어리기는 하나 영채더러 "너는 형식의 아내가 되어라"고 말한 일도 있었다. 박진사의 교육 사업이 실패하자 이를 동정한 나머지 홍모라는 학생이 부잣집에 들어가 주인을 칼로 찌르고 돈 오백 원을 빼앗았다. 그 사람이 강도로 몰려 붙잡히는데 따라 박진사도 그의 두 오라비도 다 평양 형무소로 갔다. 박진사의 집안은 이렇게 망하게 되매 그 집에 있던 형식도 어린 영채와 이별하고 두 사람은 제각각 운명의 길을 걸었다.

그 후 7년의 세월이 흘렀다. 형식은 서울 경성학교에서 영어선생 노릇을 하고 있었다. 때마침 서울에 부호요 기독교인인 감장로의 딸 선형이가 미국 유학을 앞두고 영어를 공부하기 위하여 이형식을 가정교사로 초빙하였다. 형식은 첫날 교수를 마치고 자기 숙소로 돌아왔다. 그 때에 마침 찾아온 한 여자가 있으니 그는 7년 전에 이별한 영채였다. 두 사람은 서로 붙들고 울었다. 영채는 자기의 지나간 생활을 이야기하다가 말고 별안간 일어나 가고 말았다. 영채는 자기 아버지와 두 오빠를 구출하려고 남의 꼬임에 빠져 기생이 되고 말았다는 이야기를 차마 말하지 못하였다. 그녀는 서울로 온 후로 이름을 월향이라 고치고 지나왔던 것이다. 그의 미모는 점점 널리 알려져서 부자나 난봉꾼인 청년치고 모르는 사람이 없었다. 그러나 월향은 형식을 찾기에만 열중하였으며 정조를 굳게 지키어 왔던 것이다. 그러나 운명의 장난은 사나웠다. 누가 뜻하였으랴! 형식이가 다니는 경성학교 교장인 남작 김현수와 같은 학교 학감 배명식의 독아에 걸려 어느 날 밤 월향은 청량사 요정에서 폭력으로 정조를 빼앗기려는 순간 한편 형식은 그의 친구인 신문기자 신우선과 함께 형사들을 데리고 요정을 습격하였다. 그러나 때는 이미 늦었다. 영채의 정조는 깨지고 만 것이다. 이튿날 형식은 영채의 집에 가 보았으나 영채는 눈물겨운 유서 한 장을 형식에게 남기고 평양 대동강으로 자살할 목적으로 서울을 떠났다. 형식은 곧 뒤를 쫓아갔으나 찾지 못하고 돌아왔다. 그 후 김장로의 집에서는 선형과 결혼을 하여 가지고 두 사람이 한가지로 미국유학의 길을 떠나라는 간곡한 권고에 하는 수 없이 형식은 승낙하여 경부선 열차를 타고 행복의 길을 떠났다. 죽음의 길을 가던 영채는 평양행 열차 중에서 의외로 일본 유학생인 병욱이라는 여학생에게 구조되어 한여름 동안 병욱의 집에 머물러 있다가 병욱의 오빠의 호의로 영채는 병욱과 같이 일본 유학을 가게 되었다. 그들이 탄 경부선 열차는 이형식과 선형이가 탄 같은 차였다. 그들은 차안에서 만났다. 서로 울었다. 때마침 남부지방에 홍수가 나 기차는 삼랑진에 정차되고 주민의 참상은 실로 참혹하였다. 이것을 본 형식과 영채의 일행은 모두 자기 개인을 떠나 뜻을 합하여 거룩한 동포애에 불타서 자선

음악회를 열고 수입된 돈으로 불쌍한 동포에게 동정을 표하였다. 여기서 그들은 각자의 슬픔과 미움과 괴로움을 다 잊어버리고 동포애로 하나가 되어 단결하였다. 각 개인의 쓰라린 운명은 모두 신조선의 건설을 위하여 재출발을 하려는 것이다.

"서로 잘 공부를 하여가지고 돌아와서 장차 힘을 합하여 조선 여자계를 계발할 것과 공부를 잘하려면 미국을 가거나 일본에 유학을 하여야 한다는 것과 그 다음에는 병욱과 영채는 음악을 배울 터인데 선형은 아직 확실한 작정은 없으나 사범학교에 입학하려는 뜻을 말하고 서로서로 각각 크게 성공하기를 빌었다"라고 하였다. 그리하여 그들은 조선 건설을 위하여 모두 훌륭한 인물이 되어 조선에 돌아왔다. 형식과 선형은 미국 시카고대학을 졸업하고 독일 베를린에서 연구를 하였으며, 영채도 동경 상야음악학교에서 피아노와 성악을 졸업하고 돌아왔다.

춘원의 〈무정〉에 나타난 정열은 사랑에서 불붙기 시작하여 민족애와 신국가 건설에서 그 이상을 찾았던 것이다. 그리하여 개성에 관한 인간적인 발전은 중도에 그냥 주물러 앉아 춘원의 이상 속에서 합리화되고 말았다. 높은 정열과 민족적 이상 속에서 새로운 역사적 계단의 성격이 나타났다는 것만이 〈무정〉이 가지고 있는 시대적 가치일 것이다.

춘원은 1892년 평양 정주읍에서 태어났다. 김동인의 '춘원연구'을 보면, "출생 당시에는 가정도 넉넉하였으나 그가 세상에 나온 지 4, 5년 뒤부터 가정이 점점 기울어져 큰 집에서 작은 집으로 작은 집에서 오막살이로 걷잡을 수 없이 영락되기 때문에 지주에서 자작농으로 자작농에서 소작농으로 이리하여 8, 9세 때에는 벌써 어린 몸으로 산에서 나무를 하고 소를 끌고 밭에 나다니는 고역을 맛보지 않을 수 없게 되었다"

라고 한다.

 그는 정주 오산학교 교원으로 일본동경 조도전대학으로 그리고 중국 상하이로 시베리아로 유랑 생활을 오랫동안 하였다. 〈무정〉에 이어 곧 〈개척자〉를 발표하였다. 이 작품도 새로운 세대의 정열적인 반항의식의 선언서다. 자유연애의 신성(神聖)을 부르짖고 구도덕에 대한 공격과 파괴를 외친 소설이다. 그의 작품은 당시 청년들의 고뇌와 열정과 이상을 그대로 대담하게 표현한 까닭에 청춘남녀를 심취하게 하였으며 그들의 끝없는 갈채를 받았다. 일찍이 춘원 자신이 '문학과 평론'에서 말한 바와 같이 '개척자는 일종의 이데올로기 소설이었다'라고 할 수 있다. 〈개척자〉뿐만 아니라 〈무정〉 또한 그러하다. 말하자면 극도의 주관을 강조한 소설들이다.

 청년층에게 환영을 받는 그의 작품이 부로층(父老層)에서는 큰 박해가 있었다. 춘원의 회고기에 보면 중추원 참의 연명으로 총독부, 경무총감부, 경성일보 사장 등에게 이광수의 글을 싣지 말라는 진정서가 가고 경학원에서는 이광수를 공격하는 연설회가 열리고, 여규형 선생 같은 이는 관립학교 생도들에게 이광수의 글을 읽지 말라고 훈시까지 하였단 말을 그 학교 학생 수십 명의 연명한 편지로 알았다. 학생들은 나를 지지하고 격려하기 위하여 편지를 한 것이라고 하였다.

 이와 같이 조선의 현대문학은 민족 존망의 때를 당하여 결사적 민족운동이 전개되던 동일한 시기에 출발하게 되었던 까닭에 보다 더 급진적이고 반항적이며 사상적이었다. 그러므로 우리는 향락하기 전에 문학에서 민족의 이상을 표현하려는 것이 더 급히 해야 할 일이었다.

〈무정〉이 발표된 후 4, 5년 동안은 춘원의 독보시대였다.[10] 다만 〈청춘〉지에 논문과 문예적 소품 등을 발표하는 몇 사람의 문인 가운데 진학문, 현상윤 같은 이가 대표가 될 것이다.

그리고 〈무정〉 발표 이전에 약간의 번역문학에 대하여 한마디 하려고 한다. 조중환(일재), 민태원(우보), 이상협(하몽) 등이 저명한 번역가다. 이들의 번역이나 번안물은 당시 유일의 〈매일신보〉에 연재되었다. 조중환은 1913년 〈장안몽〉과 〈쌍옥루〉를 연재하였다. 〈장한몽〉은 일본 명치문단의 거장인 오자끼 고오요오(尾崎紅葉)의 〈金色夜叉(금색야차)〉를, 〈쌍옥루〉는 기꾸찌 유우호오(菊池幽芳)의 〈己が罪(나의 죄)〉를 번안한 것이다. 그때의 번안이라는 것은 원작 소설의 이야기만을 취사선택하고 인명이나 장소를 모두 조선 이름으로 바꿔놓은 것이다. 소설의 문학적 가치는 별문제로 하더라도 〈장안몽〉처럼 대중적으로 알려진 작품은 없을 것이다. 지금도 이수일과 심순애를 말하는 사람이 많이 있다.

다음으로 이상협의 〈淚(루)〉〈정부원〉〈해왕성〉 등의 번안물이 있다. 이는 모두 일본의 번안전문가인 구로이와 루이코(黑岩涙香)의 것을 중역 번안한 것이다. 〈해왕성〉은 프랑스 문호 알렉산더 뒤마의 〈몽테 크리스트 백작〉을 번안한 것으로 1916년 〈매일신보〉에 연재되었다. 그리고

---

10. 엮은이 주: 이광수의 〈무정〉은 신소설의 권선징악을 벗어나 있으며, 자유연애 사상, 봉건제도에 대한 비판과 반항의식 그리고 정치한 심리묘사와 성격 창조로 근대소설적인 면모를 갖춘 기념비적인 작품이다. 그는 이 작품을 쓴 동기/의도를 "조선 신청년의 이상과 고민을 그리고 아울러 조선청년의 진로에 암시를 주자는 것이었다. 이를테면 일종의 민족주의·자유주의의 이데올로기를 가지고 쓴 것이다"라고 하였다.
이광수의 초기 작품 경향이 민족주의적이었으나 1920년대에 들어 민족개조론을 들고 나오면서 '일본 천황(天皇)의 황국신민으로서 조선민중을 행복과 실생활의 편의를 위한다'는 궤변으로 일관한 향산광랑(香山光朗; 창씨명)의 모순된 삶의 태도가 빚은 대죄(大罪)를 도저히 용서할 수 없을 것이다.

민태원(우보)의 〈부평초〉〈애사〉 등도 뒤를 이어 연재되었다. 우보는 일생을 신문기자로 마친 사람이다.

제2장 동인제 문예잡지 시대의 제諸 경향

1

 〈무정〉이 나오고 이어서 〈개척자〉가 발표되자 새 세대의 조선청년들은 희망과 이상을 갖게 되며 갇혀 있던 정열은 터져 나왔다. 신문학운동은 조선청년의 좋은 지도자였고 고귀한 정신적 영양소가 되었다. 문학을 배우려는 사람이 아니라도 누구나 문학에서 자신을 발견하려고 하였던 것이다. 정치 교육 사회생활에 자유와 권리가 없는 그들은 신문학에서 이상을 세우고 국어를 배우며 아름답고 즐거운 정서를 맛볼 수 있었다. 더구나 정치나 사상 방면에 취미와 재능을 가진 청년들까지 문학으로 모여들었다. 그리하여 〈무정〉이 발표된 지 5년 내외에 수많은 문학청년들이 나타났다. 그러나 이들을 육성하며 북돋아 주는 기관은 없었다. 문화가 뒤떨어진 조선 사회에서 그들을 장려할 만한 출판문화가 거의 없었다. 육당의 신문관 창설과 아울러 잡지와 약간의 출판 사업이 유일한 활동이었다.

 청년 문사들의 정열을 마음껏 표현하기에는 참으로 암담한 시대였다. 그래서 이들은 작품을 발표하기 위하여 자기네들 스스로 기관을 만들지 않으면 안 되었다. 동인제(同人制)의 문예잡지가 필요하였다. 이는 잡지라기보다 오히려 작품집이며 창작집이라는 것이 타당한 해석일 것이다. 이러한 의미에서 춘원 이후의 조선의 문학운동은 동인제 문학잡지를 성장의 온상으로 삼았던 것이다. 또한 후일 조선문단의 중추를 이룬 제가(諸家)가 모두 문예잡지의 동인이었다. 그러므로 특히 건설기 문학을 논하기 위하여 그때의 동인지(同人誌)를 고찰하려는 바이다.

  1918년 장두철을 중심으로 〈태서문예신보(泰西文藝新報)〉라는 신문지 4절 형의 잡지가 창간되었다. 그렇지만 순수한 문예 잡지는 아니었고 대부분이 취미기사로 채워졌던 것이다. 이듬해 1919년 2월 순문예잡지 〈창조〉가 나왔다. 조선에서는 처음 발행된 문예 잡지다. 그리고 1920년에 〈폐허〉, 1921년 〈장미촌〉이 나왔다. 〈장미촌〉은 조선에서 최초의 시 잡지다. 뒤를 이어 〈신청년〉 순문예 혁신호가 나왔고, 1922년 1월에 〈백조〉, 1923년 11월에 〈금성〉, 1924년에 1월 〈폐허이후〉, 8월 〈영대〉, 11월에 〈조선문단〉이 나왔다. 이것들이 현대 조선문학의 건설기에 있어서 중요한 임무를 한 잡지들이다.

  그런데 이 잡지들은 모두 그 수명이 짧았다. 〈창조〉가 9호, 〈폐허〉 2호, 〈장미촌〉이 2호, 〈신청년〉 2호, 〈백조〉 3호, 〈금성〉 3호, 〈폐허이후〉가 1호, 〈영대〉 5호 그리고 동인제는 아니었으나 〈조선문단〉이 상당히 계속되어 통권 20권을 내었던 것이다. 동인제의 문예잡지가 이와 같이 오래 계속되지 못한 이유는 독자가 많지 않았다기보다도 경영방침이 잘못되었기 때문이다. 즉 상인의 경영이 아닌 문학자 자신이 한 까닭이었다. 지출만 알고 수입을 모르는 문사들의 잡지경영이란 자기들 작품만 세상에 내놓으면 만족할 수 있는 정열뿐이었고 본래부터 푼돈을 긁어모아서 다음호를 내겠다는 영리성 기획성이 있을 리가 없었다. 각

잡지의 동인들을 소개하면 아래와 같다.[11]

〈창조〉지 동인에 김동인, 주요한(송아), 임장화, 김관호, 전영택(추호), 최승만, 김환(백악), 이광수(춘원), 이동원(이일), 오천석, 박석윤, 김억(안서), 김찬영(유방) 등이다. 이 잡지는 김동인의 부담으로 경영되었다.

〈장미촌〉의 동인에 황석우(상아탑), 노자영(춘성), 박종화(월탄), 박영희(회월), 변영로(수주), 오상순(공초), 이훈, 신태악, 정태신 등이다. 비용은 동인들이 분배로 하였고, 제2호는 문흥사의 이병조가 부담하였다.

〈폐허〉의 동인에 염상섭(횡보), 남궁벽, 황석우, 오상순, 변영로, 이혁노, 민태원(우보), 이병도, 김원주(일엽), 김찬영, 김억 등이었으나 김억, 김찬영은 창간호가 나오기도 전에 〈창조〉 동인으로 옮기고 말았다. 비용은 광익서관 주인 고경상이 부담하였다.

혁신 〈신청년〉의 동인에 최승일(추곡), 나경손(빈, 도향), 박영희, 이능선, 이홍 등이다. 비용은 최승일이 부담하였다.

〈백조〉의 동인에 홍사용(노작), 박종화, 나빈, 박영희, 이상화, 현진건(빙허), 이광수, 안석주(석영), 원세하(우전), 노자영, 김기진(팔봉) 등이다. 비용은 홍사용이 부담하였다.

〈금성〉 동인에 류춘섭(유엽), 양주동(무애), 백기만, 손진태, 이장희 등이다. 비용은 류춘섭이 부담하였다.

〈조선문단〉은 이광수가 주재(主宰)하고 방인근이 경영하였다. 동인제는 아니었으나 수많은 문사들을 육성하였다.

---

11. 엮은이 주: 이밖에 출판·발행의 어려움은 일제의 간섭으로 발행자를 외국인 이름으로 빌리고, 일본 동경에서 인쇄하여 조선으로 몰래 가져왔듯이 난항을 거듭했다고 박영희는 말한다.

2

　동인지라는 것은 사상적 주류(主流)로 보아 동일한 경향을 가진 작가들의 결합이어야 할 것이다. 그러나 초창기에 있어서 각자의 사상적 경향이 명확하지 못할 때에는 문학적 전체성에서 결합할 수도 있었다. 동인지의 적극적인 의미는 문학상 동일한 주류 위에서 하나의 통일된 운동이 시작되어야 할 것이다. 이것은 현대 동인제 문학잡지의 특징이다.

　그런데 조선의 동인지는 유파별이나 사상별로만 분류하기에는 너무도 미약하다. 그때의 젊은 작가들은 자기의 인생관에서보다도 정열적인 정서의 분출을 문학에서 실현함으로써 만족하였다. 말하자면 그때의 동인지라는 것은 대외적으로는 한 개의 문학적 세력을 만들어 자기 존재를 나타내려는 것이요, 대내적으로는 작가 각자의 원숙을 기약함에 있었다.

　이러한 의미에서 작가들의 동일한 처지가 증명되며 따라서 동인제의 결합이 가능하였다. 그러나 동인들은 제각기 방향을 찾아 자기의 세계를 만들기 시작하였다. 동인지가 오래 계속하지 못한 것도 경제적인 일면에서뿐 아니라, 그들의 정신세계의 발전에 따라 거의 필연적인 사태라고도 할 것이다. 즉 정열적인 동일형(同一型)은 이지적 성장에 따라 분해 작용을 일으키는 것이니 이 곳에서 비로소 작가의 견고한 기초가 서게 되는 것이었다.

　조선의 초창기 동인 문예잡지 중에서 이러한 경향을 가장 구체적으로 드러낸 것이 〈백조〉지라고 할 수 있다. 〈백조〉 동인은 비교적 같은 경향의 작가들이었다. 한두 사람을 제외하고는 거의 전체가 세기말적 낭만주의에서 발전하면서 급진적으로 다음 계단을 준비하였다. 그리하여 3호에서 〈백조〉는 사상적으로 분해 작용이 일어나게 되었다. 〈백조〉는 데카당이즘의 최고봉을 걸음으로써 필연적으로 자기반성과 아울러 다음 계단에서 자기 세계를 발견하지 않을 수 없었다. 그러므로 〈백조〉는 아름다운 꿈과 거친 현실을 연결하는 교량적 임무를 하였다고 볼 수 있다. 이에 관하여 임화는 1924년 〈춘추〉 11월호 '백조의 문학사적 의의'에서 "일언으로 결어를 짓자면 〈백조〉는 실로 커다란 전환기의 문학이었다"라고 하였다.

〈백조〉는 이 전환기의 고뇌를 맛보았으니 예술지상주의에서 인생을 위한 예술― 문학의 현실성을 찾기 위한 고민이었다.

3

이와 같이 동인제 문예잡지들이 비록 오랫동안 지속되지 못하였다 할지라도 조선 현대문학의 초창기가 여기서 화려하게 꾸며졌으며 또한 역량 있는 작가들을 문단에 내어놓은 것이다. 이 시대를 대체로 정열의 시대라고 말할 수 있으니 그들의 인생을 탐구하며 생활의 진리를 찾으려는 욕구가 청춘의 정열 속에 뭉치고 쌓인 그대로 문학의 주류를 삼았다. 청춘의 정열과 이상을 아무런 구속도 없이 표현할 수 있는 신문학은 청년들의 온갖 하소연과 속삭임과 고뇌의 눈물을 너그러이 담아 주는 용광로와도 같았다.

그리하여 청소년들은 문학을 사랑했으며 문학은 자기들의 생활과 떨어질 수 없는 것으로 생각하였던 것이다. 문학을 모르는 사람은 새로운 세대의 자랑을 모르는 것으로 간주하였다. 그러므로 사회에서 빚어내는 문학적 분위기는 사실상 그때의 문학적 실재보다도 더 컸었다.

따라서 이때에 문단 전체에 흐르는 주류로 시문학(詩文學)에는 낭만주의가 꽃피었고, 산문(散文)에서는 낭만적 운동이 비교적 짧고 곧 자연주의적 현실세계로 옮기어 갔던 것이다. 산문세계에서 낭만적 경향이 오랫동안 계속되지 않은 것은 조선 현실의 특수성이 조선 작가들의 발걸음을 빠르게 하였으며 공상적인 정열을 현실적인 정열로 속히 변하게 한 것이었다.

이 시대를 대표한 작가로는 김동인과 전영택, 염상섭, 현진건, 나도향 등이다. 이들이 우선 5년 동안을 1기로 하고 각자 걸어온 종적을 살피기로 하자.

김동인이 초기에는 다소 낭만적인 정서를 작품에 나타내었으나, 근본에 있어서 역시 움직일 수 없는 자연주의 작가의 길을 개척하였다. 염상섭과 현진건은 처음부터 자연주의 혹은 사실주의적인 문학작품을 창작하였다. 그리고 낭만주의적 세계에서 비교적 오랫동안 머물러 있었던 나도향도 결국 자연주의의 문학으로 발전하였다. 이들이 초기 조선문학에서 개척한 길은 낭만주의라기보다는 자연주의 문학의 새로운 계단이었다.

김동인은 1919년 2월호 〈창조〉지에 〈약한 자의 슬픔〉이라는 단편의 처녀작을 내놓았다. 계속하여 같은 잡지에 〈목숨〉〈배따라기〉〈이 잔을〉 등의 단편을 발표하였다. 1924년 10월호 〈영대〉지에 〈유서〉, 1925년 1월호 〈조선문단〉지에 〈감자〉를 발표하였으며, 그 외에도 〈무능자의 아내〉〈발가락이 닮았다〉〈붉은 산〉〈K박사의 연구〉 등 많은 작품이 있다. 그는 본격적인 단편소설의 길을 준비하였다. 춘원 시대의 단편소설은 대개 작가 자신의 정열의 서술이었으며 신사상의 설교일 뿐 극히 공상적인 주관주의에서 그 구상이 간단하였다. 그러나 김동인 시대에는 단순한 주관주의적 인생관에만 머무를 수 없었다.[12]

그는 비로소 소설적 구상을 빚어내기 시작하였으며 주관주의적 관찰에서 넓은 객관세계로 시야를 옮긴 것이다. 즉 작가의 눈에 보이던 현실에서 작가가 노력하여서만 볼 수 있는 세계- 객관세계를 개척하여 그 세계 안에 있는 많은 인간형과 각자의 생활에 대하여 해부하려는 것이었다. 그리하여 심리묘사, 성격묘사의 새로운 방법을 찾았던 것이다. 자연주의 문학의 과학성이란 것은 결국 아름다운 주관세계 속에 내포하여 있는 추악한 어두운 면을 사실적인 묘사를 통하여 폭로함에 있었다. 말하자면 작품에 나타나는 주인공의 생활에 대하여 작가의 주관으로 추악한 부면(部面)을 일부러 감추거나 혹은 아름다운 부면을 과장하려는 것이 아니라 가장 냉정한 태도로 생활 자체의 발전을 관찰하려는 것이다.

이러한 점에서 김동인의 단편 〈약한 자의 슬픔〉에서 〈감자〉에 이르는 과정은 자연주의 문학세계를 구성하는 하나의 계열이었다. 〈약한 자의 슬픔〉은 현실세계의 첫 단계이고 〈배따라기〉는 낭만과 현실이 합체된 현실세계의 종합이었고 〈감자〉는 그의 완숙한 객관주의 문학의 결실이었다.

우리는 위에서도 잠깐 논급(論及)하였거니와 작가들을 이와 같이 객

---

12. 엮은이 주: 조연현은 '한국 문예비평 약사'에서 "1920년대에 들어와서 김동인이 이광수의 계몽주의를 반대하고 나선 반계몽주의 문학운동은 그것이 일종의 순수문학운동이었다는 점에 있어서 순수문학의 최초의 한 개념으로 볼 수 있다. 즉 반계몽주의란 목적주의문학에 대한 거부로 볼 수 있으므로 이것은 그대로 일종의 예술지상주의가 된다"라고 하였다.

관주의, 과학주의적인 자연주의문학으로 속히 옮기게 한 조선현실의 특수성이라는 것을 잊어버릴 수 없는 것이다. 자연주의 문학의 객관적 해부적 과학적 정신은 현실 조선의 생활과 사상을 조각조각 있는 그대로 묘사하려는 데도 큰 도움이 되었다. 특히 이 방면에서 먼저 소개할 작가는 염상섭이다.

염상섭은 1921년 8월호 〈개벽〉지에 단편 처녀작인 〈표본실의 청개구리〉를 발표하고 이어서 〈암야〉 〈제야〉 그리고 장편 〈만세전〉을 발표하였으며, 1925년 2월에 〈전화〉, 같은 해 10월에 〈윤전기〉 등을 발표하였다. 이 외에도 많은 단편과 장편이 있다.

그는 처음부터 낭만주의적 조류에 들어가지 않고 현실 속으로 파고들어간 작가다. 조선의 현실을 분석하고 해부한 것이다. 후일에 그를 가리켜 침통한 작가라고 한 것도 결국 그의 심각한 해부와 묘사가 현실을 조각조각 내어 그 밑바닥을 보여준 까닭이다. 침중(沈重)하고 억센 문장이 더욱 그러한 경향을 도와주었다. 문단에는 아직도 낭만적 정신이 주류를(특히 시문학이) 이루고 있었던 만큼 염상섭의 작가적 존재는 크게 나타났으며, 후에 곧 낭만적 경향이 퇴색함에 따라 그의 작품들이 새로이 빛을 내게 된 것도 당연한 일이었다.[13]

그는 이때까지 아름답게만 예찬하던 현실에서 모순, 불평, 비참한 암흑면을 드러내었다. 〈표본실의 청개구리〉에서 주인공 김창억으로 하여금 불행하고 모순된 생활에서 광인을 만들어 놓고, 그의 입으로 조선 현

---

13. 엮은이 주: 염상섭은 단편소설에서 공이 크지만 장편소설에도 대표적인 작가다. 1931년 1월부터 조선일보에 연재한 〈삼대〉가 역작인데, 회월 문학사에서 언급하지 않은 점이 아쉽다.

실생활의 모순과 불합리를 조소하게 하였다. 그리고 〈제야〉에서는 새 시대 사조의 세례를 받은 급진적인 한 신여성으로 하여금 현실 속에 감추어 있는 여러 가지의 모순과 불합리를 드러내어 놓았다. 말하자면 인생은 무엇이냐, 생이란 무엇이냐, 연애란 무엇이냐, 도덕이란 무엇이냐, 정조란 무엇이냐 하는 문제 속에서 이때까지 감추어져 보이지 않던 불행과 추악한 부면을 대담하게 펼쳐 놓고 그곳에서 고귀한 것이 평범하게 되며 아름다운 것이 더럽게 되며 유쾌한 것이 우울하게 되는 것이었다. 〈만세전〉에는 꼴사납게 틀려가는 조선의 현실이 여실하게 나타나 있다. 그는 자연주의 작가 중에서도 특히 조선적 현실을 해부 묘사하였다.

이러한 조선적 현실을 토대로 하였으면서도 유럽의 자연주의 문학에서 인생의 추악한 면을 폭로하기 위하여 성욕묘사에 집중하였던 문학관을 누구보다도 재능 있게 표현한 작가는 빙허 현진건이다. 그는 1920년 11월호 〈개벽〉지에 처녀작으로 단편 〈희생화〉를 발표하고 이어서 〈빈처〉〈술 권하는 사회〉〈타락자〉〈할머니의 죽음〉〈불〉〈B사감과 러브 레터〉 등 많은 단편을 발표하였다.

빙허의 단편작가로서의 독특한 묘기는 그가 조선의 모파상이라는 별명을 듣기에 당연하였다. 더구나 성욕묘사는 당시 문단에 독보적이었다. 그리고 사실주의적 필치는 독자를 육박하는 힘이 크다. 〈빈처〉에서 사실적인 묘사의 수법이 시작되어 〈타락자〉에서 꽃이 피었고 〈불〉에서 결실하였다고 말할 수 있다. 이렇게 사실적인 작품에도 권태와 우울이 있었으니 이것은 당시 쇠잔하여가는 조선 현실의 반영이었다. 조선사람들의 빈궁하여 가는 생활, 지식 청년들의 무직 권태 등의 조선의 현실이 그대로 작품에 비친 까닭이다.

그는 단편작가로서 특이한 재능과 역량을 가졌다. 그 뿐만이 아니라 그에게는 맑은 이성과 날카로운 기지가 있었음으로 하여 자연주의 작품에서 흔히 맛볼 수 있는 진부성을 감소시켜 주었다. 〈불〉은 다른 장에서도 논급하려니와 단편 중에서 빛나는 작품이다. 그의 작품에 어딘지 모르게 반항적인 기질이 나타나게 된 것도 조선의 민족적 울분에서 직접 받은 영향으로 자연주의 문학의 조선적 특징이라고도 할 수 있다.

같은 시대의 작가로 비교적 오랫동안 낭만적 세계에 남아서 창작을 계속한 이는 나도향이다. 1922년 〈백조〉지에 〈젊은이의 시절〉〈별을 안거든 우지나 말걸〉, 〈개벽〉지에 〈옛날 꿈은 창백하더이다〉 등의 단편을 발표하였다. 그러나 그의 존재는 단편에서보다도 장편소설 〈환희〉를 세상에 내놓은 까닭이었다고 보는 것이 타당할 것이다. 이 작품은 1922년 11월부터 동아일보에 연재되었다. 〈환희〉가 가지고 있었던 특별한 환경을 먼저 설명할 필요가 있다. 도향의 나이 겨우 19세 때의 작품이라는데 대한 세인(世人)의 경이와 아울러 당시 조선민족의 절대적 지원에서 민간지로서의 웅자(雄姿)를 나타낸 동아일보에 처음으로 실린 창작물이라는 점이다. 이 방약무인(傍若無人)한 정열 소년의 열탕(熱湯)을 뿜는 듯한 낭만세계가 전개되었다는 사실이 그를 호기(好奇)와 절찬 속에 파묻어 버린 것이다.

그는 연정과 낭만의 아름다운 세계에서 마음껏 울고 웃었다. 〈백조〉 창간호에 실린 〈젊은이의 시절〉에서 "재산은 들고 가려느냐 땅은 사서 메고 가려느냐 죽어지면 개암이가 엉기는 몸뚱이에 기름을 바르는 여자들아 분바르고 기름칠하면 땅속에서 썩지 않고 다시 산다더냐? 떠나라! 거짓에서 떠나고 사랑 없는 곳에서 떠나라! 너의 갈 곳은 이 세상 어디든지 있고 너의 몸을 묻을 한 뼘의 작은 터가 어느 산모퉁이든지 있나니라. 아 갈 것이다. 심령의 오로라여! 나를 이끌라 진리의 밝은 별이여, 그대는 어디든지 있도다. 아— 갈지라 아 나는 갈지로다"라고 한 것이 말하자면 도향의 인생관이며 또 예술관이라고 할 수 있다. 이러한 정열과 허무와 퇴폐적 사상 속에서 빚어낸 청춘의 애끓는 감상의 결정이 〈환희〉였던 것이다. 눈물의 궁전이라고도 말할 수 있을 만치 모두가 눈물뿐이었다. 이러한 애상적인 도향에게는 이상하게도 남달리 냉각된 이지(理智)가 반짝였다. 이지의 발전에서 후일 그의 자연주의적 사실세계가 나타난 것이다.

  1925년 9월호 〈조선문단〉에 〈물레방아〉, 같은 해 〈여명〉 창간호에 〈벙어리 삼룡이〉를 비롯하여 〈지형근〉 등 날카로운 이지의 빛에서 반짝이는 많은 작품이 있다. 박종화는 '도향 회고기'에서 평하여 말하기를 "뜨거운 열이 작품에 있으면서도 작가 스스로가 먼저 그 열에 취하지 아니하였고, 면면(綿綿)한 정과 넋이 휘돌아 꿈틀거리면서도 작가는 차게도 테 밖에서 응시하기 시작하였다니, 이것이 그가 작가로의 본격적 원숙(圓熟)의 길을 밟기 시작한 것이었다"라고 하였다.

  역시 같은 시대의 작가로서 경향이 전연 다른 이가 있었으니 그는 전영택이다. 춘원 이후 조선문학에 이념이 생기게 되며 작가들의 인생관이나 문학관이 생겨서 원숙하여감에 따라 작가들의 경향은 해부와 분석적이고 과학적인 부면이 있는데 대하여, 전형택은 종합적이고 이상적인 정신적 부면(部面)을 대표한 작가다. 그 이상이란 전영택에게 있어서 인도주의다. 즉 기독교 사상에서 나온 박애적 인도주의였던 것이다. 그는 1919년 2호 〈창조〉지에 발표된 〈천재? 천치?〉를 비롯하여 〈생명의 봄〉 〈운명〉 〈사진〉, 1924년 〈영대〉지에 〈바람 부는 저녁〉, 같은 해 〈조선문단〉에 〈화수분〉, 1925년 같은 잡지에 〈흰닭〉 등을 발표하였다. 이 작품들은 모두 인도주의적 문학에 속할 수 있는 것으로 당시에는 거의 독보적이라고 할 만하다.

그가 그의 문학에 가지고 있는 정신이란 결국 인간의 정신적 내부 생활에서 박애, 동정, 자비, 양심, 극기 등의 종교적 이상을 목적으로 삼은 것이었다. 그의 문학세계는 당시의 주류였던 낭만주의적 정열도 아니고 자연주의의 과학적인 문학관도 아니었다. 그는 인간의 정신세계에 감추어 있는 미덕과 자비심을 찾아내려고 하였다. 그의 논문 '생명의 개조'에서 "나는 이렇게 생각하는 이상(以上)에 조선민족 생활에도 그 중추는 종교가 되어야 하겠고 조선 문화발달에도 중심 근거는 종교라야 되겠다. 곧 조선민족과 그 문화의 생명은 종교가 되어야겠다고 단언하며 서론(緒論) 아니할 수 없다"라고 하였다.

그리하여 〈천재? 천치?〉에서 동정과 양심을, 〈바람 부는 저녁〉에서 반성과 양심의 가책을, 〈화수분〉에서 모성애와 부부애를, 〈흰닭〉에서 자비심을 나타내어 인간 정신생활의 최고를 삼으려고 하였다.

같은 시대에 활동한 민태원(우보), 오천석은 창작보다도 외국문학의 소개로 오히려 이름이 있었다. 우보는 일찍부터 번안, 번역이 주였고 창작으로는 〈어느 소녀〉 〈적막한 반주자〉 등의 단편이 있다. 오천석도 타고르 등의 시, 소품, 소설 등을 번역하였다. 그가 미국으로 유학을 떠난 후 〈조선문단〉지에 약간의 시편을 발표하였을 뿐 문학과는 점점 멀어져 갔다.

그 당시 문단에 나온 여류문사로는 김원주(일엽), 나혜석, 김명순(탄실) 세 사람이 저명하다. 일엽은 1921년경 〈신여자〉지를 발행하여 조선 신여성의 계몽적인 문화활동을 하였다. 그는 단편, 소품, 수필 등을 썼다. 그러나 문예보다도 여성문제에 관하여 더 많은 의견과 사상을 발표하였다. 새로 각성하여 가는 조선 신여성들의 옛날 사회의 인습과 구속에 대한 항쟁이 그들에게는 더욱 필요하였던 것이다. 즉 남녀동등, 성문제, 자유연애관, 정조관 등의 신도덕을 부르짖었다. 그는 결국 '노라'와 같이 가정에서 뛰쳐나와 머리를 발갛게 깎고 회색 장삼을 몸에 두른 여승이 되어 순례의 길을 떠난 후 다시 문단에 돌아오지 않았다. 그의 나이 30전후였다. 나혜석은 문예보다는 화가였다. 그도 감상문, 수필류가 소설보다 많았다. 이 중에서 가장 문학적인 활동을 하며 역량을 나타낸 작가는 김명순이다. 1921년 12월호 〈개벽〉지에 중편 〈칠면조〉를 비롯하여 시와 감상문 등을 이어서 발표하였다. 후일 그의 문학 활동의 기념적인 작품집 〈생명의 과실〉을 내어 놓았다. 이러한 여류작가에 대한 그때의 사회 인사들의 관심은 문예인으로보다도 여류해방운동의 지도자로서 경이와 호기심과 그리고 또한 기대조차 가지고 사실상 과대한 평가를 하였던 것이다.

× ×

나는 다시 이상에서 고찰한 문학적 경향과 이 경향 속에 감추어 있는 어떠한 공통된 요소에 관하여 논급해 보려고 한다. 낭만적 작품이나 자연주의적 작품이나 공통된 요소는 민족적 애수와 우울이다. 조선문학에 미치는 사조의 대부분이 선진국으로부터 들어왔지만 이것이 조선문학으로서 새로운 특색을 갖게 된 것은 조선적인 현실성이 내포되어 있는 까닭이다. 조선적인 현실이란 추상적으로 말하면 조선민족의 고뇌였다.

그때에 이러한 현상에 대하여 시인 오상순의 〈폐허〉 제1호에 실린 '시대고와 그 희생'이라고 제(題)한 논문에서 상세히 논급되었으니,

"우리 조선은 황량한 폐허의 조선이요 우리 시대는 비통한 번민의 시대다. (중략) 이 모든 고뇌 중에 어느 것이 심각한 고(苦)가 아니랴마는 그 가운데서도 특히 우리 운명에 대하여 직접 영향을 미치고 가장 핍절(逼切)하고 가장 절박한 관계와 지배권을 가진 것은 시대고(時代苦)다. 왜 그러냐 하면, 우리는 시대의 아들인 동시에 특히 우리는 비상한 시대에 처해 있는 까닭이다. 고로 시대고의 문제를 해결하면, 기타의 고(苦)의 문제는 비교적 쉽게 해결될 수 있지 않을까 생각된다. 가장 중요한 선결 문제는 시대고다. 오늘날과 같이 비상하고 혼탁한 시대에 있어서는 이 시대고의 문제가 한층 긴급하고 또 중대한 지위를 점령할 것이다. (중략) 저이들(일본인 위정자)에게는 우리의 입은 꼭 봉하고, 우리의 눈은 꼭 감고, 우리의 귀는 꼭 틀어막고, 손과 발을 꼭 비끄러매고 무형(無形)한 정신이나 마음까지라도 꼭 비끄러매고 있었으면 좋을 듯이나시피……우리들도 하도 답답할 때에는 차라리 그렇게나 되어 버리고 말았으면 하는 절망의 탄식, 암흑과 사(死)의 비통이 있다. 우리의 절대 제한과 부자유와 억울과 고민은 이에 있다"라고,

당시 조선 지식인의 비통한 심경을 잘 표현하였다. 그러므로 조선의 낭만주의 작품에는 애상과 눈물이 넘치고, 자연주의 작품에는 우울과

번뇌와 침통한 맛이 많았다. 이것이 조선문학의 독특한 기질이 되어버린 것이다.

제3장 세기말적 사상과 자유운동

1

 조선문학은 이러한 고뇌와 모색(摸索)에서 19세기 말기 유럽을 휩쓸고 일본을 거쳐서 조선에 들어온 세기말적 퇴폐사상(데카당이즘)을 비상한 공명으로 환영하여 받아들였다. 따라서 이 시대의 자연주의 작품에도 이른바 암면묘사(暗面描寫)와 아울러 데카당이즘의 경향이 또한 없지 않았다. 이때의 시문학은 대부분 퇴폐사상에 기울어졌다. 쉽게 말하면 현실적으로 도무지 해결할 수 없는 고민을 예술적 향락에서 소산(消散)하여 버리자는 것이다. 현실적 또는 인간적인 고통을 미의 환영 속에서 자위하려는 것이었다.
 그러면, 다시 조선 시문학(詩文學)을 역사적으로 고찰하려고 한다.
 조선에서 시라고 하면 한시(漢詩)만을 말하게 되던 시대에 육당의 순국문으로 된 7·5조나 혹은 4·5조의 시가 한시에 대한 혁명이었다는 것은 이미 위에서 논급한 바로 그의 초창기 신시운동에 끼친 공헌을 인정하는 바이다. 그러나 그의 임무는 초창기 계몽적인 단계에 있었으니 조선의 시문학은 곧 다음 계단으로 발전하여 가게 되었다. 이 발전에는 두 가지의 요소가 있는데 하나는 형식문제요 또 하나는 내용문제였다. 즉 정형시는 자유시로 발전하여 7·5조나 4·5조의 형식을 깨뜨려 버리려는 것이었다. 제한된 형식은 넘쳐 나오는 젊은 세대의 정열을 담기에 너무도 좁았던 것이다. 내용에 있어서도 훈화적이고 계몽적인데서 인간의 정서적인 면을 자유로 노래할 수 있는 데로 옮기려고 하였다.[14]

구미(歐美)에서도 19세기 시문학에 이러한 경향이 먼저 있었으니, 미국시인 휘트먼(Whitman)의 파격 자유시운동이 그 일례다. 일본시단에서도 도기등촌(島崎藤村) 류의 7·5조 파격운동이 일어나던 때라 조선의 자유시운동은 당연히 일어날 운동이기도 하였다. 육당도 이러한 파격 자유시를 창작하였으나 내용은 역시 계몽적인 데 머물러 있었다.

다음 계단을 개척한 시인들은 누구였던가.

주요한은 1924년 10월 〈조선문단〉 창간호에 실린 '노래를 지으시려는 이에게'에서 "1917년경 동경유학생기관잡지 〈학지광〉에 창작시를 발표한 유암(流暗) 김여제 군이 신시의 첫 작가라고 봅니다. 그의 작품 중에 〈만만파파식적을 울음〉과 같은 것은 아직도 필자의 머리에 깊이 인상이 남아 있는 작품입니다. 그의 작품을 지금 인용할 수 없음은 유감이나 그때 본 인상으로 말하면 내용(정조·사상·감정)이 새롭고 형식에 이르러서는 고래(古來)의 격을 파(破)한 자유시였습니다"라고 하였다.[15]

얼마 되지 않아 자유시운동은 큰 세력으로 나타나 시문학의 황금시

---

14. 엮은이 주: 회월 문학사에서 신체시 이전 단계로 보는 개화기가사인 '창가(唱歌)'를 다루지 않은 점이 아쉽다. 을사늑약을 전후로 하여 유명 무명의 작가가 쓴 〈한반도〉, 〈창의가〉 등 자유로운 형식을 가진 애국/항일창가가 출현하여 민족의식을 고취하였다.
15. 엮은이 주: 이 작품은 반일적 내용이 담겼다는 이유로 〈학지광〉이 판매금지 및 폐간이 되면서 묻혀버렸다가 87년 만에 미국의회 도서관에서 발견되면서 〈문학사상〉 2003년 7월호에 공개하였다. 권영민은 "김여제의 시편은 한국근대시의 여명기라 할 〈해에게서 소년에게〉의 최남선과 〈불놀이〉의 주요한 사이의 공백을 메울 수 있는 가치가 있다"라고 평하였다.

대를 이루었다. 그러나 이때에 시문학이 맞이한 시대는 위에서 말한 바와 같이 데카당이즘의 주류를 그대로 받아들였던 것이다. 퇴폐파의 상징시인으로서 초창기 조선시단에 이름을 날린 사람은 황석우다. 1921년 〈장미촌〉지 창간호에 발표한 〈장미촌의 향연〉, 1920년 〈폐허〉지 창간호에 〈석양은 꺼지다〉나 〈벽모의 묘〉 〈태양의 침몰〉 〈애인의 인도(引渡)〉 등의 시편이 대표될 만한 작품들이다. 그는 교묘한 언어의 선택과 아울러 기지 있는 비유 등의 표현만으로도 넉넉히 새 세대의 감각과 정서를 드러낼 수 있었다. 박종화는 〈장미촌〉 2호 시평 '시단의 수확'에서 "달 밝은 밤 가을 길에 회색 베일을 쓰고 옥수(玉手)로 취한 사람을 부르는 미녀와 같다"고 그의 시를 평하였다. 황석우는 〈학지광〉 〈서광〉 〈개벽〉지 등에서 많은 작품을 발표하였다.

그러나 그는 데카당이즘의 사상성에서 볼 때에는 그다지 심각미를 맛볼 수는 없었다. 이 데카당이즘의 본질을 드러낸 시인은 안서 김억이다. 그는 1921년에 〈오뇌의 무도〉라는 역시집을 내놓고, 1923년에 창작시집 〈해파리의 노래〉를 출판하였다. 조선에서 번역시집은 이것이 처음이며 외국의 퇴폐파 시인들의 시만을 모아서 소개한 것도 처음이다. 〈해파리의 노래〉에 나타난 안서의 데카당이즘은 보들레르보다는 폴 베를렌의 시풍이 더 많았다. 오뇌(懊惱)의 현실에서 얽어진 그의 세계에는 고독과 애수가 있을 뿐이었다. 그는 애수의 세계에서 고요히 영혼의 날개를 펴고 오월의 새파란 하늘을 끝없이 방랑하였다. 이것은 〈내 설움〉에 잘 나타나 있다. 그리고 〈여섯째〉란 시에는 사랑조차 위안이 되지 못하는 우울과 고독에서 모든 것에 허무를 느끼는 고뇌가 나타나 있다. 그리하여 그는 세기말적 고뇌병에서 '사랑의 사체를 파묻는 야

룻한 숨소리'를 들었던 것이다. 특히 시형(詩形)에 있어서 연말(聯末)에 '이어라'를 붙이기 시작하여 한때 이것이 유행하게까지 되었다.

이상화는 그의 독특한 심각미와 아울러 아름다운 시율(詩律)로서 데카당이즘의 시풍을 더욱 본격적으로 드러내었다. 그의 권태와 우울과 애수는 황혼의 구름처럼 붉게 취하여 절망의 구렁텅이로 빠져버렸던 것이다. 1922년 〈백조〉지 창간호에 〈말세의 희탄(欷嘆)〉을 발표하고, 이어서 2호에 〈가을의 풍경〉, 1923년 3호에 〈나의 침실로〉를 발표하였다. 그의 시는 그의 말과 같이 "가장 아름답고 오-랜 것은 오직 꿈속에만 있어라"(〈나의 침실로〉의 서사)라고 한 환영(幻影) 속에서 깊이 없는 동굴을 만들어놓고 이 속에서 현실의 피로와 권태와 우울을 잊어버리고 오직 정열에서 향락의 세계를 창조하였던 것이다.

이와 동일한 경향에서 월탄 박종화는 관능세계에서 향락하는 것보다도 현실고(現實苦)에서 고뇌한 시인이다. 이러한 인생과 현실에 대한 고뇌는 철학적 사색과 상징적 표현에서 그의 시는 침중(沈重)하고 전아(典雅)하였다. 〈장미촌〉〈백조〉지 등에 시작을 발표하였고, 〈백조〉 창간호에 〈밀실로 돌아가다〉, 2호에 〈흑방비곡〉, 3호에 〈사의 예찬〉과 시극(詩劇)〈죽음보다 아프다(전1막 5장)〉 등을 발표하였다. 시극 작품은 시단에서 이것이 처음이다. 그의 시에 나타나는 고뇌의 세계는 〈밀실로 돌아가다〉 제2연의 "나릿한 만수향 냄새 떠도는 캄캄한 내 밀실"이었다. 이것이 그의 시의 전당이었으니 이 곳에서 고뇌하고 기원하고 예배하였던 것이다. 불타는 청춘이 고뇌와 어두운 현실의 우울이 한데 얽히어서 꾸며진 노래가 그의 시편들이다. 시제(詩題)를 즐겨 밀실이니 흑방이니 죽음이니 하는 것을 사용하였음도 고뇌의 표징이었을 것이다.

박영희도 동일한 경향의 시인이다. 〈장미촌〉을 비롯하여 〈백조〉지 등에 시작을 발표하였다. 〈백조〉 창간호에 〈미소의 허영시〉〈환영의 황금탑〉 등을 비롯하여 2호에 〈꿈의 나라로〉〈그림자를 나는 쫓이다〉〈유령의 나라〉 그리고 3호에 〈월광으로 짠 병실〉 등의 시편을 발표하였다. 모두 현실세계를 떠나서 아름다운 환영의 상징적 세계를 창조하고, 이곳에서 고뇌와 우울을 잊고 끝없는 정서의 향락을 찾았던 것이다.

김동명은 그 중에서도 특히 프랑스의 보들레르 류의 시풍을 닮으려고 하였다. 1923년 10월호 〈개벽〉지의 〈당신이 만약 내게 문을 열어주시면〉이라는 시편을 비롯하여 〈나는 보고 섰노라〉〈애달픈 기억〉 또 같은 잡지에 〈기원〉〈회의자들에게〉 등을 발표하였다. 유장한 리듬은 심각미와 아울러 데카당이즘의 우울이 잘 표현되었다. 〈당신이 만약 내게 문을 열어주시면〉의 제1연에서 '붉은 술과 푸른 아편에 하염없이 웃고 있는 당신의 맘을 또 당신의 혼의 상흔에서 흘러내리는 모든 고운 노래를' 부르려는 것이었다. 그의 우울과 고뇌는 고혹(蠱惑)과 도취의 세계에서 비로소 아름다운 노래로서 병든 영혼의 안식처를 만들려는 것이었다.

2

1920년대를 대표한 시인들의 경향은 그 주류를 이룬 데카당이즘 이외에 두 가지의 유파로 분류할 수 있다. 이상적 경향과 서정적 경향이 그것이다. 이상주의적 경향은 현실고에서 절망하지 않고 막연하나 어떠한 인생의 희망 속에서 아름다운 미래를 바라보고 나가는 것이다.

허위와 고뇌 그리고 불합리한 현실에서 벗어나 관능세계에서 미의 전당을 세우고 향락하려는 데카당이즘은 결국 현실세계에 대한 절망의 표현이었다. 그러나 이 절망적인 현실 속에 감추어 있는 자연과 정신세계에서 새로운 힘을 찾아내려는 것이 이상주의의 정신이었다.

주요한은 절망적인 세계에서 새로운 희망과 이상을 찾으려고 하였다. 그는 철학적 이념에서가 아니라 서정적 세계에서 아름다운 노래로 표현하려고 하였다. 1921년 〈창조〉 9호에 발표한 〈별 밑에 혼자서〉에서의 곱고 애처로운 하소연 속에는 한 줄기의 희망과 이상이 신비스럽게 빛나고 있었다. 〈쓰러진 꽃줄기〉 〈부르짖음〉 〈모든 것이 다 갈 때〉 등의 시가 다 그러한 경향의 시편들이다. 〈모든 것이 다 갈 때〉의 4, 5행에서 "우지 마라 언제든지 모든 것에 뛰어난 참과 참삶이 올 날이 있을 터이다"라고 외쳤다. 그는 시집 〈아름다운 새벽〉에서 이러한 경향을 충분히 나타내었다.

현실적 고뇌로부터 밀려가게 되는 또 하나의 다른 길은 인생을 무상과 허무의 경지에서 현실을 초월하려는 것이었다. 오상순은 이러한 경향의 시인이었으니 이것은 인생을 정신세계로 추진시키려는 이상이라기보다는 오히려 고뇌 속에 들어있는 인생의 자기반성이었다. 1921년 〈장미촌〉 2호에 발표된 〈자연의 시체〉와 같은 시는 그러한 경향을 표현한 것이다. 시를 많이 발표하지 않았으나 후일 장편시 〈아시아의 마지막 풍경〉을 창작하여 그가 가진 경향의 상념을 더욱 원숙하게 하였다. 오상순은 조선 유일의 방랑시인으로 사색과 적요(寂寥) 가운데서 인생의 무상한 자취를 거쳐 왔다.

남궁벽은 일찍이 〈폐허〉지의 동인으로 시작(詩作)에 전념하였으나 불행히 요절하여 그의 경향을 확실히 나타내지 못하였다. 그렇지만 그가 발표한 시편 중에 〈풀〉이나 〈마(馬)〉 〈이렇게 살고 싶다〉에서 종교적 신비성과 아울러 인도주의적 경향의 일면을 엿볼 수 있다. 따라서 그의 시에는 사색성이 더 많이 포함되어 있다.

이동원은 〈창조〉 동인으로 많은 시작품을 발표하였다. 이 시인은 현실고(現實苦)에 대하여는 오직 해학과 풍자로서 묵살하여 버린다. 그 뿐만 아니라 그의 시에는 동화에서 볼 수 있는 경이적 구상과 철인적 기변(奇辯)도 많다. 〈봄〉〈공상〉〈봄바람〉 등이 모두 그러한 시풍의 대표작이라고 할 수 있으니, 짧은 일례를 들면 "봄은 장난꾼 부질없는 장난꾼이요 꿈을 구르마에 실어가지고 다닙니다"라는 시구라든지 "공상(空想)이란 잘 먹고 사는 어처구니. 아니다. 재밤에 다니는 암행어사? 군기(軍機)를 도적하려는 스파인가 싶소" 등에서 그의 시풍을 엿볼 수 있을 것이다.

3

다음으로 순수한 서정시인들의 경향을 말하려고 한다. 그런데 이들의 성격을 규정하려고 하면 그 범위는 넓어진다. 사실 위에서 논급한 퇴폐파의 시도 서정시의 높은 계단에 속할 수 있는 것이 많다.

그러면 서정시의 경향은 무엇으로써 규정할 것인가. 인생관이나 어떠한 철학적인 이념을 전부 없앤 순수한 정서의 표현만을 의미할 것인가. 우선 이러한 전제 밑에서 유사한 시편들을 하나의 경향으로 뭉쳐 놓으려고 한다. 그러나 조선 시인의 서정시에는 개인의 정서 속에 민족적으로 공통된 감정의 실마리가 얼크러져 있는 것을 찾을 수 있다.

이러한 경향에는 먼저 수주 변영로의 시를 들 수 있다. 1924년 8월에 출판된 시집 〈조선의 마음〉은 그러한 경향을 충분히 나타내고 있다. 그 중에서도 〈버리지도 싫다 하오〉라는 시라든지 〈생시에 못 뵈올 님을〉 〈낮에 오시기 꺼리시면〉 등은 그의 경향을 대표할 수 있는 작품이다. 시형(詩形)은 거의 시조형으로 된 것이 많았으니 서정시가 가지고 있는 음악적인 선율을 아름답게 나타내려고 함에 있었다. 그의 시에서 임을 그리워하는 정은 조선을 생각하는 애끓는 애수이기도 하다.

김소월(김정식)은 민요시인이다. 조선의 민요시인으로는 소월이 처음일 것이다. 서정시 중에서도 그의 민요시는 가장 아름답다. 이 민요시는 개인 정서의 표현이기보다도 만인의 정서에서 공통된 정회가 나타남으로 누구나 부르기를 좋아하는 보편성이 있기 때문이다. 또한 조선의 현실고의 우울과 고뇌를 아름다운 말과 선율로 번역한 향가라고도 말할 수 있을 것이다. 소월은 1923~4년 〈영대〉 〈개벽〉지 등에 작품을 발표하였다. 시에는 조선의 정취가 가득하고 또 조선의 애수가 넘쳐 나왔다. 이에 7·5조의 아름다운 선율은 그의 시를 더욱 애처롭게 하였다. 서정시일수록 필요한 언어선택에 관하여 김억(안서)은 지적하여 말하기를 "그 당시로 말하면 모두 외국어식 언어사용에 열중하여 조선말다운 조선말을 사용치 못하던 때에 소월은 순수한 조선말을 붙들어다가 생명 있는 그대로 자기의 시상 표현에 사용하였던 것이다"라고 하였다. 소월은 향토에 머물러 촌부의 소박한 눈물과 초동(樵童)의 정열적인 노래를 불렀다. 당시에 아무도 생각하지 아니한 '고향의 밀어'[16]를 찾은 것이다. 〈진달래꽃〉 〈산유화〉 〈가는 길〉 〈접동새〉 등의 시가 다 명편이다.

서정시인 가운데 민요적인 일면을 가진 시인에 노작 홍사용이 있다.

---

16. 1947년 4월호 〈해동공론〉, 서정주, '김소월 시론(試論)'

그는 애상과 눈물의 시인이다. 〈백조〉 동인 중에서 나도향을 가리켜 눈물의 소설가라면, 홍사용은 확실히 눈물의 시인일 것이다. 〈백조〉 창간호에 〈꿈이면은?〉의 시라든지 2호에 〈봄은 가더이다〉, 3호에 〈묘장(墓場)〉〈나는 왕이로소이다〉 등의 시편들은 애수를 표현한 명편들이다. 그는 현실적 고뇌를 애수로 바꾸고 데카당적 향락을 눈물로 대신하였다. "나는 왕이로소이다. 어머니의 외아들, 나는 이렇게 왕이로소이다. 그러나 그러나 눈물의 왕! 이 세상 어느 곳에든지 설움 있는 땅은 모두 왕의 나라로소이다"라는 시구에서 그의 시경(詩境)을 엿볼 수 있다.

다음으로 애상시인이요 미문가로 춘성 노자영이 있다. 그는 시인이라기보다는 감상문에 더 많은 작품이 있다. 그의 미문(美文)은 너무도 인공적으로 꾸미고 색칠한 문장이다. 그의 소위 연애소설이나 시가는 속정적(俗情的)으로 기울어졌다. 1923년에 내놓은 연애소설 〈사랑의 불꽃〉은 당시 문단에 물의를 일으킨 문제의 작품이다. 그것은 너무도 저급한 연애소설로 당시 예술지상의 고귀한 기질로 충만한 문단으로서는 문제를 일으키어 마땅하였다. 시집 〈처녀의 화환〉〈백공작〉, 감상문집 〈청공세심기〉 등의 저서를 비롯하여 낙화유수니 은월성하(銀月城下)에 화금보(花琴譜)니 반월성하(半月城下)의 묵례(黙禮)니 남국의 감람수 등 일편의 제목이 다 그의 미문장의 계열을 표시하는 것들이다.

그리고 또 〈금성〉지 동인들의 서정시적 경향을 살펴보기로 한다.

양주동이 창간호에 발표한 〈영원한 비밀〉〈소곡〉〈무제〉 등의 시를 비롯하여 〈풍경〉〈옛사랑〉 등은 순수한 서정시라기보다 생의 진리를 찾으려는 철학적 이념과 신비성 등이 더 많이 포함되어 있다. 같은 잡지에 실린 백기만의 〈꿈의 예찬〉〈내 살림〉〈은행나무 그늘〉 등의 시라든지 이상백의 〈내 무덤〉, 손진태의 〈생의 철학〉 등의 시는 다 순정적이라기보다는 이지적인 것이 더 많이 나타났다. 그러나 류춘섭(류엽)[17]의 〈낙엽〉은 순서정시로 베를렌의 시풍을 닮으려고 하였다. 동인 중에 서정시인으로 특이한 존재는 이장희(고월)였다. 〈실바람 지나간 뒤〉〈새 한 마리〉〈불놀이〉〈봄은 고양이로다〉 등의 예민한 감각과 산뜻한 정서를 나타낸 시를 창작하여 시단의 주목을 끌었다.

---

17. 엮은이 주: 김용직은 '근대 서사시의 형성과 그 성격'에서 "류엽은 1924년 〈금성〉 제2호에 우리 근대시사상 최초의 서사시가 되는 〈소녀의 죽음〉을 발표한 바 있다."라고 하였다.

제4장 현실주의의 대두와 그 방향

1

 현실의 고뇌를 피하고 생의 권태에서 벗어나려고 순수한 정서세계에서 예술의 상아탑을 쌓고 있던 조선문학에 커다란 회의의 암운(暗雲)이 떠돌기 시작하였다. 조선의 작가들이 현실을 떠나 예술지상의 세계로 들어가면 갈수록 조선의 비참한 현실은 작가 앞에 나타나서 점점 커지고 있었다. 주정적인 예술만으로는 정신의 만족을 얻을 수 없었다. 그러면 현대 조선작가들의 갈 곳은 어디였던가. 작가들은 또 다시 절망과 비탄 속에서 고민하게 되었다. 이때까지 건설하여 온 문학에 대하여 회의를 갖게 된 것이다. 현실세계의 고뇌는 환상이나 미의 창조만으로는 없어지지 않았다. 이리하여 예술의 상아탑을 쌓던 작가들은 다시 현실세계로 돌아와서 현실의 정체를 살피기 시작한 것이다.
 회의의 밀운(密雲)이 떠도는 예술지상의 고요한 호수에 파문을 일으킨 사람은 석송 김형원과 팔봉 김기진이다. 김석송은 문학의 민주주의화를 부르짖었고 김팔봉은 문학의 사회주의화를 주창하였던 것이다. 팔봉의 사회주의문학론은 초기에 조선 현실의 민족적 반항의식에서 출발하기 시작하였다.
 그러면 석송의 민주주의 문학론은 무엇인가. 그는 "예술의 주인공은 왕후장상(王侯將相)에 국한되고 귀공자와 귀부인 사이의 정열만이 서정시로 읊어지던 종래의 귀족적 문예는 제재(題材)부터도 극단의 배타적인 동시에 인생의 한 국부(局部)만을 영탄 서술함에 불과하였다. 그리하여 만인에게 공감을 주어야 할 문예로 하여금 일부 소위 특권계급 인물의 소일거리를 만들고 말았고, 영겁에 생동해야 할 문예로 하여금 석양의 무지개와 같이 쓸쓸히 쓰러지게 하였다. 아비의 의사(意思)로 자식의 이력까지 지배하고 노인의 경험으로 청년의 창조적 본능을 속박하는 귀족주의는 신사상의 침입을 거절하며 현재- 아니 과거 이외에 아무 욕망도 없이 오직 공사(公私)의 상속으로 인하여 추정(推定)된 세력과 특권을 보지하기에 급급할 뿐이다. 그리하여 그들에게는 사멸(死滅)의 철학과 보수의 윤리가 있었을 뿐이요, 다식과 같이 판에 박아 내는 전통문학이 있을 뿐이다. 인생은 진화한다. 사상은 유동(流動)한다"라고 외쳤다.

김석송은 계속하여 "시인은 대언자(代言者)다. 귀족적 시인은 귀족의 대언자요 민주적 시인은 보편적 생의 대언자다. 시의 제재가 인생 내지 자연의 풍경에만 국한되었다면 모르거니와(그것까지도 의인법에 의해야만 시가 된다면 모르거니와) 모래 한 알이라도 그 진체(眞體)를 보살피지 않고는 마지않는 민주적 시인의 처지로는 구더기의 대언자 노릇까지라도 아니하여서는 아니 될 것이다"라고 선언[18]하였다. 이리하여 이때까지 아름다운 자연, 애끓는 애수, 고요한 정서 등 즉 그가 말하는 귀족적 세계는 뜻하지 않게 공격을 받게 되었다. 그는 산상(山上)으로부터 사람 많은 시장으로 내려와 제각기 떠드는 생활의 소리를 시로 노래하려고 하

---

18. 1925년 5월호 〈생장〉, 김석송, '민주문예 소론'

였던 것이다.

1922년 3월호 〈개벽〉지에 발표한 〈숨 쉬는 목내이〉를 비롯하여 〈햇빛 못 보는 사람들〉 〈불순한 피〉 〈형제들아 싸우지 말자 아직도 동방이 어둡다〉 〈백골의 난무〉 등의 시는 모두 그가 선언한 경향을 대표하는 시편들이다. 〈백골의 난무〉의 한 연(聯)을 소개하면 아래와 같다.

"백골의 무리는 도깨비 떼들은

세상이나 만났듯이 미쳐 날뛴다.

흙인지 뼈인지 알 수도 없는 사서삼경의 백골!

고사만 안 지내도 탈을 내는 터줏대감!

19세기 이래의 과학! 그로부터 나온 철학!

정의 인도의 새 옷을 떨뜨린 날송장의 정강이뼈!

'사회'의 저고리에 '민중'의 바지를 입은

– 불면 사라질 듯한 가루 같은 뼈들의 난무!"

그가 말하는 민주주의의 민중시는 현실 속으로 들어와서 풍자와 해부와 도전으로 현실에 부딪치려는 것이었다.

2

민중시가 일어나게 된 것도 결국은 현실의 고뇌를 정면으로 부딪쳐서 해결하려는 일면이려니와 이러한 정세에 따라서 조선의 젊은 작가들의 고뇌는 날로 새로워 갔다. 쓰라린 현실의 중압은 날로 무거워갈 뿐으로 이때까지의 정서 세계만으로는 만족할 수 없고 해결할 수도 없었다. 조선의 쓰라린 현실의 고뇌는 점점 커져 조선사람들의 생활 전체를 차지하여 작가들이 자위(自慰)하던 세계까지 여지없이 파괴하여 들어왔던 것이다. 농민들은 고향을 떠나 멀리 표랑(漂浪)의 길에 나섰고 도시는 생활난과 무직자들의 집합소가 되었다. 지식인 청년들은 투옥되는 수가 날마다 늘어만 갔다. 이것이 당시 조선의 현실이다. 우리에게 자유와 빵을 달라는 대중의 외치는 소리가 높아갈 뿐이었다.

조선의 북방과 연접한 소련은 혁명한 지 10년 이내로 신흥사상이 세계를 휩쓸고 있었고 일본에서는 〈種蒔く人(씨 뿌리는 사람)〉[19]이란 잡지의 출현과 아울러 사회주의 사상은 큰 세력으로 발전하여 벌써 조선의 한 편 귀퉁이를 무너뜨리고 밀려들어오기 시작하였다. 이러한 사상운동이 일어날수록 현실의 고뇌는 더욱 참을 수 없었으며 그 압력은 더욱 커질 뿐이었다.

그러면 조선은 어디로 갈까. 조선문학의 갈 곳은 어디인가. 이것이 조선사회와 한가지로 조선문학에 던져진 중요한 과제였다. 지금까지 걸어온 우리 문학에 대하여 회의하기 시작하여 벌써 가치를 인정하려 하지 않으려는 데까지 이른 것이다.[20]

이러한 정세에 대하여 월탄 박종화는 〈백조〉 2호를 내기 바로 전, 1923년 1월호 〈개벽〉지에 실린 '문단의 1년을 추억하야'에서 아래와 같이 말하였다.

---

19. 엮은이 주: 일본의 이 잡지는 1921년에 창간하여 1923년 관동대지진 때 조선인 학살 고발로 폐간 당한다. 그 후신으로 〈문예전선〉이 나오고, 1925년 12월 나프[NAPE]가 결성된다.
20. 엮은이 주: 〈백조〉 동인 중에서 이단자인 팔봉 김기진이 일본의 초기 프로문학을 월탄·회월에게 소개하면서 무력하고 감상적인 문학이 아닌 힘차고 추진적인 문학으로 나아갈 것을 제안한다. 이때 팔봉의 호소에 응하면서 쓴 것이 월탄의 '역(力)의 예술'이다. 이런 점으로 보아 김기진은 신경향파의 선구자라고 할 수 있다.

"앞으로 우리가 가져야 할 예술은 '역(力)의 예술'[21]이다. 가장 강하고 뜨겁고 매운 힘 있는 예술이라야 할 것이다. 헐값의 연애문학, 미온적인 사실문학 그것만으로는 우리의 오뇌를 건질 수 없으며 시대적 불안을 위로할 수 없다"라고 문학의 시대성을 논한 후, 또 다시 "이 불안 고뇌를 건져주고 이 광란의 핏물을 녹여줄 영천(靈泉)의 파지자(把持者)는 누구뇨. 역(力)의 예술을 가진 자이며 역(力)의 시를 읊을 자이다. 가장 경건한 태도로 강하고 뜨거운 그곳에 관조하며 명상의 경역(境域)을 넘어선 꿈틀꿈틀한 굵다란 선이 뛰는 듯한 하얀 종이에 시커먼 먹을 찍어 연목(椽木; 서까래)의 필(筆)을 두른 듯한 그러한 예술의 파지자라야 될 것이다. 그러나 불행히 우리 문단에서는 이러한 소설가가 없으며 이러한 시인이 없다"라고 탄식하였다.

이 글에서 당시 불안하고 답답한 문단의 저기압을 짐작할 수 있을 것이다. 그는 계속하여 말하기를 "비록 문단의 표면으로 논쟁된 일은 없으나 소리 없이 잠잠한 그 밑바닥에는 조선문단에도 또한 경향예술과 비경향예술의 대치될 핵자(核子; 알맹이)가 배태되었다. 이러한 추세는 우리 문단을 권외(圈外)로 할 리 만무하다. 멀지 않은 앞날에 표면으로 나타날 현상의 하나다"라고 하였다.

이리하여 당시의 작가들은 새로운 무엇을 기대하면서 회의와 고민에

---

21. 엮은이 주: 이병기·백철, 국문학전사, 신구문화사, 1976. 336쪽 "문학사적으로 이런 힘의 예술의 요구가 신경향파문학으로 된 것인데, 결국 그것이 반항의 문학으로 된 것은 사회적으로 일어나고 있는 예의 사회운동 때문에 거기 일면 휩쓸려간 감이 있는 것이다. 그러나 거기 휩쓸렸다 해도 신경향파문학은 정면으로 어떤 계급문학이 아니고, 그저 빈궁을 제재로 한 막연한 반항의식의 문학이었다. 이 점이 그 뒤에 가서 프로문학으로 바뀔 때에 자연 발생의 문학이라고 비난을 받은 이유다."

서 헤매고 있었다. 어찌했든 이때까지의 예술지상주의의 상아탑은 무너지고 이미 현실주의의 조류가 쳐들어왔다. 이 조류와 한가지로 조선문단에 나타난 시인이 있었으니 그가 팔봉 김기진이다.

그는 〈백조〉 3호부터 동인이 되었다. 그러나 그들과 경향이 같아 동인이 된 것은 아니었다. 그와는 정반대로 백조 동인들이 데카당이즘의 고봉(高峰)에서 지쳐 있을 때 현실주의의 예리한 사상을 외치면서 돌연히 문단에 나타난 것이다.

그러나 그의 문학관은 석송 김형원과 같이 현실에 대한 문학의 대중성을 부르짖은 것은 아니고 현실에 직면하여 현실과 싸우려는 것이었다. 이때까지의 작가들은 현실의 고뇌 속에서 문학의 창백한 꽃을 피게 하였으나 그는 바로 현실과 싸우는 데서 생기 있는 문학을 창조하자는 것이었다. 즉 현실생활 속에서 문학을 찾고 창조하자는 것이 그의 주장이다.

김기진은 1923년 9월 〈백조〉 3호에 실린 '떨어지는 조각조각'에서 말하기를,

"그렇다. 우리는 살아야 한다. 지금보다 더 잘 살아야 한다. '참말로' 살아야 한다. 우리의 살림 속에서 거짓을 내쫓아야 한다. 거짓은 도깨비다. 망령이다. 유령이다. 우리의 생활에서 유령을 없애버려라. 그러면 생활을 인도할 사람은 누구냐? 예술가다. 예술가의 할 일이다. 예술가는 모든 의미의 창조자다. 생활에 대한 선각자다. 생활은 예술이요 예술은 생활이어야만 할 것이다. 생활의 예술화가 되지 않으면 안 될 것이요, 예술의 생활화가 되지 않으면 안 될 것이다. 세계의 인류 생활의 극한까지 이러한 이상을 실현하여야 할 것이다. (중략) 책상 앞에서 만들

어내는 예술은 우리에게는 무용한 것이다. (중략) 생명은 엄숙한 실재다. 우리는 이 실재 앞에 눈을 크게 떠야만 한다. 수음(手淫)문학의 붓대라는 붓대는 잘라 없애야만 한다. 생명이라는 것을 단단히 붙잡아야만 한다"라고 하였다.

그리하여 그는 이러한 경향의 시와 감상문, 수필 등을 발표하였는데, 시보다도 수필을 더 많이 발표하였다. 1923년 12월호 〈개벽〉지에 〈마음의 폐허〉, 그 이듬해 1월 같은 잡지에 〈눈물의 순례〉 등 수많은 수필을 발표하였다. 선정적인 문장, 청신한 감각, 전투적 기질의 필치는 당시 유일의 수필가로 문단의 주목을 그에게 집중시켰다. 또한 당시 프랑스의 작가인 앙리 바르뷔스의 작품 〈클라르테(광명)〉와 〈지옥〉 등을 알리고 클라르테 운동(인간해방과 무산계급을 위한 문학운동)에 대한 로망 롤랑과 바르뷔스의 논쟁을 소개[22]하였다.

그가 백조 동인 중에서 사상적 동지를 한 사람 얻었으니 바로 회월 박영희. 회월은 1924년 2월호 〈개벽〉지에 '노서아 환멸기의 고통'이라는 논문을 발표한 것을 비롯하여 팔봉과 보조를 같이 하였다. 당시 조선의 현실은 혁명전야에 있던 노서아의 그것과 같았다. 말하자면 현실에 대한 각성기에 이른 것이다. 이리하여 기아와 부자유와 학대의 암흑기에서 노서아의 혁명의식을 대표한 작가- 투르게네프, 도스토예프스키, 고리키, 체호프 등의 저서가 조선작가들에게 탐독되었던 것도 당연한 현상이었다.

---

22. 엮은이 주: 바르뷔스는 '현재 사회조직과 데카당이즘 부르주아문화의 근본적 파괴를 도모하는 현실혁명'을, 롤랑은 '예술의 절대적 자유'를 주장한다. 1923년 팔봉은 〈개벽〉지 '클라르테 운동의 세계화'에서 롤랑을 '현실회피의 고독적 자유의 정신'이라고 비판하면서 바르뷔스를 지지한다.

조선작가들이 현실에 눈을 뜨기 시작하매 이때까지 그들이 믿어온 것이 모두 허위였고 지금까지 현실이라고 생각한 것이 참된 현실이 아니었다. 진리라고 하던 것이 하잘것없는 거짓으로 나타난 것이다. 그러면 건설되어야 할 조선문학의 다음 계단은 무엇인가? 이제 다음 단계를 살피기로 한다.

제2편
조선적 현실의 성장과 문예운동

제1장 신경향문학의 의의와 그 작품

1

조선 작품들의 시야가 현실세계로 열리게 되자 먼저 눈에 띄는 것은 조선의 현실이었다. 그러면 조선의 현실은 무엇인가. 조선사람들의 현실생활이다. 압박과 학대만을 받는 자유 없는 생활, 날로 늘어가는 빈궁과 기아의 생활이었다. 1910년 일본의 침략을 받은 후 10년 동안 조선사람의 생활에는 현저한 변화가 일어났다. 빈궁과 유산(流散)이 그것이다. 기미운동은 이러한 참상과 아울러 조선의 자유와 해방을 세계에 향하여 호소한 선언이었다. 그리고 또 5년의 세월이 흐르는 동안 조선의 현실이란 이미 과거 조선이 아니요, 신조선의 해방을 위한 혁명의 싹이 자라고 있는 현실이었다. 만일 민족문학이 그 민족의 생활과 의식과 감정 속에서 창조되는 것이라면 조선작가들은 눈앞에서 성장하고 있는 거대한 현실을 어떻게 보려 하였던가!

서구문학으로부터 문학적 모형(模型)을 가져온 조선문학은 조선적 현실과 생활 속에서 그 성격과 정신을 만들지 않을 수 없었다.

이리하여 조선문학은 일대 전환기에 이르게 되었다. 자연주의문학에서나 데카당이즘에서 자라난 조선문학은 고각(古殼)을 깨뜨리고 조선적인 현실에 직면함으로부터 새로운 창조의 단계로 들어가게 된 것이다.

이것의 첫 번 선언으로 팔봉 김기진은 1924년 11월 〈개벽〉지에 〈붉은 쥐〉라는 단편을 발표하였다. 이 작품은 문학적으로 보아 구상이나 묘사가 어떻다고 논평하기보다 새 시대 문학운동의 선언으로서 그 가치를 인정할 것이다. 새로운 문학정신을 수립하기 위하여는 현재의 문학을 부정하는 동시에 형식까지도 부정하고 새로운 문학형식을 창조하려는 의도에서 생긴 과도기적 작품일 것이다.

새로운 문학형식이란 지배계급, 권력계급에서 향락하려는 형식이 아니며 따라서 진부하고 세밀한 묘사의 사실성을 주장하는 자연주의문학의 형식도 아니라고 생각한 것이다. 혁명적인 내용에 따라 건실하고 웅건한 실용적인 소박한 형식을 주장하였다. 〈붉은 쥐〉는 그것의 첫 시험이었다.

〈붉은 쥐〉는 어느 옛날 양반의 집 줄행랑에서 살고 있는 빈한한 사람들의 생활을 비롯하여 극도로 배가 고픈 주인공 박형준이 절도행위를 하고 도망하다가 차와 충돌하여 길바닥을 (죽은 붉은 쥐와 다를 바 없이) 붉은 피로 물들이고 죽는다는 내용이다. 이 작품은 당시 가혹한 검열로 거의 대부분이 삭제를 당하게 되어 문맥이 잘 연결되지 않았으나, 여하간 현재 기성문단에 대한 시위며 선언이며 폭탄이었다. 그만큼 이 작품에는 이론적 설명이 많고 선언적 구절이 많았다.

이러한 경향은 〈붉은 쥐〉 이후 큰 세력으로 퍼지기 시작하여 조선문단에는 신흥 기분이 넘쳐 나왔다. 회월을 선두로 조명희(포석), 최학송(서해), 주요섭, 이기영(민촌), 이익상(성해), 송영, 최승일 등 많은 신진들이 쏟아져 나왔다.

회월은 〈백조〉시대의 데카당이즘에서 벗어나와 팔봉과 보조를 같이

한 후, 1925년 1월호 〈개벽〉지에 〈전투〉, 2월호에 〈정순이의 설움〉, 4월호에 〈사냥개〉, 11월호에 〈피의 무대〉 등을 계속 발표하였다.

〈정순이의 설움〉은 젊은 행랑어멈이 주인집에 드나드는 젊은 의사를 연모하게 되었으나 빈천한 행랑어멈이라 저 혼자서만 고민하는 심리를 그려서 억압된 계급의 생존력을 암시하였으며, 〈사냥개〉에서는 수전노의 생활을 폭로하는 한편 억압된 생활에서 고뇌하던 사냥개의 최후의 주인에 대한 반항에서 해방의 길을 찾은 것을 그렸던 것이다.

조명희는 1925년 3월호 〈개벽〉지에 〈땅속으로〉를 비롯하여 이듬해 5월호 같은 잡지에 〈농촌 사람들〉, 그리고 뒤를 이어 〈마음을 갈아먹는 사람들〉〈저기압〉 등의 단편을 발표하였다. 그의 작품에는 가난한 사람들의 생활고, 조선 지식계급의 고뇌, 농촌의 생활난과 유리 표랑(流離漂浪)하는 정경 등을 제재로 하였다. 그는 본래 시인으로 침중(沈重)한 시를 썼었다. 후일 〈잔디밭 위에서〉라는 제목의 시집까지 내었다.

최서해도 1925년 3월호 〈조선문단〉에 〈탈출기〉를 비롯하여 〈기아와 살육〉, 그리고 〈저류(低流)〉〈갈등〉 등의 단편을 발표하여 역시 빈한한 사람들의 생활고와 지식인들의 고뇌를 웅건한 필치로 묘사하였다.

주요섭은 1925년 4월호 〈개벽〉지에 〈인력거꾼〉를 비롯하여 6월호 같은 잡지에 〈살인〉 등의 단편을 발표하였다. 이 작품들도 역시 하층계급의 학대 받는 생활과 반항을 나타낸 것들이다.

이익상은 1925년 3월호 〈개벽〉지에 〈광란〉을 비롯하여 같은 잡지 5월호에 〈흙의 세례〉 그리고 〈어촌〉〈망령의 난무〉 등의 단편을 발표하였다. 이것도 빈민들의 생활고와 조선 지식인들의 고민상을 나타낸 것이다.

이기영은 1925년 5월 〈개벽〉지에 〈가난한 사람들〉을 비롯하여 〈정도전〉〈오남매 둔 아버지〉〈박선생〉〈전도부인과 외교원〉 등 많은 단편을 썼다. 이 작품에도 빈한과 고뇌와 반항의식이 나타나 있다. 특히 해학적인 필치로 그의 특이한 재능을 나타내었다. 그는 농촌 출신 작가로 농민 생활에 대한 풍부한 식견을 가지고 있었고, 최서해는 국외(國外)로 빈고(貧苦)와 싸우면서 방랑한 작가로서 또한 고로(苦勞)의 인생생활에 대하여 많은 체험이 있었는지라 이 두 작가는 신흥문단의 체험 작가로서 문명이 높았다.

그리고 노동자의 생활을 제재하여 창작한 송영은 1925년 〈개벽〉지에 〈선동자〉〈용광로〉 등의 단편을 비롯하여 〈석공조합대표〉[23] 〈교대시간〉〈군중정지〉 등의 단편을 발표하였다. 이 외에 최승일의 〈콩나물죽과 소설〉〈그 여자〉〈거리의 여자〉〈봉희〉 등의 단편이 있다. 모두 비참한 생활고와 싸우는 것을 표현한 것이다.[24]

시에 있어서도 동일한 경향으로 집중되기 시작하였으니, 데카당이즘의 최고봉에 있던 이상화 같은 시인도 현실적 세계로 시선을 돌려 〈폭풍우를 기다리는 마음〉과 〈빼앗긴 들에도 봄은 오는가〉 등의 혁명적인 시편을 발표하였다. 신진시인인 박팔양(김여수)도 1925년 1월호 〈생장〉지에 〈거리로 나와 해를 겨누라〉라는 시를 비롯하여 〈실망과 후회〉〈저

---

23. 엮은이 주: 송영의 〈석공조합대표〉는 이기영의 농민소설인 〈민촌〉, 〈고향〉과 더불어 새로운 인물과 행동방식을 제시하는 당대 노동소설의 선구로서 중요한 의미를 지니는 리얼리즘 작품이다.
24. 엮은이 주: 조연현, 한국현대문학사, 320쪽 재인용; 1925년 7월호 〈개벽〉에서 김팔봉은 "주요한의 〈살인〉과 최학송의 〈기아와 살육〉 2편은 기약하였던거나 같이 살인을 하는 것으로 그 종국(終局)을 닫혔다. (중략) 근래의 문단에는 적개심과 분노와 전생명적반역(全生命的叛逆)과 울분과 비관과 염세를 그리어내는 한 개의 경향"이 있다.

자에 가는 날〉 등의 현실주의의 시를 썼다. 그리고 김동환(파인)은 1925년에 서사시집 〈국경의 밤〉과 〈승천하는 청춘〉을 내놓았다. 모두 혁명 전야에 있는 우울과 분노와 반항의 정회를 나타낸 시들이다.

2

새로운 현실에 직면한 문학 작품의 내용을 살펴보면 빈궁화(貧窮化)하는 조선사람의 생활, 지식인들의 고뇌하는 생활, 노동자 농민의 비참한 생활을 작품의 주제로 한 것들이다. 그리고 작품의 주인공들은 이러한 생활에서 반항하는 의식을 나타내었던 것이다.

당시 이러한 경향의 작품들을 '신경향파문학(新傾向派文學)'[25]이라고 이름을 지었다. 이것이 얼마 안 가서 '프롤레타리아문학'이라고 부르게 된 것이니, 즉 무산계급문학이라는 뜻이다. 조선의 무산계급문학은 노동자나 농민의 생활을 주제로 한 것뿐 아니라, 조선적 현실에서 민족해방을 위한 투쟁의식이 표현된 작품의 총칭이기도 하였다.

그러나 신경향파문학의 발전 과정에는 빈한(貧寒)과 고뇌의 생활상태를 그대로 자연주의적 수법에 따라 묘사되는 것과 빈한한 상태에서 투쟁적 반항의식으로 선동하며 유도하는 것에 이르는 것이 있으니, 전자를 가리켜 자연생장적이라고 하고 후자를 목적의식적이라고 불렀던 것이다. 신경향파의 초기 작품은 물론 자연생성기의 작품일 것이다.

신경향파문학에는 출발의 근본이 조선민족의 비참한 현실을 드러내

---

25. 엮은이 주: 신경향파문학(新傾向派文學)이라는 용어는 조직적인 문학운동이 아닌 곧 카프 이전의 자연발생적인 빈궁과 반항 요소를 지니는 문학경향으로서 '무산계급(無産階級)의 문학'을 뜻하는 말이다. 문단의 계보로 보면 신경향파는 백조파의 뒤를 이어서 온 문학유파다. [덧붙임] 자료 Ⅲ. 참조

어 해방을 위한 투쟁의식이 잠재하여 있는 까닭에 아무리 자연생성적이라고 하더라도 자연주의문학에서와 같이 순(純) 객관적일 수는 없다. 여기에는 새로운 주관(主觀) 강조가 필요하였던 것이다. 이에 대하여 팔봉은 "물론 그 주관이라고 하는 것은 자연주의 이전의 낭만주의의 주관과 동일한 것이 아닌 것은 말할 것도 없다. 객관화하여 가지고 다시 돌아온 주관인 것이다"[26]라고 설명하였다.

조선의 현실생활이 점점 비참하게 되어 갈수록 일본의 위정자들은 그러한 현실을 감추고 보이지 않도록 덮어 버리려고 하였다. 신경향파 작가들은 장막을 벗겨버리고 감추어진 사실을 명백하게 드러내려는 것이었다. 그러므로 이것은 수동적이 아니고 능동적인 주관적 문학 활동일 수밖에 없었다. 말하자면 향락과 자위의 문학에서 생활과 투쟁의 문학으로 방향을 바꾼 것이다. 그러한 내용의 실례를 들어보기로 한다.

이상화의 〈폭풍우를 기다리는 마음〉이란 시는 당시 지식계급의 울민(鬱悶)한 심경을 표현한 작품이다. 조선사람들은 생활의 혁명을 기다리는 마음으로 폭풍우라도 불어와서 피로한 신경과 답답한 마음에 강렬한 자극이라도 받기를 기다리는 것이었다.

조명희의 단편 〈저기압〉이 또한 그러하니 주인공은 생활고에 쪼들리다 못하여 신문사라고 들어간 데가 월급도 변변히 못주는 데라(당시 조선사람의 신문사는 대개가 경영난에서 허덕거렸다) 셋방은 주인이 나가라고 야단, 아내는 그대로 바가지를 긁고…… 이 괴로움에서 번민하는 주인공

---

26. 엮은이 주: 1924년 2월호 〈개벽〉, 김팔봉, '금일의 문학·명일의 문학'에서 팔봉은 문학을 위한 문학이 아닌 생활문학론을 주장하면서 "금일의 무산대중과 동일한 생활을 하라."라고 하였다.

은 이렇게 부르짖었다. - "이 땅의 지식계급⋯⋯ 외지에 가서 공부깨나 하고 돌아왔다는 소위 총준자제(聰俊子弟)들, 나갈 길은 없다. 의당히 하여야 할 일은 용기도 힘도 없다. 그거다. 자유롭게 팔다리하나 움직이기가 어려운 일이다. 그런데 뱃속에서는 쪼르륵 소리가 난다. 대가리를 동이고 이런 곳으로 떠밀려 들어온다. 그러나 또한 신문사란 곳도 자기네들 살림살이나 마찬가지로 엉성하다. 봉급이란 것도 잘 안 나온다. 생활난은 여전하다. 팔다리나 마음이나 다 한가지로 축 늘어진다. 눈만 멀뚱멀뚱하는 산 진열품들이 쭉 늘어앉았다"라고 당시 지식인들의 생활상태가 표현되었고 또 다시 그 주인공은 말하기를,

"네기⋯⋯ 이 조선 땅, 굶는 놈의 썩은 속은 누가 알까? 저기 가는 저 소나 알까?"하고 한숨을 쉬었던 것이다. "갑자기 나는 멜랑꼴리한 기분에 싸여 갑갑한 가슴을 안고 밖으로 뛰어나왔다. 바깥은 날이 몹시 흐렸다. 후텁지근하다. 거리에 걷는 사람도 모두 후줄근하여 보인다. 어! 참 갑갑하다. 이 거리에 이 사람들 위에 어서 비가 내리지 않나! 어서⋯⋯"

이러한 것은 혁명전야에 있는 지식인들의 우울이며 비탄이었다. 그러나 인텔리겐치아는 백수(白手)를 가지고 있다. 이론과 실제가 부합되지 아니하였다. 최서해의 단편 〈갈등〉은 이러한 데로부터 생기는 모순과 갈등을 잘 표현한 작품이다. 이익상의 단편 〈흙의 세례〉가 또한 그러하다. 어떠한 지식인 청년 부부가 도시를 버리고 농촌으로 갔으나 그들은 농민이 될 수 없었다. 종일 애를 쓰고 밭을 갈고 나서 주인공 명호는 이렇게 일기를 썼다.

"그러나 생을 개척하는 길은 자못 여기에 있음을 믿은 까닭에 때의 늦음을 돌아보지 않고 살아가는 첫 연습을 하였다. 첫걸음을 배웠다! 그

러나 이것이 또한 영원히 우리의 시달린 영(靈)을 잠재워 줄 것으로 믿을 수는 없다. 나는 이 세상에 믿는 것이 없는 까닭이다. 그때가 되면-우리 생활을 다시 핍박하는 그때가 오면 나는 다시 이 곳에 불을 놓고 밭을 거두어치고 논을 내버리고 표랑의 길을 떠나자! 그러할 때 같이 갈 사람이 없으면 나는 혼자 가자. 끝없는 곳으로 그러다가 들 가운데에 거꾸러져 죽어도 좋고 바다에 빠져도 좋다. 나는 그때를 무서워하지 않는다. 그때를 도리어 반겨 맞이하자. 그때야말로 나의 모든 문제를 해결하여 줄 터이니까……"하고 비탄하면서 닥쳐올 운명을 기다렸다.

이에 대하여 최서해의 〈갈등〉에 나타난 주인공은 이렇게 외쳤다.

"우리네는 지식계급이라는 간판 아래서 갖은 화장과 장식으로써 세상을 속이지마는 그네들은(노동자·농민) 표리를 꼭 같이 가지고 있지 않은가. 그것이 우리보담도 귀할는지 모른다"……"나는 어찌하여 이런 것 저런 것 다 집어치우고 그런 무리에 뛰어 들어가서 그네들과 함께 울고 웃지 못하는가? 나는 이 갈등에 마음이 괴로웠다"라고 하였다.

그러나 최서해의 단편 〈탈출기〉에서는 탄식만 하지 않고 비로소 일어났다.

"나는 여태까지 세상에 대하여 충실하였다. 어디까지든지 충실하려고 하였다. 내 어머니 내 아내에게까지도 뼈가 부서지고 고기가 찢기더라도 충실한 노력으로 살려 하였다. 그러나 세상은 우리를 속였다. 우리의 충실을 받지 않았다. 도리어 충실한 우리를 모욕하고 멸시하고 학대하였다. 우리는 여태까지 속아 살았다. 포악하고 허위스럽고 요사한 무리를 용납하고 옹호하는 세상인 것을 참으로 몰랐다. 우리뿐 아니라 세상의 모든 사람들도 그것을 의식하지 못하였을 것이다. 그네들은 그러한 세상의 분위기에 취하였었다. 나도 여태까지 취하였었다. 우리는 우리로서 살아온 것이 아니라 어떤 험악한 제도의 희생자로서 살아왔다"라고 외치면서 "이때까지는 최면술에 걸린 송장이었다. 제가 죽은 송장으로 남들(식구들)을 어찌 살리랴. 그러려면 나는 나에게 최면술을 걸려는 무리들, 험악한 공기의 원류를 쳐부수려고 하는 것이다"라고 하면서 주인공은 집안 식구를 내버리고 독립단에 몸을 던져 버린 것이다. 그리하여 그는 혁명가가 되었다.

이러한 경향은 시에도 표현되었으니 박팔양의 〈거리로 나와 해를 겨누라〉에서 한 연을 인용하면,

"주린 배 부여잡고 부르는 콧소리 듣기 싫다.

뭇매 맞은 강아지 담 밑에 신음 소리 같구나.

오막살이 좁은 방에 징징 대이지 말고

나오너라 머리를 동이고 거리로 나오너라"

또 강개(慷慨)와 혁명적인 민족의식을 노래한 파인 김동환은 이때까지의 무능력한 시가에 대하여 그의 시집 〈국경의 밤〉 서시에서 "조선의 시가는 하품을 친다"라고 하며 "조선의 시가의 재생의 햇볕을 보내자"라고 외쳤다. 그리고 서사시 〈승천하는 청춘〉은 이역(異域)에서 학대받는 조선사람의 생활과 감정을 그리며 주인공인 청춘남녀는 조선해방을 위한 혁명운동에 몸을 바치는 정열의 노래였다.

"그는 청년이 서울 어느 비밀결사에 몸을 바치고 있는 줄 알았다.

밤을 낮으로 동지를 규합하고 애쓰고 다니는 줄 잘 알았다.

그렇다면 그 거룩한 일에 바치는 그 목숨을 도와드리리다.

그의 생명 버리면서 하는 일에 빛이 되리라. 비록 반딧불만치라도.

통계표 만드는데 하나 모자라는 백 개 두개골이라면 내가 그 하나 되리라."

이것은 그의 서사장시(敍事長詩)의 마지막 연의 한 토막이다. 이것으로서 시가에 나타난 당시의 시대성과 민족의식의 발로(發露)를 찾을 수 있는 것이다.

3

주요섭의 단편 〈살인〉에서는 여주인공이 최후까지 자기를 짐승같이 부리고 몹시 굴 뿐만 아니라 참된 생활을 해보려는 것까지 못하게 하는 그 노파를 죽여버렸다. 또 회월의 〈사냥개〉에서도 굶주린 사냥개가 자기의 자유와 행동을 구속하는 주인을 물어 죽이게 하였다. 최서해의 〈기아와 살육〉의 주인공 경수는 이역 가난한 살림살이에서 아내가 병들었으나 돈이 없다고 의사는 약을 주지 않으며, 그의 어머니는 며느리에게 죽이라도 쑤어주려고 머리의 다래 꼭지를 팔아서 좁쌀을 사가지고 오다가 되놈의 집 개들에게 물리고 찢기어 죽게 되었으나 동정하는 사람은 누구 한 사람도 없었다. 경수의 마음은 분노에 탔다. 그는 무서운 환영에 사로잡혀 식칼을 들고 미친 사람 모양으로 날뛰었다. 죽어가는 아내와 어머니와 자식을 다 죽이고 밖으로 뛰어 나가서 "아아, 부셔라 모두, 부셔라"하면서 닥치는 대로 사람을 죽인다는 내용이다.

빙허 현진건과 나도향 같은 작가들이 또한 이 시대적 주류에서 벗어나지 않았다. 1925년 1월호 〈개벽〉지에 빙허는 〈불〉이라는 단편을 내어놓고, 같은 해 〈여명〉 창간호에 나도향의 단편 〈벙어리 삼룡이〉가 발표되었다. 이 두 편은 역작으로 문단에 적지 않은 충격을 주었다.

〈불〉은 열다섯 살 난 어린 민며느리 순이의 비참한 생활의 기록이다. 낮에는 어린애로서 과도한 일을 하고 밤에 야수와 같은 남편에게 시달리어 견디다 못해 끝내 그놈의 집에 불을 놓고 마는 것이다. 사실적인 묘사는 실로 읽는 사람에게 육박하는 힘이 있다. 〈벙어리 삼룡이〉는 주인에게 충직한 머슴 벙어리 삼룡이는 젊은 주인의 학대에도 끝까지 참고 참다가 나중에는 견딜 수 없어 반항의 불길이 타올랐다. 그는 그 집에 불을 질렀다. 불속으로 뛰어 들어가 젊은 아씨를 구하여 나오다가 불에 타고 팔이 부러졌다. 이 작품은 분노의 폭발로 반항과 아울러 애욕의 미묘한 감정을 그린 것이다.

이러한 작품들에서 신경향파문학의 성격을 찾아볼 수 있으려니와 1925년대의 신경향파문학은 조선의 민족해방을 위하여 일본 제국주의와 항쟁하려는 의식의 문학이었다. 이것은 좁은 의미의 무산계급 문학만이 아니라, 넓은 의미의 민족적 반항문학으로서 모두 이 문예운동에 속할 수 있다.

팔봉은 '금일의 문학·명일의 문학(1924년 개벽 3월호)'에서 "이 운동은 일그러지고 구부러진 영혼을 자본주의 제국주의의 손톱 아래로부터 구출해 가지고서 바로잡고 판판하게 만들기 위함이다. 이 반자본주의문예운동을 프롤레타리아문예운동이라고 불러도 좋고 혹은 이것이야말로 진실한 문예운동이라고 불러도 좋다"라고 하였다.

자연생장적인 신경향파의 문학은 의식의 심화와 아울러 목적의식적인 계급이 준비되어 있었으니 그것은 반항의식의 계급성을 명확히 하자는 것이었다. 그 의식의 주류를 계급성에서 찾자는 것이다. 일본제국주의의 세력을 이룬 것은 일본의 자본가계급이며 따라서 조선을 지배한 것도 그 계급인 반면에 조선민족은 그들의 전제(專制) 밑에서 무산계급화 하여가는 것이니 민족해방투쟁은 결국 계급투쟁으로 귀결되어야 한다는 이론에서 확실한 계급의식의 목적성을 문학에 갖자는 것이었다.

그러나 이렇게 민족해방을 위한 계급문학은 발전에 따라 계급성으로 집중하게 됨으로써 드디어 민족의식에서 분화작용을 일으키게 되었다. 여기에서 민족주의문학과 프로문학이 제가끔 새로운 길을 걸어가기 시작하였다.

그리하여 계급문학에는 제재가 자연히 노동자나 농민의 생활에 국한하게 되었고, 이러한 생활의 체험이 없는 작가로는 작품에 실감을 나타낼 수가 없으므로 이 문예운동에는 노동자 출신이나 농민 출신의 작가가 요구되었던 것이다. 작가의 체험 문제는 계급문학에서 시작된 것도 아니며 자연주의 문학에서도 묘사의 사실성 때문에 논의되었지마는 프로문학에 더욱 필요하였던 것이다.

이러한 의미에서 이기영(민촌), 최서해, 송영 등이 중요시되었다. 민촌은 농촌출신으로 농촌소설을 주로 썼고, 서해는 일찍이 전영택(추호)의 회고기[27]에 있는 바와 같이 "본래 함북 성진 출생으로 조실부모하고 어려서부터 갖은 고생을 다 겪은 사람이다. 서간도 북간도로 표류해 다니며 세상의 단맛 쓴맛 갖추갖추 맛보았음을 뿐 아니라 비참한 생활을 낱낱이 체험한 사람이다. 혹은 흙 파는 모구꾼으로 혹은 농막의 머슴으로 중으로 서생으로 그의 생애는 기구하였다"라고 하였다. 송영도 일본 동경에서 공장 노동자의 생활을 체험한 작가다.

---

27. 1934년 8월호 〈삼천리〉, 전영택, '서해의 예술과 생애'

이리하여 프로문학은 점점 제재가 국한되어 갔고 의식이 예리해 가는 한편, 그 범위는 좁아지고 계급성에서 당파적으로 기울어져 배타적 경향이 농후하여 갔다.

제2장 민족주의의 진영과 그 추수자(追隨者)

1

　신경향파의 문학은 급격한 계급의식의 범위로 차차 넓어져 갔다. 그리하여 신경향파는 새 시대의 영도자로서 자타가 인정할 수 있는 지위에까지 이르게 됨에 따라 문단은 어느덧 프로문학[28] 일색으로 되어 버리고 말았다.

　여기서 일어나는 새로운 또 하나의 현상은 계급의식과 민족의식과의 분별이 생긴 것이다. 한걸음 더 나아가 두 의식의 항쟁에까지 이르렀다. 따라서 프로문학은 일정한 방향으로 그 목적을 집중하고 있었다. 그것은 마르크스주의의 의식으로 발전하고 있는 것을 의미한다.

　이렇게 됨에 따라 프로문학은 개성적이던 데로부터 집단적 의식을 강조하게 되었고 정신적이던 데로부터 물질적인- 즉 유물사관의 인생관과 사회관과 문예관을 갖게 된 것이다. 유물사관적 문예관은 결국 계급투쟁이나 사회혁명을 위한 선전적 임무를 최고 최종의 것으로 생각하였다. 따라서 이러한 문학에는 의식에 관한 것뿐만이 아니라 문학 형식

---

28. 엮은이 주: 신경향파가 빈궁과 반항의 문학인데 대하여 프로문학은 계급성을 띤 정치의식을 내용으로 한 문학이다. 따라서 전자를 자연발생적 문학이라고 하면 후자는 목적의식의 문학이라고 할 수 있다.

에서도 큰 변동이 있게 되었다.

그런데 계급의식에 찬동할 수 없는 재래의 민족문학을 그대로 발전시키고 있는 한 무리의 작가가 있었다. 박영희는 이들을 민족주의의 문학진영이라고 일컬었다. 민족주의문학의 성격을 간단히 말하면 물질주의에 대한 정신주의의 문학이고 실천과 행동주의에 대한 이상주의의 문학이다.

그러므로 여기에서 말하는 민족주의문학은 반드시 반항의식이나 혁명의식을 고조해야만 하는 것이 아니며, 조선적 정서가 표현되고 민족의 이상이 들어있는 것도 포함되어 있었다. 민족문학은 가장 도의적이며 민족애에서 인류애까지 이를 수 있는 아름다운 이상도 있는 것이다.

이와 같이 양 진영의 문학관이 근본으로 달라지는 데 따라 각각 가지고 있는 문학관에 대하여 서로 비평하며 논쟁하기 시작하였다. 처음으로 프로문학의 존재 여부에 관한 과제를 내어놓은 것은 1925년 2월호 〈개벽〉지에 실린 '계급문학 시비론(是非論)'[29] 특집기사다. 즉 프롤레타리아 문학이라는 독특한 존재가 있을 필요가 있는가에 대한 작가들의 의견의 일부를 발표한 것이었다. 제목과 필자를 소개하면 아래와 같다.

1) 피투성이 된 프로혼의 표백(表白)……김팔봉
2) 계급을 위함이냐? 문예를 위함이냐?……김석송

---

29. 엮은이 주: 한국근대문학사론, 한길사, 1982; '프로문학의 성립'에서 김윤식은 "'계급문학 시비론'은 프로 측의 기획에 의해 제시되었고, 이들의 이론이 훨씬 분석적이었고 따라서 설득력이 있었다. 반면 부르 측은 염상섭을 제외하고는 한결같이 단편적이며 비유적이었다. 이러한 사실로 미루어 볼 때 '부르'라고 불려진 민족주의 문학자의 자기의식은 프로문학자에 의해 비로소 자각되어진 것이다"라고 하였다. 이에 덧붙이자면, 김동인은 기지를 이용하여 회피하였고 춘원은 상투적이며 도향은 애매했고, 상섭만이 문학의 자율성을 강조하여 프로 측에 맞설 수 있었다.

3) 예술가 자신이 막지 못할 예술욕에서……김동인

4) 인생생활의 필연적 발생의 계급문학……박종화

5) 문학상 공리적 가치 여하(如何)……박영희 [30]

6) 작가로서의 무의미한 말……염상섭 [31]

7) 부르니 프로니 할 수는 없지만……나도향

8) 계급을 초월한 예술이라야……이광수

이러한 제목만으로도 내용을 짐작할 수 있을 것이다. 그러나 이것은 한낱 이론에 불과한 것이요 사실 프로문학은 사회주의운동과 한가지로 요원의 불길처럼 문단 자체에 퍼지고 있었다. 이때에 이광수 주재 아래 1924년 10월 〈조선문단〉의 창간은 민족주의문학 진영의 커다란 힘이요 프로문학에 대한 경쟁자이기도 하였다. 대부분의 집필자가 반계급문학론자로 자연히 이 잡지를 중심으로 민족주의문학의 진영이 뭉쳐진 것이다. 집필자는 춘원을 필두로 염상섭, 박종화, 현진건, 김억, 전영택, 김동인, 주요한, 주요섭, 김소월, 오천석(천원), 방인근, 이동원, 나도향, 양백화, 백주, 이병기, 최서해, 이은상, 조운 등이다.

프로문학의 진영은 〈개벽〉지의 문예란을 중심으로 모이게 되었다. 이것은 회월이 문예란 편집의 책임자였다는 사실도 있지만, 〈개벽〉지가 또한 급격하게 좌경하였던 까닭도 있었다. 그뿐만 아니라 당시 조선일보, 중외일보(후신은 시대일보)의 학예란은 거의 전부가 프로작가들의 작품과 논문으로 덮여 있었다. 이것은 편집책임자들이 마르크스주의에 공명하였던 까닭도 있지만 시대적 사조의 세력이 컸던 이유가 더 많았다.

---

30. 엮은이 주: [덧붙임] 자료 I. 참조
31. 엮은이 주: [덧붙임] 자료 II. 참조

이리하여 두 진영의 논쟁이 시작되며 대립은 날로 커져갔다. 1925년 1월호 〈개벽〉지에 실린 회월의 '문학상으로 본 이광수론'이 그 시작이었다. 계급적 관점에서 춘원의 작품을 해부하고 공격한 것이다. 1926년 3월호 〈조선문단〉지에 춘원은 드디어 '문학과 부르와 프로'라는 글을 발표하여 프로문학을 비판하기 시작하였다. 그 일부를 아래에 인용한다.

"부르문학 프로문학의 논전이 근래의 조선문단에 꽤 활기를 드러내 보였다. 신흥문예라는 이름으로 프로작가라고 자칭하는 이들의 시와 소설도 꽤 생겼고, 이 신흥문예 작가들이 자기네 이전의 모든 작가를 가리켜 부르작가라고 부르고 그들의 모든 작품을 가리켜 부르문학이라고 타매(唾罵)해 버린다. 그리고 현세에 존재할 가치를 가진 유일한 문학은 그네의 신흥문학 즉 그네들의 이른바 프로문학이라고 주장한다.

그네의 주장하는 바에 의하면 부르문학과 프로문학과는 절연(截然)한 구별이 있다, 부르문학은 분명히 무가치한 것, 소극적인 것, 개인적인 것, 마비적인 것, 유해한 것이요, 이와 반대로 프로문학은 가치 있는 것, 적극적인 것, 집단적인 것, 흥분적인 것, 유익한 것이라고 단언한다.

만일 그네가 주장하는 바와 같다 하면 부르문학 프로문학 문제는 과연 크게 의미도 있고 필요도 있는 문제요 또 만일 그 문제의 해답이 그네들이 단언하는 바와 같다 하면 부르문학은 하루라도 속히 박멸할 것, 프로문학은 하루라도 속히 인심의 모든 지배권을 가지게 하여야 할 것이다"라고 문제를 제출하고 다시 세 가지의 질문을 내었다.

즉 "1) 과연 부르와 프로와의 사상과 감정은 차이가 있는가─ 있다면 얼마나한 정도의 차이가 있나─ 더 자세히 말하면 특수한 문학을 가지지 아니하면 안 되리만한 차이가 있나. 2) 과연 재래의 문학은 부르의 사상

감정을 기초로 한 것이어서 프로의 이상 실현을 조해(阻害)하는 것인가를 생각해 보고, 마지막으로 3) 프로문학이라는 특수한 문학이 존립할 수 있다 하면, 그 특징은 무엇이 될까 할 것을 생각하려 한다"라고 하여 논지를 밝히고, 결국 인간의 희로애락애오란 프로나 부르나 동일한 것이다. 또 사람이란 제각기 개성이 있어서 문학도 개성에 따라 제가끔 상이할 것이라고 하여 프로문학의 존립할 이유가 필요치 않다고 논증하였다.

2

그러면 그 논쟁은 다음 장으로 미루고, 〈조선문단〉에 나타난 신진작가들에 관하여 살펴보기로 한다.

방인근(춘해)은 〈조선문단〉지 창간호에 〈어머니〉라는 단편을 비롯하여 같은 잡지에 〈살인〉 〈죽지 못하는 사람들〉 〈자동차 운전수〉 등의 단편을 발표하였다. 김태수(백주)는 1924년 11월호 같은 잡지에 〈과부〉 〈영생애〉 등의 단편을 발표하였으며, 임영빈은 1925년 1월호 같은 잡지에 〈난륜〉 〈서문학자〉 등의 단편을 발표하였다. 이러한 작품들의 전체적인 경향은 정애(情愛)와 애욕과 갈등과 심리묘사 등으로 동일하다. 양백화, 이병기는 각각 중국의 소설과 시편 등을 번역 소개하였고, 조운, 이은상도 시작을 발표하기 시작하였다. 그리고 후일까지 창작 활동을 계속한 채만식, 한설야, 박화성, 최서해도 같은 잡지에서 나왔고, 유도순(월양), 강성주(애천), 송순일, 김대준(해강) 등의 시인들도 다 같은 잡지에서 성장한 사람들이다.

또 〈생장〉[32]지에서 김낭운과 이종명 두 사람의 단편작가를 얻었다. 김낭운은 1925년 1월호에 〈귀향〉을 비롯하여 〈영원한 가책〉〈어느 회사원〉〈가난한 부부〉 등의 단편을 발표하였고, 이종명은 4월호에 〈체조선생〉을 비롯하여 〈옥순이〉 등을 발표하였다. 이들의 경향은 확실한 문예관을 갖지 않고 그저 시대적 영향이랄까 빈궁한 생활을 즐겨 제재로 삼았다.

이와 같이 민족, 계급의 두 문예지의 혼란한 논쟁과 거친 분위기와는 아무 관계도 없이 현세를 초월한 경향의 시집이 돌연히 나왔으니 그것은 승려 한용운의 〈님의 침묵〉이다. 이 시집은 1926년 5월에 출판된 것으로 종교적인 신비성과 풍부한 상상력에서 타고르의 시풍을 생각하게 하는 시편들이다. 당시 무기력한 시단은 적지 않은 충동을 받았다.

그리고 유일의 대중(통속)작가였던 최상덕(독견)[33]의 연애소설은 노자영(춘성) 이후로 물의를 일으키었던 것이다. 그의 장편 〈승방비곡〉이 1927년 조선일보에 연재된 후로 대중작가로서의 존재는 비로소 자리를 잡게 되었다.

이 외에 희곡작가로 김운정(정진)[34], 김영보(소암), 김우진(수산)[35] 등이

---

32. 엮은이 주: 〈생장〉은 1925년 1월 석송 김형원이 창간 발행하여 그 해 5월 종간(통권 5호)된 월간 순문예지다.
33. 엮은이 주: 최상덕의 초기의 소설 〈화부의 사〉, 〈조그만 심판〉은 사회적 모순에 대한 개인적 반항과 복수를 그린 전형적인 신경향파 작품이다.
34. 엮은이 주: 김운정은 1924년 1월 〈폐허이후〉에 〈기적 불 때〉를 발표하였다. 이 작품은 정기간행물에 처음으로 발표된 프로희곡이다. 1920년대 사회주의 경향극은 극예술협회, 토월회 등에서 연극 동인(김우진, 조명희, 김동환, 김영팔, 김운정)의 창작 작품이 주로 공연되었다.
35. 엮은이 주: 극작가 김우진은 성악가이자 배우인 윤심덕과 함께 1926년 8월 4일 대한해협(현해탄)에 몸을 던져 정사(情死)하였다고 전하는 인물이다.

있다.

3

　민족주의문학 진영에는 이론과 작품의 양면으로 활동을 시작하여 프로문학운동에 대항하였다. 먼저 〈조선문단〉 창간호에 실린 춘원의 〈혈서〉와 1930년 동아일보에 발표한 〈혁명가의 아내〉, 1925년 10월호에 발표한 염상섭의 〈윤전기〉의 단편 등은 다 민족주의 문학을 대표하여 직접 작품을 가지고 계급의식을 비판하며 마르크스주의 인생관을 해부하려는 것들이다. 〈혈서〉는 한 민족주의자의 굳센 결의를 표명한 작품이요, 〈혁명가의 아내〉는 조선의 미풍양속까지도 봉건의식이니 부르주아의식이니 하여 배척한 결과에서 온 가정 파멸과 자신의 멸망을 그린 것이고, 〈윤전기〉는 노동투쟁을 풍자한 작품이다.

　〈혈서〉는 프로문학에 대한 도전은 아니었으나 프로문학에서는 볼 수 없는 인간성의 심각한 심리적 고뇌를 거쳐 비로소 혁명가의 결의를 나타낸 것으로 문학의 본체를 보이는 듯한 작품이다. 동경 T대학 3년인 주인공은 민족주의자로 혁명운동에 몸을 바친 사람으로서 자기의 목적이 달성되기까지에는 절대로 결혼을 않기로 결정하였다. 그러나 M이라는 처녀가 주인공을 사모하여 선물과 편지로 만나기를 간청하였으나, 한번 굳게 결심한 주인공은 면회까지도 허락하지 않았다.

　이로 인하여 그는 마음의 고뇌가 생겨 몸도 수척하여졌다. 처녀도 한번 결심한 것을 절대로 변치 아니하여 결국 병상에 드러눕게 되었다. 그의 오빠는 편지와 인력거까지 보내면서 누이동생의 마지막 소원이니 꼭 좀 와달라고 하였다. 주인공은 병상에서 처음으로 처녀를 만났다. 그러나 며칠 후 처녀는 죽었다. 주인공은 무덤에 찾아와서 이렇게 부르짖었다. "네가 있는 곳은 내 가슴이다. 너는 내 가슴 속에 들어와 살고 싶어서 네 몸을 벗어버린 것이다…… 오오 내 아내여, 그렇게도 나에게서 아내라고 불려지기를 원하였던가. 아직 아무도 들어오지 아니한 내 가슴의 새 집에 영원히 살라. 그리고 하루에 천 번이나 만 번이나 원대로 나를 남편이여 하고 부르라. 네가 한 번 부를 때마다 나는 두 번씩 오오 사랑하고 불쌍한 아내여, 하고 대답하마"하고 부르짖었다.

그러나 〈혁명가의 아내〉는 이와는 정반대로 한 공산주의자의 불의한 아내를 그림으로써 프로 진영에 항의서를 내놓은 것이다. 주인공은 이름까지도 공산(共産)과 동음어인 '공산(孔産)'이라고 하였다. 정희라는 처녀는 공(孔)의 기운 좋고 씩씩하며 공산주의 사상에까지 반하여 그와 부부가 되고 말았다. 그러나 공은 얼마 아니 되어 폐병에 걸려 병상에 드러누운 지 여러 달이 되었다. 정희는 남편을 학대하기 시작하였다. 그리고 날마다 공에게 주사를 놓으러오는 젊은 의학생 권오성을 유혹하여 바로 건넛방에서 같이 자는 등 남편의 눈앞에서 애욕의 지옥도를 그리고 있었다. 그러나 정희는 아무러한 양심의 가책도 아니하였다. 정희는 이렇게 부르짖었다. "흥, 정조, 의리, 남편을 섬김, 흥 봉건사상, 노예도덕……흥", "그런 모든 인습적 우상에서- 노예의 질곡에서 인간을 해방하는 것이 혁명이다-"라고 정희는 믿었던 까닭이다. 공은 그 후에 죽었다. 그녀는 의학생 권과 온양온천으로 가서 향락의 몇 날을 지냈다. 그러나 자기 뱃속에 권의 자식이 들어있는 것을 알게 되자 그는 또 권에게 덤벼들었다. "이 녀석…… 요 녀석! 나는 아이 뱄어. 네 자식을 뱄어! 나는 이렇게 망신을 하게 되었는데 너는 어째 요 모양으로 멀쩡하단 말이냐. 요 녀석아!"하고 외쳤다. 두 사람이 어우러져 싸우다가 권은 정희의 배를 걷어차서 낙태가 되었으며 그 빌미로 결국 죽고 말았다는 이야기다. 춘원은 서문에 "내가 본 1930년대의 조선의 횡단면을 그려 보자는 생각이다"라고 한 것으로 보아 당시 무서운 세력으로 밀려들어오는 공산주의 사조에서 생기는 적극적인 생각과 행동을 들어낸 작품이었다.

염상섭의 〈윤전기〉는 노사관계에서 생기는 계급투쟁을 심리적으로 해명한 작품이었으니 경영난에 빠진 어느 신문사의 직공들은 월급을 못받아서 일도 하지 않고 편집실을 혼자 지키고 있는 A에게 와서 여러 가지로 조롱을 하였다. 이날 밤 10시까지는 돈을 가져온다는 약속을 하였는데 벌써 열 시가 되어도 아무 소식이 없으므로 그들은 편집실에 몰려와서 야로를 치는 것이었다. A기자도 같은 사원으로 사실상 그들 직공보다도 생활은 더 곤란하였다. 그러나 A는 교양이 있는 사람이라 사업에 대한 신념이 있었다.

"아! 왜 말씀이 없어요. 시간이 다 되었으니 돈을 내놔야지요. 입때껏 끌고 인제는 삼 분이 아직 남았으니까 될 돈도 못 주겠단 말예요? 식구…… 그저……"하며 A의 큰 머리통만한 그의 두 주먹을 부르쥐고 흔들흔들 부라질을 하면서 A옆에 서서 가진 모욕의 말을 하던 사람들이 돈이 되었단 말을 듣고는 별안간 태도가 일변하였다. "그 원고 이리 줍쇼. 어서 시작을 해야죠"하고 굽실굽실 한다.

A는 이렇게 말하였다.

"어서들 가서 시작해요. 그렇게 좀 일찍이 시작을 하였더라면 벌써 집에 가서 편히 누웠을 것 아니요. 우리의 지금 하는 일이 노자관계(勞資關係)로 싸우는 것이 아니라고 그렇게 일러도 끝끝내 그 야단을 하더니 –"하였다.

노동자 중에 덕삼이라는 사람이 "참 미안합니다. 잘못한 것은 용서해 주세요"하고 눈에는 눈물이 글썽글썽 하였다는 것이 이야기의 끝이다.

이리하여 프로문학에서 중요한 내용으로 되어 있는 노동자와 자본가의 투쟁에 대하여 민족적으로 협조 일치하여야 할 것을 암시하는 한편 프롤레타리아 운동의 공식적인 투쟁을 풍자하였다.

두 진영의 논쟁은 여기서 그치는 것이 아니었다. 정면충돌이 시작되었다. 1926년 조선일보 신년호에 염상섭은 '신흥문학을 논하여 박영희 군의 소론을 박(駁)함'이라는 논문을 발표하였으니 이것이 프로문예 진영에 보내는 첫 번째 도전문이었다. 이에 대하여 같은 신문 2월 중에 '계급문학을 논하여 염상섭 군의 무지를 박(駁)함'이라 제하여 박영희가 응전하였다. 이것을 시작으로 대소논전이 벌어진 것이다.

이러한 때에 〈조선문단〉지의 뒤를 이어 1927년 1월에 〈해외문학〉지가 발간되었다. 이 잡지는 외국문학을 소개하는 것이 목적이었다. 물론 마르크스주의 문학과는 아무러한 관련도 없었으며 다만 민족주의 진영과 동일한 문학관을 가지고 있었다. 잡지는 계속되지 못하였으나 그 후 동인들의 활동에 의의를 가지려는 것이다. 동인은 김진섭, 이선근, 정인섭, 이하윤, 이송, 김온, 함대훈, 이헌구, 조희순, 서항석, 김광섭 등으로 이들을 속칭 '해외문학파(海外文學派)'라고 하였다. 그러나 이들은 해외문학 소개에 국한한 것이 아니고 제가끔 창작활동에 노력하였다. 김진섭은 수필가로, 정인섭 이헌구 조희순은 평론으로, 이하윤 서항석 김광섭은 시인으로, 함대훈은 소설과 평론가로 활동하였다.

1929년 5월에 창간한 양주동(무애) 주간의 〈문예공론〉지는 민족주의

문학 진영의 중요한 임무를 하였다. 3호로 폐간되었으나 매호마다 프로 문예를 공격하는 기사로 충만하였다. 그 중에도 무애는 자기의 독특한 민족주의 문학이론을 전개하였던 것이다. 당시 무애는 민족주의문학 진영의 전위인 양 활기를 띠었다.

그는 창간호에서 '민족문학과 사회문학이 빙탄불상용(氷炭不相容)'이라고 보고 "서로 배격하는 자류(者流)는 소위 종파주의의 여독(餘毒)이다. 그러나 우리는 둘 다 현 정세에 타당한 것으로 보고 더구나 양자는 서로 합치점을 연관하여 합류함이 필요하다고 본다. 현 단계의 정세에 있어서 민족관념과 계급정신을 서로 배치한다고 보는 것은 그야말로 현실과 이상에 대하여 아울러 색맹(色盲)이다. 더구나 무산문학파에서 민족관념을 의식적으로 포기하고 무시하고 심지어 배격코자 하는 경향은 무던히 착각적 이론에 속하는 것이다. 현 정세에 있어서는 민족을 초월한 계급정신도 없고 계급에서 유리한 민족관념도 있을 수 없다."라고 하고 민족·계급의 협동론을 주장하였다.

그리고 1929년 8월 조선일보 지상에 '문제의 소재(所在)와 이동점(異同點)'이란 답문에서 "현 계단의 우리는 조선민족인 동시에 무산계급이요, 무산계급인 동시에 조선민족이 아니냐."라고 역설하였다. 같은 해 10월 중외일보 지상에 '속 문제의 소재와 이동점'이란 논문을 발표하여,

"내가 말한 민족의식은 결코 획일적 무차별적으로 전혀 예외 없다는 것은 아니다. 동족 중에는……동류(同類)의 이해와 상반되는 의식을 소유한 자가 있는 것이다. 그러나 그것으로써 곧 민족의식을 율(律)하지는 못할 것이니 만일 그러하면 나는 여기서 한 가지 방증(傍證)을 들어도 가하다. 즉 같은 무산계급 내에도 계급적 이해에 상반되는 의식과 행

동을 소유하는 실례가 많지 않느냐?…… 그러면 다시 여기서 결론되는 바는 무엇이냐?…… 간단하다. 현 단계에서는 계급의식 분야 중에 민족적 이해를 초월할 내지는 상반된 분자를 포함하지 못할 것이다. 다시 말하면 현 단계에 있어서는 민족적 이해와 계급적 이해가 교묘히 일치되었다. 그럼으로써 나는 누누이 조선인은 조선민족인 동시에 무산계급인이라고 역설한다"라고 하였다.

그리고 같은 해 9월 〈조선의 맥박〉이라는 시집을 내어 민족의식을 작품화하였던 것이다. 말하자면 무애의 설은 계급문학의 독자성을 부정하며 계급문학만이 존재할 수 없다는 것을 역설하였다.

그런데 무애의 논을 좀 더 구체적으로 전개한 사람은 정노풍이다. 그는 1929년 10월 조선일보 지상에 '조선문학 건설의 이론적 기초'라는 논문을 발표하였다. 논지는 민족의식과 계급의식이 대립할 것이 아니라 '계급적 민족의식'이어야 한다고 새로운 이름을 창안하였다. 그는 우선 유전적 혈연관계와 지리적 환경에서 민족의식의 구성 과정을 설명하고 이하 다섯 가지로 논증하였다.

1) 투철한 이지(理智), 열렬한 정서, 끝없는 상상력으로서 우리민족 속에 저류하는 수천 년 혈통의 생활에 부딪쳐 조선민족의 ××적 ××를 용감히 발견하는 문학일 수밖에 없다.

2) 마치 화산을 뚫고 터지는 지구의 기혼(氣魂)같이 대담하게 재현하며 창조하여 수난의 이 민족이 맞은 바 그 고민, 애상, 간난을 뚫고 경론(經論), 희망, 성찰, 투쟁, 상애(相愛)에 얽혀서 씩씩하게 돌진하는 데 한 덩어리의 힘이 되고 생명이 되는 문학일 수밖에 없다.

3) 민족과 민족과의 계급적 대립관계로부터 일어나는 비굴의 뿌리인

××와 ××에 대한 엄연한 반발- 그리하여 ××의 ××에까지 고양시키는 동시에 오늘의 혁명적 민족의식의 문화적 앙양(昂揚)에까지 고양시키는 문학일 수밖에 없다.

4) 세계 민족문학의 발전된 최고봉을 답사(踏査) 소화하여 적절히 내 것이 된 형식과 수법으로, 즉 표현 내용에 따라 혹은 상징적 혹은 낭만적 혹은 자연주의적 혹은 표현파적 혹은 사실적 형식과 수법으로서 오늘날 조선사람의 계급적 민족생활의 사회적, 문화적 내용을 가장 힘 있게 문예적으로 발휘할 수 있는 문학일 수밖에 없다.

5) 민족 결합의 최유력(最有力) 유대(紐帶)는 또 민족문화의 최고봉의 하나인 조선말과 글, 세계 어느 민족에 비하여도 유례를 볼 수 없는 조선민족 성격의 유로(流露)인 조선말과 글을 거쳐서 이 민족의 오늘날의 의식을 민족 스스로 발견하도록 문예대중에게 침윤(浸潤)을 힘쓰는 동시에, 발견한 그 계급의식을 일층 순화하며 강화하여 민족 소생(甦生)의 선구(先驅)가 될 문학일 수밖에 없다고 주장하였다.

이에 대하여 같은 해 6월호 〈조선지광〉에 팔봉은 '시평적 수언(時評的 數言)'과 10월 중외일보 지상에 '문예적 평론의 평론'을 발표하여 무애의 소론을 반박하였다. 그리고 1930년 신년호 중외일보에 '1929년 문예계 총관'이란 논문과 회월의 같은 해 신년호 조선일보에 '1929년 예술논전의 귀결로 보아 신년의 우리 진로를 논함'이란 논문 등이 모두 무애와 정노풍의 논문을 반박한 것이었다.[36]

---

36. 엮은이 주: 〈현대문학〉지에 실린 박영희의 '초창기 문단측면사'에서, "무애, 노풍 양씨는 춘원이나 염상섭의 민족주의와는 달라서, 당시 빈궁화하는 조선민족-대지주

제3장 방향전환기의 문예운동

1

프로문학은 지지와 공격 가운데서 시대 조류를 타고 그 세력은 줄기차게 뻗어나갔다. 더욱이 마르크스주의 사상 혹은 공산주의 사상은 세계의 약소민족과 무산계급 속으로 파고들어가서 비참하고 불행한 그들의 생활을 동정하여 단결 항쟁할 것을 가르쳤다. 그리고 약소민족이나 식민지에서 살고 있는 민족들 속으로 들어가 지배계급 혹은 제국주의와 투쟁하며 혁명적 행동에 매진할 것을 일러주었다. 세계의 무산계급이 모두 한 형제요, 동지일 뿐 아니라 소비에트 연방은 노동자 농민의 나라로 적극적으로 힘이 될 것을 기회 있을 때마다 선전하였다. 그러니 당시 조선사람들은 민족해방운동만이 자나 깨나 생각하는 일이었으매 이 사상에 귀를 기울이지 않을 사람 누가 있었으랴!

이 사상은 식민지인 조선에만 있은 현상이 아니고 세계를 휩쓸었다.

는 중산계급으로, 중산계급인은 자작농, 소작농으로 몰락하고 자작농은 만주로 이산(離散)하는 이러한 비참한 사실을 민족 전체의 운명으로 대사(大寫; 클로즈업)하여 일본인 전체를 자본계급으로 한 무산계급인 조선민족을 규정하려는 것이었다. 이러한 양씨의 태도에 대하여 팔봉과 나는 유물사관의 공식을 가지고 대항하였다." 한편, 임화도 정노풍이 민족문학론을 중심으로 삼으면서 계급문학론과의 절충을 시도하고 있다고 비판한 바 있다.

마르크스 자신도 '공산당선언'에서 말한 바와 같이 알 수 없는 마력을 가진 괴물이었던 것이다. 이것은 약소민족이나 노동자만이 관심을 갖게 된 것이 아니라, 마르크스주의의 변증법적 유물론은 당시 거의 세계 학계가 이에 심취하였다. 대학교수는 이것 없이는 강의가 무능력하게 되었던 것이다. 철학도 사회학도 생물학도 문학도 모두 이 사상이 골자가 되지 않고는 행세를 못하였고 진리가 아니었으며 무가치한 것으로 버림을 받았던 것이다. 마르크스주의 사상은 20세기의 새로운 종교와도 같았다.

따라서 프롤레타리아란 말은 비상한 매력을 가지고 유행되었다. 그 대신 부르주아(자본가)니 소시민이니 인텔리(지식인)란 말은 조소와 모욕의 의미로 사용되었다.

이러한 시대의 조선문학— 현실주의에 눈을 뜨고 반항과 해방의식이 충만한 조선의 신경향문학이 곧 자연스런 형세로써 마르크스주의와 결합하게 된 것을 누가 이상하게 생각할 수 있었으랴!

그러므로 재래의 민족주의문학에 아무리 좋은 작품이 있고 정당한 이론이 있다 하더라도 시대가 이것을 용인하지 않았고, 민중이 귀를 기울이지 않았으니 결국 예술파의 작가들에게는 반동이라는 낙인이 찍힐 뿐이었다. 시대의 조류를 타고 민중의 환호 속에서 프롤레타리아문학운동은 급속도로 광범위하게 발전하였다. 신진작가들은 물론이고 기성작가들도 대부분 빈궁생활과 반항의식을 작품의 주제와 정신으로 하였던 것이다.

그런데 이렇게 발전 상태에 있는 조선의 프로문학에서 특히 주목을 끄는 것은 작품보다 이론의 발전이 더 현저하였다. 프로문학운동은 노동운동이나 사회운동의 발전과 정책에 보조를 맞추어 나갔던 까닭에 사회운동의 정책이론이 변할 때마다 문예이론도 이를 추종하였다. 그러니 자연히 이론이 늘 지도적 지위에서 우세하였던 것이다.

프로문예운동의 적극적인 귀결점은 프로작가는 안일하게 문예창작에만 만족할 것이 아니요, 문학으로써 대중을 조직해야 한다는 행동적 조직론에 이르고 만 것이다. 프로작품은 조직을 통하여 선전될 뿐만 아니라 노동쟁의가 있을 때나 소작쟁의가 일어났을 때나 그 외에 대중 투쟁운동이 있을 때는 달려가서 선동·격려의 작품을 낭독하며 혹은 음악, 연극까지 간단히 상연하여 투쟁을 원조할 수 있는 조직이 필요하게 되었던 것이다. 소비에트연방에는 물론 '라프'라는 예술가들의 조직이 있었으며, 일본에는 '나프'라는 조직이 있어 맹렬한 활동을 하고 있었다. 이런 까닭에 조선에도 하루바삐 예술가들의 단체결성이 급선무였던 것이다.

이리하여 결성된 것이 '조선프롤레타리아예술동맹'이다. 이곳에서 예술동맹 약칭 '카프[KAPF]'가 결성되기까지의 간단한 경과를 이야기하기로 한다.

일찍이 〈백조〉가 발간된 지 2년 만에 폐간을 하여 동인들이 흩어지게 되었지마는 이들이 흩어진 것은 백조가 폐간한 데 원인이 있다기보다도 잡지가 가지고 있는 사상성 때문이었다. 제1편에서도 논급한 바 있거니와 〈백조〉 동인들은 대부분 현실주의적 사상을 갖고 팔봉과 회월을 비롯하여 이상화, 안석영 등이 모두 현실인 신경향문예운동의 중심이 되었다. 좀 후의 일이기는 하나 빙허가 〈불〉을 쓰고, 도향이 〈벙어리 삼룡이〉를 쓰게까지 되었으며, 월탄이 일찍이 '역(力)의 예술'을 부르짖었으니 〈백조〉는 정상한 의미에서 폐간이라기보다도 현실주의로 해소하여 새로운 발전을 하였다고 보는 것이 당연하다.

논(論)이 좀 기로(岐路)로 갔으나 이리하여 팔봉과 회월은 민주시인 김형원, 이익상 등을 비롯하여 조각가 김복진, 화가 안석영 등과 때때로 모여 문학과 예술에 관하여 토론과 연구를 거듭하다가 신경향파의 사상을 세상에 외쳐보기로 결의하고, 1925년 2월 8일 천도교기념관에서 문예강연회를 개최하였다. 그런데 주체자의 명의가 필요하여 회원들의 성자(姓字)를 영문자로 모아 '파스큘라[PASKYULA]'[37]라는 기이한 이름 하나를 만들었다.

이때 또 한편에서 송영, 최승일, 이호, 이적효 등의 사회주의 문학청년들이 모여서 〈염군(焰群)〉이라는 문예잡지를 내려고 염군사[38]를 조직하였다. 물론 이 가운데 송영과 최승일은 이미 문단에 알려진 작가였던 관계로 서로 의지가 맞고 목적이 같으므로 곧 파스큘라와 염군사가 합하여 1925년 7월에 비로소 '카프[KAPF]'가 결성된 것이다. 그러나 김형원(석송)만은 이에 가담하지 않았다.

카프가 생기자 좌익 문학청년 혹은 혁명적 민족주의 의식을 가진 문학청년들이 가입하였고, 그 후 1927년에 동경에서 〈제3전선〉이라는 문예지의 동인들이 가맹하였다. 이들이 홍효민, 이북만, 조중곤, 한식 등으로 모두 사회주의의 문예청년들이었다. 카프는 물론 일본 경찰의 미

---

37. 엮은이 주: 파스큘라는 1923년경 박영희, 안석영, 김형원, 이익상, 김복진, 김기진, 연학연의 머리글자를 따서 명명한 카프 이전의 신경향파 중견문인들의 모임이다.
38. 엮은이 주: 염군사(焰群社)는 1922년 9월 무산계급 해방문화의 연구 및 운동을 목적으로 이적효, 이호, 김홍파, 김두수, 최승일, 심대섭(심훈), 김영팔, 송영 등이 조직한 최초의 사회주의예술단체로 좌익 문학청년 집단이다.

움을 받으면서 고난의 길을 걸었으며 여러 차례 검거 사건이 있었다. 1931년 초여름 세칭 '카프사건'이라는 동맹원의 총검거가 있기 직전까지는 팔봉, 김복진, 회월, 윤기정, 이기영 등이 그 중심인물이었고, 그 이후에는 임화, 김남천, 권환, 안막 등이 동경에서 귀국한 후로 새로운 간부가 되었다. 동경에는 카프동경지부를 설치하고 이북만의 이름으로 기관지 〈예술운동〉을 1927년 12월부터 발간하였다. 주로 이북만, 김두용, 한식 등이 활동하였다. 조선에서는 카프의 기관지가 허가되지 않으므로 이 〈예술운동〉지에 힘을 집중하려 하였으나 이것도 수호(數號)를 내었을 뿐 계속하지 못하였다. 조선 안에는 개성과 수원에 카프지부를 두었다.

카프에서는 1926년 2월에 기관지로 〈문예운동〉지를 창간하였다. 그러나 겨우 3호를 내고 말았다. 이유는 원고 검열에서 허가되지 않은 까닭이었다. 그 후 1931년 이른 봄 때마침 〈시와 음악〉이라는 잡지의 제호를 고치고 카프 기관지로 제공하겠다고 하여 카프는 양창준을 곧 입회시키는 한편 그 잡지를 〈군기(群旗)〉라고 이름하고 또 다시 원고 검열의 난관을 뚫고 겨우 창간호를 내었다. 그러나 어찌 뜻하였으랴! 양창준은 자기가 편집 겸 발행인이라는 지위를 이용하여 카프에 대한 불평분자를 규합한 후 카프에 반기를 들고 카프 탈취운동을 일으켰다. 즉 카프 도괴(倒壞)운동을 일으킨 것이다.

카프는 곧 양창준을 비롯하여 이에 관련한 개성지부 책임자 민병휘와 그들과 동일한 행동을 한 엄흥섭, 이적효 등을 제명하고 〈집단〉이라는 새로운 카프 기관지를 1932년 8월에 창간하였다.

2

카프가 생긴 후로는 조선의 프로문예운동은 모두 카프의 지도방침에 따라 움직이고 결의에 따라 방향을 정하였다. 카프의 첫 번째 지도방침은 문예운동을 자연생장적 경향에서 '목적의식'으로 전환시키는 일이다. 따라서 개인의식에서 '집단의식'으로 집중시키는 것이었다.

문예창작에 있어서는 가난한 생활 노동자나 농민의 생활을 묘사하는 데만 그칠 것이 아니라 마르크스주의 의식 밑에서 지배계급 자본가계급과 투쟁할 것을 권고하였다. 이 투쟁은 신경향파작품이 나타낸 것과 같이 방화 살인 등의 개인행동을 표현할 것이 아니라 계급적 집단투쟁으로 유도해야 할 것이니, 즉 노동자 농민 한 사람의 승리로 돌아가게 하는 것이 아니라 (단결력의 위력을 나타내는) 노동/농민조합으로 돌아가도록 하라는 것이었다.

민촌 이기영의 〈종이 뜨는 사람들〉이나 송영의 〈군중정지〉〈석공조합대표〉 등의 단편이 다 집단의식을 표현한 작품들이고, 한설야의 〈홍수〉〈과도기〉〈공장지대〉라든가 윤기정의 〈빙고〉〈새살림〉 등이 또한 그러하였다.

그러나 시대는 쉬지 않고 진전하며 변화해 가는 것이다. 조선의 마르크스주의 진영에는 문득 방향전환론(方向轉換論)이 대두하게 되었다. 방향전환론의 요지는 지금까지 실행하여 온 것은 주로 경제적 투쟁에서 정치투쟁으로 발전해야 한다는 것이었다. 그러하자면 혁명적 민족주의자나 마르크스주의자는 제휴해야 할 것을 역설하였다. 이러한 이론투쟁의 결과로 결국 민족 단일당인 '신간회(新幹會)'[39]가 탄생하게 되었으며 모든 마르크스주의자들이 이에 가입하였다. 따라서 카프도 이에 가담하게 된 것이다. 그리고 곧 1927년 4월호 〈조선지광〉지에 회월의 '문예운동의 방향전환'이 발표되었다. 그러나 사실상 어떻게 창작된 작품이 이 이론에 부합하게 될 것이라는 구체안은 없었다. 다만 너무도 많이 나와 싫증이 날만치 되어 있는 노동쟁의와 소작쟁의가 아닌 좀 더 넓은 생활에서 투쟁을 해야 되겠다는 생각만은 작가들이 다 같이 은근히 가지고 있었다.

이런 때를 당하여 돌연히 두 편의 단편소설이 나타나 문단에 물의를 일으키었으니 하나는 조명희(포석)의 〈낙동강〉이고, 또 하나는 최서해의 〈홍염〉이다. 〈낙동강〉은 1927년 7월호 〈조선지광〉지에, 〈홍염〉은 같은 해 1월호 〈조선문단〉에 발표되었다.

〈홍염〉은 서북간도에 살고 있는 가난한 조선 농민의 억울하고 슬픈 이야기다. 조선 땅에서 살 수 없어 서북간도로 쫓겨나간 문서방은 어떤 중국인의 토지를 소작하고 있었으나 그 해 수확이 시원치 않아서 소작료를 내지 못하였다. 지주는 그것을 핑계로 문서방의 외동딸을 빼앗아 아내로 삼았다. 지주는 젊은 아내를 집안에 감추어 두고 밖에는 물론 내보내지 않았다. 문서방의 아내는 이로 인하여 병들어 죽게 되어 병상에서 마지막으로 딸을 보게 해 달라고 함으로 문서방이 지주 집을 찾아가

---

39. 엮은이 주: 신간회(新幹會)는 1927년 2월 '민족 유일당 민족협동전선'이라는 표어 아래 민족주의 진영과 사회주의 진영이 연합하여 일본의 폭압정치 하에서 합법적으로 결성된 민족 최대 규모의 항일독립운동단체다. 이상재, 안재홍, 신석우, 김병로, 권동지, 백관수, 신채호, 홍명희, 허헌, 한용운, 조헌영, 조병옥, 송진우, 주요한 등이 참여하였고, 1931년 5월 17일 해소(解消)되었다.

애걸복걸하였으나 지주는 절대로 아내를 내어놓지 않았다. 문서방은 분노를 참을 수 없어 깊은 밤에 지주의 집에다 불을 놓고 불 속에서 뛰어나오는 지주를 쳐 죽이고 딸을 구해내었다는 이야기다. 하늘을 덮을 듯한 〈홍염〉 속에서 독자는 민족적 분노와 복수가 또한 불타고 있었다. 커다란 민족적 반항이 용솟음쳐 나왔다.

〈낙동강〉은 공산주의자 박성운이 감옥에서 병이 위중하여 보석으로 풀려나 고향에 돌아오는 길에 많은 동지들의 환영을 받으며 낙동강을 건너면서 심약해진 병인의 회고(懷古)와 애상으로 시작된다. 창자를 에는 듯한 슬프고 눈물겨운 장면의 묘사가 이 작품의 생명이 있는 부분이다.

박성운은 낙동강에서 자라났다. 살아보려고 애도 썼다. 그러나 조선의 독립운동이 일어나자 모든 것을 내어버리고 혁명투사로 나섰다. 남북만주, 상해, 노령(露領) 등지로 돌아다니면서 활동을 계속하였다. 그리고 조선에 돌아올 때에는 공산주의자가 된 것이다. 병자인 박성운은 배를 타고 고향인 낙동강을 건너매 별안간 뱃노래가 듣고 싶었다. 그리하여 그는 뱃사공을 졸라서 기어코 뱃노래를 듣고 슬픈 마음을 진정할 수가 없었다.

노래는 끝났다. 성운은 거의 미친 사람 모양으로 날뛰며 바른팔 소매를 걷어 들고 강물에다 정구며('담그다'의 방언) 팔로 물을 적셔보기도 하며 손으로 물을 만져보고 끼얹어 보기도 한다. 옆 사람이 보기에 딱한 지,

"이 사람 큰일 났구먼, 이 병인이 지금 이 모양에 팔을 찬물에 정구고 하니 어쩌잔 말고." "내사 이래 죽어도 좋다. 늬 걱정 마라.……" 그럴수록 병인은 더 날뛰며 옆에 앉은 여자에게 고개를 돌려 "로사! 늬 팔 걷어라. 내 팔하고 같이 이 물에 정궈 보자. 의?……" 여자의 손을 잡아

다가 잡은 채 그대로 물에다 정구며 물을 저어 본다. "내가 해외에 가서 다섯 해 동안을 떠돌아다니는 동안에 강이라는 것이 생각날 때마다 낙동강을 잊어본 적은 없었다. 내가 낙동강 어부의 손자요 농부의 아들임을 잊어본 적도 없었다.…… 따라서 조선이란 것도……"

박성운은 그 후 죽고 말았다. 동지요 '애인인 로사는 고향을 떠나 박성운이 밟던 길을 계속하려고 하였다.

이 작품이 나오자 팔봉은 1927년 8월호 〈조선지광〉 '시감 2편(時感二篇)'에서 다음과 같이 평하였다. "이만큼 감격으로 가득 찬 소설이 있었던가. 이만큼 인상적으로 우리들의 눈앞에 모든 것을 보여준 눈물겨운 소설이 있었던가. 이것은 어떤 개인의 생활기록이 아니라 현재 조선 1920년 이후 조선 대중의 거짓 없는 생활기록이다"라고 격찬하였다.

그러나 이에 대하여 "〈낙동강〉은 자연생장기적 수법으로 표현에는 성공했지만 (사회적 본질적 모순을 들어내어 보여주지 못한) 감상주의에 떨어진 작품이지 우리들이 기다리는 제2기적 작품은 아니다"라고 한 조중곤의 반박문[40]도 있었다.

여하간 이 작품은 프로작가들이 이지적으로 일부러 감추려고 하던 인간성을 그대로 정직하게 드러내어 놓은 것에 대하여 문학적인 가치를 주어야 할 것이다. 이때까지의 프로문학에는 싸움이 있을 뿐 눈물과 사랑이 없었다. 이러한 것은 투쟁의식을 마비시키는 장해물로 부르주아문학에만 있을 것이라고 배척하였던 것이다. 정치적으로 방향전환기의 작품이 되고 안 되고는 별문제로 하고, 〈낙동강〉은 문학적으로 보아 프로

---

40. 1927년 10월호 〈조선지광〉, 조중곤, '낙동강과 제2기적 작품'

문학의 일단의 진전이 아닐 수 없었다.[41] 포석이 유래의 자기의 작풍을 버리고 대담하게 인간의 일면을 묘사하여 애상의 정서를 무르녹게 한 동기는 확실히 방향전환에서 비롯한 첫 번째 실험이었다. 프로문학의 정치적 방향전환이란 결국 계급적인 데서 전체성으로 가자는 뜻이 있고 혼자만 좋아하는 문학에서 민족적으로 감동할 수 있는 문학을 만들자는 것이니, 이런 의미에서 〈홍염〉과 〈낙동강〉은 방향전환기를 대표할 수 있는 작품임에 틀림없었다.

그러나 프로문단에는 프로문학의 구태(舊態)의 작품이 그대로 신진들에 의하여 계속되었다.

3

카프가 방향전환(方向轉換)을 설명하고 단체행동을 시작하여 문학청년들을 조직하는 활동이 활발해지자 경찰은 이에 큰 관심을 갖고 카프의 집회를 일체 금지시키고 활동도 완전히 봉쇄하였다. 프로문예운동에 대한 위정당국의 탄압은 날로 가혹하여 뒤에 나오는 프로작가들은 그 작풍을 근본적으로 고치지 않으면 안 되었다. 계급의식의 작품을 쓰는 작가들도 카프에 가맹은 하지 않았어도 방향만은 같이 하며, 또 자연생성적인 작품을 써서 카프의 뒤를 따르려고 하였으므로 이러한 작가들을

---

41. 엮은이 주: 조연현, 위의 책, 324~326쪽 요약. 〈낙동강〉도 신경향파문학의 일반적인 특징 그대로 빈궁에서 취재되고 거기에 항거하는 반항적인 특색을 가졌으나, 낙동강은 이와 성질이 전혀 다르다. 종전의 신경향파문학은 모든 빈궁이 개인적인 사정이나 환경으로서 제시되었지마는 낙동강변주민의 빈궁이 자본계급과 일제의 침략 즉 민족적 계급적인 모순 때문이라는 데 그 원인을 두었다. 또한 반항의 성질이 의식적 자각적 조직인 행동으로서 제시되고 있다.

두루 일컬어 '동반자작가(同伴者作家)'[42]라고 하였다.

1926년 11월호 〈조선지광〉지에 김병제의 단편 〈떨어진 팔〉, 같은 해 12월호에 송순일의 〈서기생활〉 등이 다 신경향파의 의식을 벗어나지 못하였으며 역시 자연생장적인 작품들이었다.

당시 동반자작가로서 특별히 문단의 주목을 끈 작가는 이효석과 유진오다.

이효석은 1927년 2월호 〈대중공론〉에 기선(汽船) 보이가 혁명 동지를 노국(露國)에 밀항시키는 것을 주제로 한 〈노령근해〉 〈북극통신〉 이후, 〈행진곡〉 등 많은 단편을 발표하였다. 그의 문장이 간결 청신하여 작품의 인상을 깊게 하였다.

유진오(현민)는 1928년 5월호 〈조선지광〉지에 처음으로 단편 〈스리〉를 발표하고 이어서 〈파악〉 〈피로연〉 〈빌딩과 여명〉 등을 발표하였다. 이 작품들은 프로의식이 얕은 것이었고 〈5월의 구직자〉 〈여직공〉 등의 단편에서 비로소 계급의식의 심화를 볼 수 있었다. 하지만 그의 작품에는 맑은 이지와 사색이 빛나고 있어서 계급의식의 주관적 정열이 적었다. 그리하여 안함광은 그를 평하기를 "그러기 때문에 씨는 계급적 계선(界線)에 있어서의 자신의 위치에 관하여 정확한 인식을 가졌던 것이니, 씨는 결국 한 개의 인텔리에 불과하다는 것을 꿈에도 부인해 본 일은 없는 것이나 아닌가고 생각한다"[43]라고 하였다. 그러나 그의 이러한 이지적인 것이 오히려 작품의 주인공의 성격을 확실하게 하며 작풍을

---

42. 엮은이 주: 동반자작가란 사상으로는 카프작가들과 일치하고 작가적 활동에 있어서도 카프의 방침에 협조하도록 되어 있는 작가들을 뜻하는 말이다.
43. 1936년 4월호 〈신동아〉, 안함광, '작가 유진오씨를 논함'

명랑하게 하였다.

　김영팔은 일찍이 송영 등과 같이 염군사 동인이며 당시 인쇄공이었기 때문에 프로문학에서 말하는 체험자로서 그 방향에 특이한 촉망을 받았다. 그러나 작품에는 그와 반대로 계급의식의 적극성이 적었다. 그러다가 1929년도에 와서 다소 적극적인 태도의 표시로 〈조선문예〉 5월호에 희곡 〈대학생〉을 비롯하여 〈곱장칼〉 〈세 식구〉 〈검은 손〉 등의 작품을 발표하였다.

　백신애는 1929년 조선일보에 〈나의 어머니〉가 당선된 후로 〈꺼래이〉 〈적빈〉 등의 단편을 발표하였다. 빈난한 현실생활을 제재로 하는 작가였으나 투쟁의식까지는 가지 않았다. 자연주의적인 수법이 많았다. 〈꺼래이〉는 전답을 거저 주고 행복하게 살 수 있다는 소문을 곧이 듣고 노령(露領)으로 이주하는 조선농민의 신산(辛酸)한 생활을 그린 단편으로 오나가나 학대를 면지 못하는 조선사람의 운명을 드러내었던 것이다.

　1930년 신년호 〈조선지광〉지에 발표된 엄흥섭의 단편 〈흘러간 마을〉도 자연생장적인 작품이기는 하나 계급적 투쟁의식이 아주 없지도 않았으며, 그 후로 〈안개 속의 춘삼이〉 〈번견탈출기〉 등의 동일한 경향의 작품을 계속 발표하였다.

　그리고 당시 카프의 신진으로 예리한 투쟁력을 발휘하려고 한 아지·프로[44]의 작가와 시인이 있었으니 김남천과 권환 등이다. 권한은 시인이었으나 처음으로 〈목화와 콩〉이라는 단편을 발표하였다. 이것은

---

44. '아지'는 Agitation(선동), '프로'는 Propaganda(선전)의 약칭이다.

1931년 6월 중 조선일보에 발표된 것으로 농촌 사람들의 집단적 투쟁의식을 강렬하게 표현한 작품이다. 김남천도 같은 해 〈조선지광〉지에 〈공우회〉니 〈공장신문〉이니 〈조정안〉이니 하는 등의 폭로와 선동을 겸한 단순 명쾌한 투쟁의식을 표명하였다.

이 밖에 이종명의 작풍이 변하여 동반자가 되기를 노력하였으니 1929년 5월 창간호 〈조선문예〉지에 발표한 〈조그만 희열〉과 같은 작품이 그러한 경향의 시작일 것이다. 그리고 전무길(묵암)도 카프운동에 동정자로 투쟁적 작품을 발표하지는 못했으나 그 대신 부요(富饒)로운 사람들의 내면생활을 폭로하고 표면으로 가장하려는 소위 신사숙녀들의 내면생활을 묘사하려는 정도의 것이었다. 1930년 5월호 〈대조(大潮)〉지에 발표된 〈허영녀의 고백(告白)〉이니 그 외의 〈심판〉, 〈우정〉 〈배신〉 등의 작품이 다 그러한 경향의 것이다.

4

소설에서와 같이 시에 있어서도 의식성과 성격에 따라 분류될 수 있으니, 1930년대의 프롤레타리아 시를 네 가지로 분류할 수 있다고 생각한다.

첫째로 시조형(時調型)을 빌어서 계급의식을 나타내려는 경향이고, 둘째는 프롤레타리아의 로맨티시즘으로 애상적으로 흐르는 경향이고, 셋째는 프롤레타리아 리얼리즘이고, 넷째는 프롤레타리아의 생활을 회화적으로 묘사하려는 경향이다.

첫째의 경향을 나타낸 것은 권구현의 〈흑방의 선물〉이다. 이 시집은 1926년에 돌연히 나타난 것으로 더욱이 당시에 시조 같은 것은 돌아다

보지도 않던 혁명의식만이 듬뿍 차있는 분위기 속에서 시조형의 프로시란 대단히 기이한 존재였다. 당시 프로시단에서는 아무도 이러한 경향에 대하여 관심을 가진 사람이 없었고 그냥 묵살하여 버렸던 것이다. 더구나 방향전환기의 프로시는 소작쟁의단에나 동맹파업단에 가서 사람들을 선동할 수 있고 격려할 수 있는 자극성 많은 투쟁구(鬪爭句)의 나열에 만족하던 때라, 이러한 시형(詩形)에 대하여는 관심을 갖는다는 것보다도 무시해 버렸던 것이다. 또 한 가지 이유는 그가 마르크스주의자가 아니고 무정부주의자라는 까닭도 있었다.

그의 시에서 한두 수(首)를 뽑아 소개하려고 한다.
'옷도 없고 밥도 없고
님조차 없아오니
天地야 넓으건만
적막하기 끝없고야
두어라 自由二字
이내 벗 되올러라'

또 이러한 시가 있다.
'노예에서 기계로
이 몸을 다 팔아도
한 끼가 極難(극난)하니
生來(생래)의 무삼 죄가
천지야 넓다하되
받붙일 곳 바이없네.'

그의 시집에는 거의 이러한 시조형의 시뿐이다. 이러한 경향은 물론 아무도 공명하는 사람도 없는 한 개인의 경향에 머무르고 말았다.[45]

다음으로 시단에 문제를 던진 것은 임화의 시풍이었다. 그는 1929년 2월호 〈조선지광〉지에 〈우리 오빠와 화로〉라는 시를 발표하고 이어서 〈양말 속의 편지〉〈네거리의 순이〉〈우산 받은 요꼬하마의 부두〉 등의 서사시를 발표하였다. 이 서사시는 파인 김동환 이후의 일로 하나의 새로운 시형의 경향을 만들 수 있었던 것이다. 프로시는 본래 내용이 정서에 있는 것이 아니라 생활에 있었던 까닭에 다소 소설적인 요소를 가졌으므로 아무래도 장시(長詩)[46]를 쓰게 되었으니, 이 서사시형을 가져다 쓰는 것도 프로시의 적당한 시형이 될 수도 있었다.

그리고 임화의 프로서사시의 새로운 경향은 애상적이라는 점에 있다. 이때까지 투쟁적 프로시에서는 연약한 눈물이나 한숨의 표현이 거의 한 개의 전형인 양 금지되었었다. 그러던 것이 임화의 서사시에는 생활고와 투쟁 후에 생기는 피로와 한가지로 눈물과 한숨의 애끓는 표현이 있고 서러움과 슬픔이 넘쳐흘렀다. 그리하여 프로시의 타협이니 퇴보니 하는 비난이 일방에서 있었음에도 불구하고 어느덧 시단의 유행형(流行型)이 되고 말았다.

---

45. 엮은이 주: 이 시기에 프로문학에 대항해 '시조부흥운동'이 일어났다. 춘원, 육당, 수주, 요한, 조운, 위당, 노산, 가람, 일석, 팔봉 등에 의하여 지어졌다. 육당은 1925년 5월 〈조선문단〉에 '조선국민문학으로의 시조'를 이어서 염상섭의 '시조에 관하여'(조선일보 1926. 10. 6), 이병기의 '시조란 무엇인고'(동아일보 1926. 12. 9) 등의 논문이 발표되었다. 이들은 시조가 부흥되어야 함을 주장하고 시조의 현대화를 꾀하였다. 1930년대 후반에 이호우, 장하보, 오신혜, 김상옥, 조남령 등이 활동하였다.

46. 엮은이 주: 우리 문학사에서 장시의 전통은 고려 때 이규보의 〈동명성왕〉을 비롯하여 조선시대의 〈용비어천가〉와 가사들, 김동환의 〈국경의 밤〉, 김용호의 〈낙동강〉 그리고 신동엽의 〈금강〉, 김지하의 작품들에 이른다.

이에 관하여 팔봉[47]은 아래와 같이 논평하였다.

단편서사시(短篇敍事詩)는 첫째, 프롤레타리아 시인은 그 소재가 사건적·소설적인 데 주의해야 한다. 그리하여 될 수 있는 대로 그 소재에서 시적으로 필요한 부분만을 추려 가지고 적당하게 압축하여 사건의 내용과 사건을 중심으로 한 분위기는 극히 인상적으로 선명 간결하게 만들기에 힘쓸 것이다. 둘째, 시어는 민중의 언어, 생경하고 '된 그대로의 말'이어야 하며 리듬은 낭독에 알맞게끔 창조되어야 한다는 것, 즉 심하게 '연마조탁(鍊磨彫琢)하여 아로새길 필요는 없다'고 하나 문장이 소설같이 둔해서는 안 된다는 것이다. 다시 계속하여 "이에 이르러서 나는 임화의 시를 끌어온다. 〈우리 오빠와 화로〉는 그 골격으로서 있는 사건이 현실적이고 실재적이요, 오빠를 부르는 누이동생의 감정이 조금도 공상적 과장적이 아니며 전체로 현실 분위기, 감정의 파악이 객관적 구체적으로 되었다. 그리고 그것은 하나의 통일된 정서를 전달하는 동시에 감격으로 가득 찬 한 개의 생생한 소설적 사건을 안전에 전개하고 있다"라고 찬사를 보냈다.

그러나 이러한 경향에 대하여 반대의 이론이 있었으니 그 중에서도 민병휘의 논문[48]에서 일절을 인용한다.

"우리는 이상의 시를 읽고 무엇을 찾아낼 수 있는가? 이 로맨티시즘에 흐르는 노동자 농민에게 무엇을 힌트 하였던가? 우리는 눈물에 젖어 있는 이 작품에서 아무것도 찾아내지를 못한다. 다만 작품의 주관에서

---

47. 1929년 5월 창간호 〈조선문예〉, 김기진, '단편서사시의 길로 —우리 시의 양식문제에 대하야—'
48. 1930년 9월호 〈대조〉, 민병휘, '예술의 대중화 문제'

움직이는 한 노동자의 눈물겨운 애소밖에 되지 못하였다. 우리는 이러한 작품을 대중 속으로 들여보낼 수는 없었다. 여기에는 아지·프로 조직을 위하는 바의 아무것도 찾지 못하였다. 더욱이 우리는 이같이 로맨틱한 노동자의 노래를 승인하여서는 아니 된다"라고 하였다. 이리하여 적지 않은 논쟁이 벌어졌던 것이다.

이에 대하여 임화는 '시인이여! 일보 전진하자! —시에 대한 지기비판 기타—'는 논문을 1930년 6월호 〈조선지광〉에 발표하고 자기비판을 시작하였다. "그것은 작년 2월 〈조선지광〉 2월호에 실린 임화의 〈우리 오빠와 화로〉의 출현으로 명확해졌다고 말하여도 별 폐단이 없을 것이다. 이것은 사실에 있어서 되나 못되나 문제를 야기하였고, 그 후에 적지 않은 영향을 끼친 것으로, 필자의 엄정한 입장에서 자기비판을 요하게 된 직접적 동인(動因)이며 그에 대한 책임을 갖는 것이다.

우리는 언제나 여하한 작가의 작품임을 물론하고 필요한 시기에서 그 프롤레타리아적 준열한 비판을 가하여야 하는 것이 진정한 노동자적인 행동일 것을 잘 안다. 따라서 필자가 자기의 시를 문제의 대상으로 하는 이유도 여기에 존재한 것이다. (중략) 즉 필자의 2, 3의 시의 소(少)부분의 사실성은 감상주의(感傷主義) 비(非)투쟁적 현실의 예술화로 전화되고 만 것이다. 먼저도 말한 것과 같은 경향 즉 연인과 누이를 무조건적으로 ×××을 만들어 자기의 소시민적 흥분에 공(供)하며 ××적 사실 진실한 생활상이 없는 곳에서 동지만을 부르는 그 자신 훌륭한 일개의 낭만적 개념을 형성하고 만 것이다. (중략) 이것의 절대의 조건은 우리들 시인이 직접 전위의 생활 속에 없는 것이 그 최대의 원인이며, 자기의 예술을 직접 프롤레타리아의 성장과 결합하지 못한 데 있는 것이다"라고 하였다.

 그는 자기의 센티멘털한 내용에 대하여 이와 같이 사과하였으나, 결국 이러한 경향은 일시 크게 유행하게 되었다.[49] 1929년 6월호 〈조선문예〉지에 실린 박세영의 작품 〈4등 선실〉도 서사시형으로 되어 있다. 그리고 프롤레타리아 리얼리즘에는 권환의 시가 대표가 될 수 있다. 〈가랴거든 가거라〉 〈우리를 가난한 집 계집애라고〉 등의 아지·프로시가 그것이다. 김용제, 박아지 등이 다 이에 속한다. 그리고 프로 생활을 인식하는 정도로 객관적으로 묘사하는 시인들은 김해강(대준), 김창술, 류완희(적구), 송순일, 이찬 등이었는데, 그 중에도 김해강의 시는 회화적이고 전아한 맛이 있다. 1929년 5월호 〈조선문예〉에 발표된 〈연춘곡〉을 비롯하여 〈동방의 처녀〉 〈태양 같은 사나이여〉 등의 시가 다 그러한 경향의 작품들이다.

---

49. 엮은이 주: 단편서사시 양식은 1930년대 프로시의 한 경향으로 자리를 잡았다. 김창술, 권환, 임화, 박세영, 안막이 쓴 시 20편을 모아 펴낸 〈카프시인집〉이 이를 뒷받침한다고 하겠다.

제4장 카프운동의 반성기

1

프로문예운동이 일어난 후로 문단의 물의(物議; 評判)는 자못 높았다. 앞에서 이미 논급한 바와 같이 프로문예에 대한 민족주의 진영의 공격이나 예술파의 비난도 많았었지만 프로문예의 자기 진영 안에서 일어난 논쟁이 또한 컸다. 그것은 진정한 마르크스주의를 파악하려고 함이었으며 따라서 제각각 자기만의 투쟁의식을 옳다고 생각하는 까닭도 있었다. 그렇지만 이 시기에 일어난 논쟁의 요점은 사상적 또는 문학적으로 심각한 근본 문제가 있었던 것이다.

사상이 다르고 문학관이 다른 양 진영의 논쟁은 이미 흥미를 잃어버린 과거의 사실이려니와 프로문예의 활발하고 용감한 실천적 발전 속에서 자기도 모르게 성장한 모순과 결함에 대하여 물의(物議)를 거듭하게 된 결과 프로문예의 심화와 발전은 진영 내의 이론투쟁으로 전환되었던 것이다.

그러나 이것을 고찰하기 전에 무정부주의자(아나키스트)였던 김화산과 마르크스주의의 프로문예 진영과의 논쟁을 잠깐 살피기로 한다. 당시 조선에는 아나키즘을 사상 내용으로 한 문학운동이 집단적으로 없었다. 또 아나키즘의 사상을 가진 사람들은 파괴와 자유가 있을 뿐 특별히 마르크스주의에서와 같이 조직적인 문예정책이 있었던 것도 아니다. 그런데 프로문예운동을 공격한 것은 주로 마르크스주의 사상적 내용에 관한 것이었다.

김화산이 1927년 3월호 〈조선문단〉에 '계급예술론의 신전개'라는 논문을 발표하여 마르크스주의 문예이론을 공격하자 이에 대하여 조중곤, 윤기정, 한설야, 임화 등이 일제히 응전하였다. 그는 다시 같은 해 6월호 〈현대평론〉지에 '뇌동성 문예론의 극복'과 조선일보에 '속 뇌동성 문예론의 극복'이라는 반박문을 발표하였다.

그는 "볼셰비즘은 필연적으로 무산계급의 독재를 요구한다. 무산계급의 독재란 무엇이냐? 그것은 프롤레타리아의 특수 억압 권력을 의미한다. 환언하면 부르주아로부터 프롤레타리아에의 억압 권력의 교체다"라고 지적하여 부르주아가 전횡하던 권력을 프롤레타리아가 빼앗아 가지고 인민을 압박한다는 뜻이었다. 그리고 계속하여 "투쟁기의 예술은 정통 무산계급의 인식의 표현이다. 무산계급 내부에 발효하며 삼투(滲透)하며 결성된 투쟁 의사의 자유로운 -즉 하등의 강제와 명령에 의하지 않는- 자유 의욕의 표현이 아니면 무산계급의 예술이라 말할 수 없는 것이다. 그러함에도 불구하고 볼셰비키의 야심가, 악선동가 내지 부화뇌동적(附和雷同的) 주구잡졸(走狗雜卒)들은 예술을 그네의 괴뢰로 사용하고자 한다. 정당어용예술 '중앙집행위원회' 명령의 예술이 아니면 예술이 아니라 한다. 이제 이 포학(暴虐)한 선동가는 예술을 유린하여 득의양양이다"라고 하였다. 그의 논지는 무정부주의자가 신조로 하는 자유분권제의 사회의식과 이러한 의식 밑에서 창작되는 문학의 자유성을 주장한 것이다.

그러나 당시의 주류는 마르크스주의였던 까닭에 고군분투하는 김화산의 문학론[50]은 그대로 무기력하게 되었으나, 이 '문학의 자유성'에 대하여는 프로문예운동 진영 내에 하나의 괴이한 자극제였었다.

<h2 style="text-align:center">2</h2>

그 다음 중요한 문제로 좌우 양 진영 작가들의 주목을 끌던 것은 문학의 형식 문제였다. 프롤레타리아문학이 또한 문학인 이상, 문학적인 독특한 발전 형태가 필요한 것은 당연한 것이었다. 마르크스주의의 계급의식에만 틀림이 없으면 어떠한 작품이거나 다 문학적 가치를 인정하려는 문예관에는 차차 불만의 소리가 높아갔다. 사실상 프로문예운동에는 비문학적인 것의 성장으로 문학적으로 재출발을 해야 할 시기에 이르렀다. 그러나 정당한 이론투쟁이 없이는 단행하기 어려운 문제였다.

이때에 마침 문제의 도화선이 된 것은 회월의 단편에 대한 팔봉의 비평문이다. 1926년에 발표한 두 편의 단편소설, 즉 〈별건곤〉 창간호에 실린 〈철야(徹夜)〉와 〈조선지광〉지에 실린 〈지옥순례〉가 그것이다. 〈철야〉는 굶주린 사람의 고뇌와 심리 상태를 나타낸 작품이며, 〈지옥순례〉는 굶주린 사람이 깊은 밤에 최후 수단으로 남의 물건을 약탈하여 먹고 결과가 악화되어 결국 살인까지 저지르고 감옥으로 가는 이야기다. 그

---

50. 엮은이 주: 김화산의 예술론은 문학의 당파성에 대한 거부로 예술의 독자적 자율성과 창작에 있어서의 개인의 천재성을 강조하는 내용이다. 이는 문학의 내용·형식 논쟁에서 팔봉에 대한 회월의 논조 그리고 카프의 종파 분위기에 기인한 것으로 볼 수 있다.
또한 신채호는 동아일보 1925년 1월 2일자 '낭객(浪客)의 신년만필'에서 계급문학의 지론을 민족문학 안에 받아들여 투쟁의 대상이 우리민족 유산계급이 아니고 일본 제국주의임을 명확하게 해야 한다는 주장을 전개하였다.

런데 팔봉은 1926년 12월호 〈조선지광〉지 '문예월평'에서 아래와 같이 작품 평을 하였다.

"박영희 형의 〈철야〉와 〈지옥순례〉 두 편에 대해서도 나는 마땅히 할 말을 다 하여야겠다. 먼저 〈철야〉에 대해 단순하게 말하면 이 소설의 구상은 가장 논리적으로 된 것 같다. (중략) 작자는 '인생이란 무엇이냐? 생활이란 무엇이냐? 빈부의 차별이란 정당한 것이냐? 아니다. 우리는 빈궁하다. 우리는 무산계급자다. 무산계급은 자계급(自階級)의 적과 투쟁하지 않으면 아니 된다'는 것을 말하기 위하여 '너무도 쉽사리 간단간단하게 처리'하였던 것이다. 그 결과 이 한 편(철야)은 소설이 아니요, 계급의식 계급투쟁의 개념에 대한 추상적 설명에 시종(始終)하고 말았다. 일언일구가 이것을 설명하기 위하여서만 사용되어 있다. 소설이란 한 개의 건축이다. '기둥도 없이 서까래도 없이 붉은 지붕만 입혀 놓은 건축'이 있는가? 어떤 한 개의 제재를 붙들고서 다음으로 어떠한 목적지를 정해 놓고 그 목적지에서 그 제재를 반드시 처분하겠다는 계획을 가지고 그리고서 붓을 들어 되든 안 되든 목적한 포인트로 끌고 와버리는 것이 박 씨의 창작상 근본 결함이다. 다음으로 〈지옥순례〉 역시 소설이 요구하는 요건을 구비하지 못한 실패한 작품이다. (중략) 작자는 최후의 '계급 운운(云云)'의 말을 쓰기 위하여 〈철야〉의 주인공 명진이를 썼고 이 글을 썼다고 본다"라고 하였다.

이 평문에서 보이는 바와 같이 프로문학은 벌써 계급의식과 멀어지기 시작하였으며 문학적인 데로 접근하려는 경향을 나타내고 있었다. 그러나 이러한 경향이 전적으로 시인(是認)되기에는 아직 시기가 일렀다.

평문에 대하여 회월은 1927년 〈조선지광〉 신년호에 '투쟁기에 있는 문예비평가의 태도 —김기진 군에게 여(與)함'라는 반박문을 발표하였다. 그는 이 논문에서 문예상에 있어서 내재적 비평과 외재적 비평을 구명하고 투쟁기에 있는 현재에는 외재적 비평에 치중할 것을 역설하였다. 다시 말하면 문학사적 비평보다도 사회적 의식으로 결정하는 문화사적 비평에 치중할 것을 강조하였다.

"프롤레타리아의 작품은 군의 말과 같이 독립된 건축물을 만들려는 것이 아니다. 레닌의 말과 같이 큰 기계의 한 치륜(齒輪; 톱니바퀴)인 것이다. 프롤레타리아의 전(全)문화가 한 건축물이라면 프롤레타리아의 예술은 그 구성물 중의 하나이니 서까래도 될 수 있고 기둥도 될 수 있으며 기왓장도 될 수 있는 것이다. 군의 말과 같이 소설로서 완전한 건축물을 만들 시기는 아직은 프로문예에서는 시기상조한 공론(空論)이다. 따라서 프로문예가 예술적 소설의 건축물을 만들기에만 노력한다면 그 작가는 프롤레타리아의 문화를 망각한 사람이니, 그는 프로작가가 아니다."라고 설명하였다.[51]

이에 대하여 제3자의 관점으로 보아 또 한 가지 이론이 나타났으니 그것은 권구현의 장검론(長劍論)이었다. 그는 1927년 2월호 〈동광〉지

---

51. 엮은이 주: 김현, 한국문학의 위상, 180~182쪽. 박영희는 매우 특이한 기질의 비평가다. 그는 항상 힘 있게 어떤 것을 주장하였으나, 그 힘 있는 것들은 때때로 극단적으로 서로 대립하는 것들이었다. 그는 초기에는 김기진보다도 더 강력하게 작가의 이데올로기를 중요시하였다. 그 이데올로기란 물론 마르크시스트적인 것이었다.
문학 작품에서 그가 중요시한 것은 작품으로서 그것이 성공하였는가 안 하였는가가 아니라, 작가의 계급의식이 얼마나 날카롭게 표현되었느냐 하는 것이었다. 김기진과의 논쟁에서 분명하게 드러난 그의 태도는 10여년이 지나기도 전에 중요한 변모를 일으켰다. '얻은 것은 이데올로기요, 잃은 것은 예술이다'라는 유명한 폭탄적 선언을 가능케 한 그의 문학적 변모는 '최근 문예이론의 신전개와 그 경향' 속에 뚜렷하게 표현되어 있다.

'계급문학과 그 비판적 요소'에서,

"나는 이것을 증(證)하기 위하여 한 개의 작품을(예술을) 김 군은 건축에 비하였고, 박 군은 톱니바퀴에 비한 데 대하였음에 반하여, 장검은 결코 평상시에 애검가가 가지는 그와 같은 장검은 아니다. 급격히 몰아들어오는 적을 물리치기 위하여 만든 장검이다. 그러므로 이것은 피갑(皮匣)도 없고 자루도 험하고 칼등도 함부로 굽었다. 광택도 물론 없다. 그러면 애검가가 이 장검을 볼 때에 무어라고 평할 것인가. 장검이 요구하는 요건을 구비치 못한 불완전한 장검이라고 발길로 차버리지나 않았으면 만행(萬幸; 다행)이겠다. 그러나 생각해 보라! 미구에 쳐들어올 적을 방비하기 위하여 응급(應急)히 제작하는 이 장검에서 무엇을 요구할 것인가. 아로새기는 세공(細工)을 요할 것인가. 정제된 전형(典型)과 광택 있는 맵시를 구할 것인가. 피갑을 구할 것인가. 아니다. 아무것도 구하며 요하지 않는다. 여기에서 오로지 바라는 바는 먼저 양호한 강철을 취택한 다음에 낙락장송이라도 일도참단(一刀斬斷)할 날카로운 백인(白刃)뿐이다. 우리가 취택하는 제재는 강철이다. 표현은 백인(白刃)이다. 참된 프로예술비평가가 있다면 그 강철의 양부(良否)를 심사하고 다음으로 검인(劍刃)을 만져봄에 그칠 것이다. 목적은 다 같이 적을 물리침에 있다"라고 하였다.

그런데 이 기회를 타고 무애 양주동은 새로운 공격을 프로 진영에 향하여 시작하였다. 그는 1929년 〈문예공론〉지에 '문예상의 내용과 형식 문제'라는 글에서,

"문제의 유래는 많은 말을 생략하고 한마디로 프롤레타리아 문예비평가의 '형식에 대한 재인식'에서 출발되었다. 수삼 년 이래의 프롤레타

리아 문예비평가들은 내용 만능주의를 주장하여 왔다. 그 논지는 여기 다시 지껄일 것 없지만 독자에게 대개(大槪) 소개할 필요도 있으리라 생각한다"라고 논(論)을 시작하여 이상 3인의 소론을 반복한 다음 "그리하여 수년간 프롤레타리아 평가는 여상의 이론을 그 지도정신으로 삼아왔으며 그 진영에 속하는 작가들과 그 산하에 있는 많은 문학청년들은 오로지 내용을 가지런히기에만 급급하여 티끌도 작품의 예술적 구성에 대하여 고려하지 않은 결과 작품은 모조리 극단의 조제남활품(粗製濫活品)으로 끝나고 말았다. 작품의 스토리조차 막다른 골목에 들어가 살인 방화의 결과를 천편일률적으로 사용하여 독자의 권태를 야기케 한 것은 불행히 필자의 야유(揶揄)적 예측과 일치된 바 있었다. 더구나 힘과 세력만을 작품의 유일한 목적 내용으로 한다는 프롤레타리아 작품이 그 형식에 대한 고의적 부정으로 인하여 열을 구현키는 고사하고 도리어 치졸한 공식적 현실유리(現實遊離)의 가공적 작품으로 끝나고 만 것은 좌파론가로 보면 뜻밖의 일이라 하려니와 우리의 관찰로 보면 대개 당연 이상의 당연이었다"라고 하였다.

여하간 당시 문단에는 내용과 형식 문제로 하여 새로 과제가 생겼던 것만은 사실이다. 카프 내에서 더욱이 문제된 것은 역시 내용 문제로서 팔봉의 '계급 운운(階級云云)'이라는 말에 큰 관심을 갖게 되었던 것이다.

그 후 팔봉에 대한 공격 논문 등이 발표되자, 팔봉은 1927년 2월호 〈조선문단〉에 '무산문예 작품과 무산문예 비평 ―동무 회월에게'를 발표하여 "만약 이 점에 관하여 일일이 예시하라면 예시하겠다. 그래도 군 일 개인뿐만 아니라 우리들의 동지의 대부분이 나의 비평가적 태도에서 소위 프로문예비평가가 되기 전에 '계급의식 운운'에 호감을 가져야만 할 만큼 불선명한 점이 있는 것이 사실이라면, 공인하는 사실이라면, 마땅히 나는 동지들 앞에서 고개를 숙이고 사죄하고 앞날을 맹세하겠다"라고 선언하여 논쟁은 표면상 일단락을 보게 되었다.[52] 그러나 이 문제는 내용 문제와 한가지로 장래 카프문예운동의 재비판이 될 중대한 요소로서 성장하고 있었던 것이다.

3

문학의 정서 문제, 작가의 자유성 문제, 문학의 형식 문제 등이 카프 내에서 논의될 때마다 카프는 자체 내의 분규를 감추기 위하여 늘 용감한 이론투쟁을 실행하지 못하였다. 그렇다고 이러한 중대한 문제가 단체적 전제 밑에서 발전이 중지될 리도 없었다.

그런데 카프는 이러한 문학적인 문제를 토의하기 전에 또 한 가지 난관에 닥쳤다. 경찰의 가혹한 탄압으로 집회가 불가능한 것보다도 일체

---

52. 엮은이 주: 논쟁은 김복진(김기진의 형), 이성태 등 사회주의 운동 세력의 설득에 의하여 팔봉이 자진 철회하는 형식으로 받아들여졌으나 만족할 만한 문제 해결이 아니었다. – 김팔봉, '한국문단측면사'(사상계, 1956. 12) 참조. 결국은 소설건축 논쟁의 결과가 프로문학 창작에 커다란 자극을 주었던 것이다.
백철, 신문학사조사, 1971, 345쪽 "이 논쟁에서 김기진의 의견이 용납되지 못한 것은 프로문학 자체를 위해서도 불행한 일이었다. 왜냐하면 이 논쟁에 있어 김기진의 의견이 문학론으로서 정당하였고, 선견적(先見的)이었다는 점에서 이 의견이 받아들여졌다면 프로문학의 사태는 상당히 달라졌을 것이기 때문이다. 그러나 사실은 전기(前記)한 바와 같이 박영희의 편이 승리하여 프로문학은 그것을 계기로 하나의 공식적인 경향으로 갔던 것이다."
카프맹원이던 백철은 1935. 12. 27일자 동아일보 '출감 소감 – 비애(悲哀)의 성사(城舍)'에서 "문학인이 과거와 같은 의미에서 정치주의를 버리고 맑스주의의 태도를 포기하는 것은 비난할 것이 아니라 문학을 위하여 도리어 크게 찬하(讚賀)해야 할 현상"이라고 공언한 후, 이헌구와 임화의 비판을 받으면서 인간론을 전개하여 휴머니즘론에 도달한다. 한편 카프에서 사면초가적인 입장에 처한 백철을 박영희가 지지하고 나선다.

의 활동이 금지되면서 극도의 침체상태에 빠진 것이다. 게다가 조선보다는 훨씬 활동할 여지를 가졌던 카프동경지부 회원들은 본부의 침체상태를 공격하기 시작하였다.

1930년도에 안막, 임화[53], 권환, 김남천 등이 귀국하게 되므로 이들을 맞아 카프는 재출발을 꾀하여 보았으나, 역시 합법적으로는 전부가 금지일관으로 되어 버렸다. 그럼에도 신예회원들은 잡지보다는 다소 발표의 자유가 있는 신문지면에다 그들의 소신을 일제히 발표하였으니 이것이 곧 '예술운동의 볼셰비키화'에 관한 논문들이었다. 이는 결국 공산당의 예술을 수립하자는 내용임으로 경찰의 긴장은 말할 것도 없고 카프 내부에서도 분열될 위기를 만들고 있었다. 한편으로 신예회원들은 경찰의 허가를 기다릴 것도 없이 필요한 경우에는 그냥 비밀집회를 계속하였다. 이와 같이 하여 '카프'는 의구(疑懼)와 초조함 속에서 1년을 지낸 것이다. 이듬해인 1931년 5월에는 민족단일당이던 신간회 해소[54]를 공산당 조직으로 해석한 경찰은 해소론자들을 검거하기 시작함과 아울러 '카프' 회원도 간부 이하 총검거를 당하게 된 것이다. 이것이 속칭 '카프사건'이다.

---

53. 엮은이 주: 임화는 1932년 카프의 주도권을 장악했으며, 해체 이후에는 박용철, 김기림 등과 기교주의 논쟁을 벌이기도 하였다. 1938년 시집 〈현해탄〉을, 1940년 평론집 〈문학의 논리〉를 펴냈다. 해방 직후 '조선문학건설본부(문건)'를 조직하고, 이원조와 궤를 같이하면서 인민성에 기초한 민족문학론을 주장하였다.

54. 엮은이 주: 고경흠, 무산자 팸플릿, 제1집, '조선공산당 볼셰비키화의 임무'에서 "1927년 신간회가 성립된 이래 민족통일 전선이 구축되었으나 사회주의자들은 신간회를 자치운동의 방향으로 이끌어가려는 타협적 민족주의자들에 반대하여 해소 운동을 벌였다. (중략) 공산당 재건운동의 발판으로 일본에서 발간하던 〈무산자〉를 획득하고 거기에 종사하던 카프 동경지부의 성원인 임화, 김남천, 권환, 안막 등이 정치적 영향력을 행사하였다." – 역사비평사, 카프문학운동연구, 58쪽에서 재인용 –

프로문예운동은 문자 그대로 암흑상태로 빠져 들어갔다. 그런데 카프사건이 있기 약 반 년 전에 회월은 '예술운동의 볼셰비키화'에 반대 의견을 가지고, 1931년 신년호 동아일보 지상에 '조선 프롤레타리아 예술운동의 작금(昨今)'을 발표하여 이 문제의 비판을 시작하였다. 이에 대해 권환 등의 반박문이 여러 곳에 발표되었다. 1932년에 회월은 드디어 간부직을 사임하고 이듬해 7월 '카프'를 탈퇴하고 성명서를 내었던 것이다.

그러나 이러한 것은 다 형식에 지나지 않는 일이었으며, 사실상 '카프'는 문학을 떠난 지 오래였고 한 개의 껍데기에 불과했던 것이다. 이에 대하여 이형림은 1934년 7월호 〈신동아〉지에 '예술동맹의 해소를 제의함'에서 이렇게 증명하였다.

"(조직을 재정비하기 위해서라도; 엮은이) 구체적으로 말하자. 김기진, 박영희 등의 주도적 비평가가 '카프'를 떠나서 활동한 지 오래이며 이기영, 한설야, 송영 등의 지주적(支柱的) 작가가 '카프'에서 문학 활동을 옮긴 지도 벌써 오래 전의 일이다. 그리고 백철 등 가장 활동적인 비평가가 '카프' 활동에 무연(無緣)하게 된 것은 일반이 미리 인정하는 바이며, 임화 등의 지도부를 구성하는 비평가가 본의 아니게 저널리즘에 활동무대를 구한지는 지금의 일이 아니다. 그뿐 아니라 지도부의 정치주의에 대하여 실천하기에 충실했던 김남천 등의 소장(小壯) 작가들 역시 입으로는 관념적인 사변을 나열하나, 그 문학 활동은 '카프'를 떠나서 일반적 출판기관에 의탁하지 아니치 못하게 된 것이 아닌가"라고 지적하였다.

여기서 우리는 당시의 상태를 상상하기에 족할 것이다. '카프'의 불활발(不活潑)은 경찰의 탄압에 원인이 있었겠지만, 문학의 부진은 정치주의의 굴레 속에 사로잡혀 있었다는 사실을 비로소 알게 된 것이다. 프로문학의 본원지인 소련의 '라프'가 해체를 선언하고 정치주의를 청산하려는 것을 이미 보고들은 까닭도 있었다.

따라서 1932년의 동기(冬期)로부터 다음해까지 약 1년 동안 프로문단은 정치주의의 문학을 비판한 소련 비평가들의 논문 소개와 자기비판 등으로 제법 활기를 띠었다.

한 예를 소개하면 신유인(석초; 신응식의 필명)이 발표한 두 편의 논문이다. 1932년 〈신계단〉지 창간호에 발표한 '예술적 방법의 정당한 이해를 위하여'와 1931년 12월 중앙일보에 발표한 '문학 창작의 고정화에 항(抗)하여'다. 그의 먼저 논문 일절을 보면,

"문학이나 과학이나 작가나 과학자는 사물의 본질, 본질적 모순의 발전을 인식하며 이 과제를 제 현상의 합법칙성에서 천명한 과제를 해결하려고 노력한다. 즉 문학은 과학이 아니고 예술인 것이며 예술 이외의 아무것도 아니기 때문이다"라고 한 후에 소련의 문학자 파제에프의 소론을 길게 인용하였다. 그리고 그는 계속하여,

"이렇게 문학은 비상히 광범한, 그리고 복잡한 자연과 사회의 일체의 모든 현상을 인식하고 천명하면서 풍부한 예술적 제 장르를 창성(創成)하여 간다. 그리고 모든 것을 대표하는 것 같은 그러한 소수의 사상(事象)에만 국한되는 것은 아니다. 아니 우리들의 문학은 무한히 전개되어 있는 우주의 삼라만상, 모든 계급의 인간의 일상생활을 둘러싸고 일어나는 모든 사회적 현상을 자유로 광범하게 형상하여 가지 않으면 아니 된다. 프롤레타리아 문학은 분노하고 투쟁할 뿐만이 아니라 프로문학은 웃고 울고 슬퍼하고 오뇌(懊惱)하고 그리고 연애할 수 있으며 또 창공에 빛나는 월색과 잔잔히 흐르는 하천의 물결을 노래할 수 있고 봄날 밭

에서 종달새 소리에 귀를 기울일 수 있는 것이다. 한 권의 부하린의 유물사관이나 한 권의 정치교정(敎程), 한 쪽의 신문보도를 가지고 소설과 시를 쓰려는 야욕은 인제 버리지 않으면 아니 된다"라고 하였다.

그리고 또 한설야는 '변증법적 사실주의의 길로'란 논문에서, 우리들의 작가가 창조적 과정에서 노동자 농민의 생활에 접근하여 그 내포한 것을 그리고 제재의 범위를 넓히고 능동적 율동적 역학적 기계적인 액션이즘의 수법을 학습하라는 것을 역설하였다.[55] 이에 대하여 백철은 "산 인간 묘사시대가 도래하였다"라고 하여 이때까지 잊어버렸던 살아 있는 인간을 묘사하자고 제안하였다. 그리고 임화의 '형상론(形象論)', 안막(추백)의 '창작방법론(創作方法論)' 등 수많은 제안과 주장에 문단은 새로운 혼란에 빠졌었다.

회월은 이러한 경향을 종합하고 결론을 짓기 위하여 1934년 동아일보 신년호 지상에 '최근 문예이론의 신전개와 그 경향 – 사회사적 및 문학사적 고찰 –'[56]이라는 논문을 발표하였다.

---

[55] 엮은이 주: 한설야는 전문적 문학예술의 대중화와 문학예술창작의 대중화의 이론적·실천적 가능성 즉 프롤레타리아 리얼리즘을 제시하면서 "우리의 작가는 서재에서가 아니라 공장에서 일터에서 농촌에서 나야 하고 또 그리로 들어가야 하는 것이다."라고 주장하였다.

[56] 엮은이 주: [덧붙임] 자료Ⅳ. 참조
이 논문은 카프에 회의를 느낀 박영희가 공식적으로 탈퇴를 천명하기 위하여 발표한 글이다. 작가의 의식과 현실에 대한 탐색이 부재한 전망만을 강조하던 경향문학 전반을 비판했다는 점에서 의의 있는 평론이라고 할 수 있다.
'초창기 문단측면사'에서 그는 "나는 임화를 만나 카프의 정식 해체를 권고하였다. (중략) 그러나 임군은 나의 말에 반대하였다. (중략) 이번에도 조금 부주의하면 공산당원이 아니면서 애매하게 그물에 걸리게 될는지도 모르겠다는 까닭이었", "퇴맹 원서를 임군에게 맡기는 한편 남의 오해가 있을까하여 정식으로 성명서의 뜻을 가진 논문을 발표하였다"라고 한다.
회월의 전향 논문에 가장 먼저 '분홍빛 문학'이라고 반박한 이는 팔봉 김기진이다. 팔

그는 "사회적 사상성에 제약되어 사람의 정서적 활동이 압축되고 인간의 감정상 조화가 단순화하여 문학의 범위가 그 유례가 없을 만치 협소하여졌다. 그 반면에는 창작과 기타 문학적 역(力)의 정치적 사회적으로 긴급한 정세를 위하여 그 봉사적인 심지(心志)야말로 귀여운 일이 아니면 아니 되며 광영의 일이 아니면 아니 된다. 그러나 심신에 넘치는 일이라면 아무 공적도 없이 소멸되고 말 것이 아닌가? 이러한 의미에서 예술은 무공(無功)의 전사(戰死)를 할 뻔하였다. 다만 얻은 것은 이데올로기며 상실한 것은 예술 자신이었다."[57]하고 프로문학의 오류를 지적한 후에 이상(以上)의 제론(提論)을 다음과 같이 요약 분류하였다.

1) 지도적 비판가/비평가가 창작가에 대한 요구와 창작가의 부조화된 실행에서 생기는 즉 지도부와 작가와의 이반(離反)

2) 그러므로 창작가의 진실한 길은 편파(偏頗)한 협로(狹路)에서 진실한 문학의 길로 구출할 것. 즉 진실한 의미에서 프로문학은 부르주아문

봉은 1934년 동아일보에 '문예시감(文藝時感)-박 군은 무엇을 말했나'에서 "작가들이 실패한 것은 이데올로기 때문이 아니고 도식주의였다. 제재의 고정화, 작품 유형의 도식화 때문인데 그것을 인간성을 도외시한 데서 연유한다고 보았다. 그리하여 프로문학은 '계급 속의 인간'을 그려야 할 것이다"라고 하였다.

57. 엮은이 주: 김윤식, 박영희 연구, 열음사, 102~103쪽 "이 문맥 속에 들어 있는 이데올로기는 무엇이며 예술은 무엇인가? 회월이 잃었다는 예술, 따라서 다시 회복해야 될 예술이란 무엇인가? 우리는 이 유명한 구호의 매력에 좌우되어서는 안 될 것이다.
먼저 우리는 회월이 '상실한 것은 예술자신'이라고 했다는 데 주목할 필요가 있다. 잃은 것이 예술이라면 그것은 회복해야 할 것인데, 원래 있었던 예술은 무엇인가? 그것을 그는 '부르주아문학'이라고 했고, 이것이 '진정한 문학의 길'이라고 했다." 그러나 이를 구체적으로 무엇인지 밝히지 못하고 있다.
후에 회월은 1936년 동아일보 '심미적 활동의 가치규정 -예술이 항구성에 관한- 분석'에서 "사회생활(의식)을 반영한다 해서 다 예술작품의 가치를 전부 시인할 수 없다는 것이다. 다만 그 반영은 미적 개념 속에서 표현된 것에 한해서 예술적 가치의 전부를 시인할 수 있는 것"이라고 말하였다.

학의 믿을 만한 계승자가 될 것

3) 이것을 실행함에는 이론적 동사(凍死) 상태에서 창작을 정서적 온실 속으로 갱생시킬 것. 즉 창작의 고정화에서 구출할 것

4) 그러자면 지금까지 등한히 생각하였던 기술문제에 논급하여 예술적 본분을 다해야 할 것

5) 또한 계급적 사회생활을 정확히 반영할 수 있는 인간의 제반 활동과 그 생활의 복잡성을 자유로 광대한 영역에서 관찰할 것

6) 집단의식에만 얽매이던 것을 양기(揚棄; 止揚)하고 집단과 개인의 원활한 관계에서 오히려 개인의 특성과 본성에 정확한 관찰을 할 것

7) 정치와 예술과의 기계적 연락 관념의 분쇄

8) 따라서 '카프의 재인식' 등이었다.[58]

이리하여 프롤레타리아문예운동은 '아지·프로'만을 목적으로 하던 데로부터 문학의 진실한 계승자가 되기 위하여 새로운 출발을 준비한 것이다. 이러한 시기를 당하여 공식적 당파성의 '카프'는 사실상 껍데기에 불과하였다.

그러므로 이형림(본명; 이갑기)[59]은 논문 '예술동맹의 해소를 제의함'에서 카프 무용성(無用性)을 적발하였다.

"어쨌든 현재의 '카프'는 어떠한 사변(思辨)과 궤론(詭論)을 다 하더라

---

58. 엮은이 주: 이상의 8항목으로 볼 때, 회월은 프롤레타리아문학 자체에 대한 비판이라기보다 카프의 여러 가지 처사에 대한 비판일 따름이다.
59. 엮은이 주: 이갑기는 광복 직후 '조선문학가동맹'에 가담한 뒤에 월북하였으며, 1970년대 초엽까지 평론과 함께 시·소설·수필 등을 발표하면서 작품 활동을 한 것으로 알려져 있다.

도 실제에 있어서 이 땅의 프롤레타리아문학의 실체를 떠나 있는 것은 부인하지 못할 사실이다. 그뿐 아니라 도리어 과거의 모든 오류와 편견을 누적한 조직적 전통의 중압과 천박한 정치지상주의가 일으킨 종파적 경향은 조직 내의 작가에게는 물론, 나아가서는 조선 프롤레타리아문학 운동 전체에 대하여 쓸 곳 없는 장해물로 되어 있다. 벌써 '카프'는 단순히 조직적 탄압이 경화(硬化)하여 목내이처럼 무능한 데에 그치지 아니하고, 그 그릇된 면이 현실의 모든 정세가 주는 압력과 상합(相合)하여 새로운 문학의 역사적 발전에 큼직한 해독을 끼치는 질곡으로 화한 이 외의 아무것도 아니다"라고 하였다.

여기서 조선의 프롤레타리아문학은 조선적 현실을 고뇌 속에서 또 투쟁 속에서 그 맹아기(萌芽期)를 마치고 이 조선적 현실의 완전한 보다 더 문학적인 표현을 위하여 새로운 계단을 필요로 하였던 것이다.

제3편
수난기의 조선문학

제1장 침체된 문학운동의 진로

1

현대 조선문학은 조선적 현실의 성장과 아울러 이데올로기 문학(=의식문학)에서 주류가 이루어졌다. 의식문학이 자기발전에서 생긴 모순에서 자기비판을 시작한 것은 이미 앞에서 논한 바와 같다. 그러면 자기비판의 결과는 1930년 이후의 조선문학에 어떠한 진로를 지시하였는가를 살펴보자.

1930년 이후 10년 동안은 여러 가지 의미에서 중요한 시기였다. 먼저 문예운동의 침체기가 시작된 것이다. 카프운동이 활발하였을 때, 이에 대한 민족주의문학 진영의 반박과 공격이 또한 활기를 띠었던 것이다. 그러나 사실상 이것은 기성작가 몇 사람의 활동이었으며 신진작가들은 대부분 카프 동정자로 옮겨 왔다. 그뿐만이 아니라 〈조선문단〉 〈문예공론〉지 등의 민족문학 진영의 기관지가 발간된 후로 민족주의문학운동은 점점 쇠퇴하여 갔으며, 공산주의의 전성시대였던 까닭에 기성작가들의 작품은 부르주아작품이라고 일반으로 배척하는 등 여러 가지로 불리한 상태에서 민족주의문학 진영에 속한 작가들은 기성이나 신진을 말할 것 없이 침묵을 지키게 되었으며 그 침체는 점점 깊어 갔다.

이와 동시에 또 한편 시대사상의 신예로 활기를 띠었던 카프의 문예운동도 미증유(未曾有)의 탄압과 자기비판 이후 얼른 새로운 진로를 찾지 못하고 암담한 회의와 모색에서 침체되어 가고 있었다. 좌우 양 진영의 작가들은 차차 한 사람씩 탈락하여 가고 있었다. 조선문단은 전체적으로 부진 침체 속으로 빠져 들어갔다.

그런데 여기 중요한 사실은 외부의 강압과 구속을 받으며 내부의 혼란과 무기력한 속에서도 고뇌와 신고를 뚫고 제가끔 문학의 새로운 방향을 찾으며 성장하였다는 사실이다. 즉 이와 같은 고난과 압박 속에서도 어느덧 원숙하여가는 조선작가들의 자태를 볼 수 있게 된 것이다.

그러면 나는 또 다시 원숙해 가는 이 문학적 사실에 관하여 논술하려는 바이다. '문학적 사실(事實)'이라는 말을 '의식의 구상화(具象化)'라는 말에 대하여 사용하려고 생각한다. 의식의 구상화란 이데올로기를 표현하기 위하여 문학 형식을 빌려왔다는 것을 의미한 것이고, 문학적 사실이라는 말은 문학의 독립된 형태가 가져야 하는 정신이다. 이것은 이미 마르크스주의의 문학자들이 자기비판에서 지적한 바와 같이 문학으로서 완전한 형태를 이룰 수 있는 모든 문학적 요소를 의미하는 것이다.

한 걸음 더 깊이 들어가면, 1930년 이후의 '문학적 사실'이라는 것은 정서 문제나 미의식 문제나 그 외의 문학의 형식 문제를 가리키는 것보다도, 사실인즉 볼셰비즘의 굴레에서 벗어나려는 것이었다. 고정화된 창작방법을 극복하는 동시에 유물사관적 방법을 거부하며 마르크스주의의 정책문예를 깨뜨려버리려는 경향을 의미한 것이었다. 문학은 선전성에서 감염성(感染性)으로, 계급성에서 인생문제와 민족문제로, 유물적 세계에서 정신세계로 발전하여온 그 정신을 뜻하는 것이다.

그러나 침체 부진은 그냥 계속할 뿐이었다. 이 침체라는 것은 작가나

167

작품의 수량에서도 나타나는 사실이지만 작품 내용에서 더 많이 나타나고 있었다. 1930년대 초기에는 민족주의문학 진영은 침묵인 그대로 문제될 작품이나 평론이 없었고, 자기 비판기에 있는 프로문학 진영에는 새로운 진로를 찾기 위하여 여러 가지 창작방법과 평론들이 있었다. 가령 유물변증법적 창작방법이니 사회주의적 사실주의의 창작방법이니, 사실주의적 창작방법이니 하여 외국 평론가들의 논문을 소개하고, 또 이것의 진부(眞否)에 대하여 논쟁이 있었다. 그러나 이러한 것이 새로이 출발해야 할 창작계에는 별로 영향이 없었다. 말하자면 카프시대가 지나가는 시기에 평론시대도 지나갔다. 지도력이 인정되지 않은 평론가들의 제안과 방법은 혼란을 일으켰으며, 새로운 인생관이나 문학관이 서지 못한 창작계는 진부하고 우울할 뿐이었다. 공허한 제안과 논전 등으로 혼란을 이룰수록 문단의 침체는 더욱 심각하여 갔다.

한편 신문과 잡지에서는 조선문단의 침체와 부진을 부르짖으며 허다한 타개책을 발표하였다. 그 타개책을 살펴보면 대략 두 가지로 나눌 수 있다. 하나는 새로운 문학정신을 수립하자는 것이고, 또 하나는 적극적으로 작가들이 활동할 수 있도록 사회적으로 시설과 조직을 만들자는 의견 등이었다. 문학의 내용 문제는 이하 각 장을 따라 논급할 것임으로 여기서는 생략하고 후자에 관하여 논급하려고 한다.

이에 관하여는 김한용과 이헌구의 논문이 각각 있었으니, 1936년 신년호 〈조광〉지의 '조선문단 진흥책 소고'와 1937년 9월호 같은 잡지의 '질적 향상에의 노력' 등이 그것이다.

김한용의 논지는 다음과 같다.

1) 조직적 운동의 필요— 조직이 여하히 위대한 힘을 가졌는가는 역

사적 사실이 역력히 증명하는 바로 구태여 증명이 필요치 않다. 동인 조직 같은 것도 개개의 활동보다는 굳센 힘을 가진 것을 인정하는 우리로서 조직의 힘을 부인할 수 있으랴. 그뿐 아니라 우리는 선진제국의 문인들이 단합하여 신문학운동을 일으켜 큰 성공을 거둔 예는 문학사를 피력한 사람이면 다 알 것이다. (중략) 우리는 지금 문인 전부를 망라함과 같은 조직은 설혹 불가능하다 할지라도 시에 있어서 이런 단체가 생기고 소설에 있어서 이런 조직이 생긴다면 또한 그만한 활동과 수확을 가히 기대할 수 있을 것이 아니냐?

  2) 창작의 주력- 백 개의 평론보다도 한 편의 창작이 우월하다. 뭐니뭐니 하여도 작품을 내지 않고는 문학을 논의할 수 없다. 아직도 우리 문단에서는 두세 편의 소설을 발표하면 문인이 될 수 있고 수편의 시가로서 시인으로 자처할 수 있는 한심한 현상이 아니냐. 이것이 아직 창작 행동이 빈약한 탓으로 발표되는 작품의 문단적 기준이 서지 못하기 때문이니 무엇보다도 창작을 위주로 하여 많은 작품을 내어놓도록 해야 할 것이니 비평에 구니(拘泥; 구속)하지 말고 그저 자신 있는 작품을 제작하는 것이 가장 긴요한 일이다.

  3) 조사 연구기관의 필요- 이는 이론인지는 몰라도 문학일반과 조선 사회 사정을 조사 연구하는 기관이 있으면 직접 간접으로 문학 발달에 도움이 되는 바 많을 것이다. 더욱 창작과 달라서 조사와 연구는 기관을 만들어서 학자들이 조직적으로 연구하는 것이 극히 필요하다. 이것이 우리의 조선현실에 대한 인식 범위를 넓히고 과오 없는 현실파악을 가능하게 할 것이다.

  4) 권위 있는 평단- 비평보다는 창작이 필요하다고 했지만 아무래도

창작행동을 암암리에 장려하며 또 비판하여 창작의 가치를 천명하면서 창작의 갈 길을 지도하는 것이 비평가의 임무다. 그러나 조변석개하는 평론이나 기분에 흐르고 표준이 없는 평론이나 지나치게 주관에 기운 비평이나 사회적 내지 개관적 기준이 없는 비평이나 또는 결점만을 폭로하는 식의 비평으로서는 도리어 창작행동을 저해하는 것이니 진정한 의미의 권위 있는 평단을 구성할 필요를 절실히 느낀다.

5) 학자 내지 천재(天才) 원조 기관의 필요 (생략)

6) 희생적 정신의 필요— 아무리 해도 조선현실에 있어서 문인이나 학자가 되고자 한다면 실제적 생활의 고난을 각오하지 않고는 안 될 일이다. 예술가의 생명은 역시 지극한 정성에 있는 것이다.

빈한과 궁핍의 압박은 자고로 문인생활의 수반물로서 말하지 않느냐. 금일의 문학도는 반드시 그런 것도 아니나 조선의 현실에 있어서 이것은 면치 못할 운명인 것만큼 처음부터 간난신고의 일생을 보낼 각오와 조선문학 건설을 위하여 일신을 희생하겠다는 비장한 결심으로써 이 현실과 싸워 나가지 않으면 안 될 것이다. 우리의 문인이나 예술가 된 여러분은 먼저 이 희생적 정신과 견인불발(堅忍不拔)의 철지(鐵志)를 가지실 필요가 있을 줄 생각한다. 라고 말하였다.

이 논문은 여러 가지 의미에서 당시 조선의 실정을 표현한 것으로 참고가 되리라고 믿은 까닭에 인용하였다.

그 다음 이헌구의 논문 가운데 몇 가지 조목만 열거하면,

1) 문학 옹호의 새로운 문예지의 출현
2) 문학 계몽의 문학학원(또는 문화학원)의 창설

3) 문학에 관한 공개적 회합과 자유연구발표의 구락부적 사업의 일상화
  4) 문단 등용의 계제를 창설할 것.
  5) 저널리즘과 문학과의 구분을 명확히 하여 사회면적 취미에서 문학적 취미로 교도(敎導)하는 문학대중화의 대책연구회 등이다.
 이상 두 평론가의 논문은 대동소이한 많은 타개책에서 대표로 뽑아서 소개한 데 불과하다.

2

 다음으로는 문학을 침체와 부진 상태에서 구출하기 위한 내용 문제, 즉 정신 문제에 관하여 논급하려는 바이다. 위에서도 간단히 논급하였거니와 현대문학의 침체는 현대정신의 파괴에서 시작한 것이었다. 조선은 조선대로 여러 가지로 불리한 특수 여건이 있었으나 그것은 오히려 지엽(枝葉)문제로 돌아갔고 세계적으로 문제된 것은 현대정신의 새로운 창조였다. 마르크스주의로 하여 현대정신의 소강상태를 유지하였었고, 그 유물론적 정신이 현대사상의 지주가 되었다가 유물론의 재비판과 아울러 마르크스주의의 퇴조기를 당한 현대정신은 완전히 파괴를 당하였고 암담하였던 것이다.
 그러면 현대정신은 어떻게 무엇에서 창조될 것인가. 이 문제는 세계 사상계의 한 과제였다. 서론 3장에서 논급한 바와 같이, 현대정신이 추진력을 잃어버리게 되어 암흑의 구렁텅이에서 헤매게 될 때는 어두운 밤에 별빛을 찾는 것처럼 위대한 고전의 빛 속에서 길을 찾아 가야만 하였던 것을 역사에서 배울 수 있었던 것이다. 그리하여 '고전으로 돌아가자! 고전적 유산에서 현대정신을 창조하자!'는 소리가 세계적으로

높았다.

　조선문학이 요구하는 고전적 정신이라는 것은 무엇인가. 이에 대하여 두 가지의 설이 있으니, 조선문학은 조선의 고전으로 돌아갈 것을 주장하는 사람도 있었고, 또 이와는 광범위로 세계문학의 고전에서 새로운 정신을 찾자는 설도 있었다. 그러나 현대 조선문학은 사실이 증명하는 바와 같이 어느 한편만을 고집할 처지도 아니었고 민족문학의 건설을 위해서는 널리 세계문학에서 그 자료와 정신을 찾는 동시에 조선고전에서도 필요한 것을 배우는 것이 타당한 방법이었다.

　김남천은 1937년 9월호 〈조광〉지에 조선문학의 재건 방법이란 과제에 응답한 '고전에의 귀환'이라는 논문에서 다음과 같이 의견을 발표하였다.

　"다시 이들 특수론자들 중에는 외래문화와 조선문화를 구분하여 외래의 것을 배격하고 순수한 조선문화에 입각하여 현대의 문학을 발전시키려는 의견을 말하는 이가 있는데 이것도 그릇된 방책이다. 조선문화를 사유의 형식적 필요상 외래의 것과 구분을 세워보려는 과학적인 태도는 문화사가(文化史家)의 할 만한 노력이다. 그러나 외래적인 것의 배격에 그 결론이 도달하여서는 안 될 것이다. (중략) 현재의 우리 문화에는 외래적인 것과 우리 고유의 것이 서로 합하여 뼈와 살이 되어 있다. (중략) 현재의 우리는 우리 민족문화의 역사 위에 서 있고 동시에 세계적 문화를 불충분하게나마 내 것으로 하여 그 위에 서 있다. 우리는 현대에서 출발하면 그만이다. 현실의 문화적 상태 위에서 우리는 우리 문학의 발전책을 강구하여야 한다. 고전에서의 섭취와 세계문화에의 연구도 이곳에 입각점을 두고 한층 강화되고 조직화 되어야 한다"라고 하였다.

그러나 조선의 젊은 지식인들은 사실상 조선의 고전문학이 가치가 있든 없든 어떠한 형태로 있거나 이를 음미하고 연구하는 일이 적었고, 대부분이 외국문학에 대한 지식에서 출발하였다. 그러므로 이러한 기회에 조선의 고전을 탐구하자는 조선고전복귀론이 그 일석(一席)을 차지할 것도 또한 당연한 일이었다. 사실상 조선문단에는 조선역사에 대한 연구와 아울러 조선의 고전문학 미술 민속에 대한 연구열이 높아가기 시작하였다. 이것은 조선의 현대문화가 침체되어 있는 암흑기를 당하여 조선의 젊은 지식인들에게는 조선고전을 탐구할 절호의 기회였다. 그뿐만이 아니라 민족운동이나 사상운동을 극도로 탄압하며 혁명적인 세력을 근절시키려는 일본의 위정자들이 이러한 고전 연구에 대하여는 비교적 완화정책을 썼다. 이것은 적극적인 사상운동을 이러한 방면으로 전환시키려는 일시적 책략이었는지도 모른다. 여하간 조선사람이 조선의 고전을 들쳐 내기에는 좋은 시기였다.

 따라서 학계나 문예계의 방향은 별안간 조선의 고전으로 옮겨졌다. 더구나 민족주의의 문학 진영에는 새로운 활동의 길이 열렸던 것이다. 우선 문학 방면을 본다면 신명균, 김태준, 이희승, 이병기, 이윤재, 조윤제, 양주동, 송석하, 손진태 등의 조선 고전문학과 문화일반에 대한 연구와 소개가 계속 발표되었다. 그 중에는 무애의 〈고가연구〉와 같은 역저도 있었다. 따라서 창작계에는 조선역사소설의 대두를 보게 되었다. 이에 관하여서는 장을 달리하여 논급하겠기로 여기서는 생략하거니와, 여하간 이러한 현상은 침체와 우울 속에 있던 조선문학운동에 새로운 힘이며 또 길이기도 하였다.

3

그러나 1930년 이후의 조선의 현대문학은 우울과 침체 속에서도 자체의 발전을 위하여 끊임없이 진전하고 있었다. 다만 의식문학에서 벗어나온 후로 혹은 방향을 변하며 혹은 형태를 바꾸어서 평탄치 못한 수난의 길을 걸어왔을지언정 현대문학의 길은 역시 계속되어 왔다. 이렇게 걸어온 현대문학의 형태에 관하여서는 본편(本編)의 주요한 논제로 이하 각 장을 따라 상론(詳論)하려니와, 1930년 이후 또 한 가지의 새로운 사실은 단편소설 시대에서 장편소설로 옮겨온 것이다. 그 이전에는 작품이면 으레 단편소설이었고 장편작가로는 춘원과 횡보, 빙허, 도향이 있을 뿐 대부분이 단편이었다. 그런데 이 단편작가들이 모두 장편소설을 쓰기 시작하였다.

장편소설 시대로 옮겨온 사실에 대한 원인을 두 가지로 볼 수 있다. 첫째는 작가들의 창작적 역량이 원숙해감에 따라 나타나는 필연적 현상일 것이고, 둘째는 시대가 요구하는 어떠한 사실에 기인한다. 그러면 시대적 요구란 것은 무엇인가. 의식소설이나 조선의 현대생활을 표현한 작품이 나타날 수 없는 현실이었던 까닭에 자연히 무의식소설이 나타나 결국 흥미 본위로 기울어지게 되었다. 흥미를 중심으로 한 소설을 쓰는 데는 단편보다 장편에서 더 많은 효과를 낼 수 있다. 인물의 배치와 장소의 변화 등의 파란중첩한 이야기는 역시 장편이라야만 가능하였던 까닭이다. 또 한편으로 조선의 신문 발전에 따라 흥미 본위의 장편소설의 수요량이 격증한 것이다. 작가들에게 신문이 유일한 발표기관이었으며 또 작가의 생활을 도와줄 수도 있는 길이기도 하였다.

여하간 동아일보, 조선일보, 조선중앙일보, 매일신보 등이 조석간을 발행하여 경쟁적으로 장편소설을 연재하게 되었던 까닭이 사회적으로 독자들의 기호에도 부응하고 작가들에게는 장편소설을 쓰게 하는 계기가 되었을 것이다.

작가 측으로 본다면 신문사의 요구에 응하여 흥미 본위의 소설을 쓴다는 것이 일단 격이 떨어지는 일이기는 하나, 유래로 조선의 신문소설이란 대부분이 고담류의 번안이나 저급한 취미소설의 번역 번안 등이 많았는데 신문사측으로 보면, 조석간의 연재소설을 전부 현역작가에게 쓰게 한 것은 일단의 진전이라고 않을 수 없다.

이러한 현상에 대하여 팔봉은 1934년 5월호 〈삼천리〉지 '신문장편소설 시감(時感)'에서 다음과 같이 논평하였다.

"대관절 조선 안 신문지에 일시에 10종 이상의 창작소설이 발표된 적이 있었나? 그러한 일이 없다는 점에서 금춘(今春) 이래 이 현상은 확실히 기록적인 사실이요 본질적으로 두 가지 의미에서 기뻐하여도 좋은 일이라 할 것이다. 첫째 종래 오랫동안 신문계의 인습이 되어 있는 저급한 번안 번역소설을 청산하고, 신문지면으로부터 그 종류의 눈물을 잡아 짜내려고 덤비는 따위나 범인은 누구냐는 천편일률식의 엽기심(獵奇心)을 끌어당기려고 덤비는 따위의 소설을 구축(驅逐)해 버렸다는 것이 그 하나요, 그 다음으로는 신문의 장편소설을 연재할 수 있을 만한 역량 있는 작가가 배출하였다는 것이다"라고 하였다.

그리고 또 한 가지의 현상- 이것은 실로 조선으로서는 미증유의 현상이었으니, 현대 조선문학의 전집(全集) 간행이 유행되었다는 사실이다. 조선의 출판업자들은 유래로 현대문학류에 관하여는 판매 부진을 이유로 출판을 즐겨하지 않았다. 그러던 것이 신진출판업자들의 용단으로 현대문학류의 출판은 물론이고, 전집물이 나오기 시작하였다는 것은 부진 침체 중에 있는 문단에 명랑한 발전이라 않을 수 없었다. 현대조선문학전집, 현대조선장편소설전집, 현대걸작장편소설전집, 조선문인집, 신선역사소설전집, 조선문학전집(고전류) 등의 간행을 비롯하여 현대물의 출판이 왕성하였다. 또한 시집출판도 참으로 획기적이라고 할 수 있을 만치 많았다. 1930년 이후의 문학잡지만 하여도 어느 시대에도 없었던 활발한 활동을 보였다고 할 수 있다. 우선 중요한 것을 들어본다면, 조선문학, 문장, 삼천리문학, 신인문학, 시문학, 문예월간, 청색지, 형상, 문학건설, 문학, 풍림, 문학창조, 집단 등이 있다. 동인지로서도 그 중요한 것을 들면 단층, 삼사문학, 작품 등이 있다. 그러나 이상 잡지들은 대개가 2호나 3호에 폐간한 것이고 오랫동안 계속한 것이 없었다. 다만 〈조선문학〉과 〈문장〉지만이 거의 3년 동안이나 계속하여 문단에 많은 공적을 남겨놓았다.

이러한 현상은 물론 일시적이었으나 1930년 이후의 특기할 사실임에는 틀림이 없다. 내용면에서도 침체와 우울 속에 있었던 작가들이 이러한 시대적 환경에서 제가끔 새로운 방향의 길을 개척하려고 하였다. 한때 의식문학에 모였던 작가들도 각각 흩어져서 생활 인식파(生活認識波)의 작가, 대중소설 작가, 순수문학 작가로 혹은 역사소설가로 제가끔 새로운 길을 걸어가기 시작하였다. 민족주의문학 진영에도 새로운 활기를 띠고 역사소설의 개척과 한가지로 현대소설에 있어서도 가능한 범위에서 나아갈 새로운 길을 찾으려고 노력하였던 것이다.

제2장 전환기 문학의 제 경향

1

　1930년 이후의 문학적 경향을 말하기 전에 또 다시 그동안의 조선 현실을 살펴보기로 한다. 기미년 독립운동 이후로 일시 문화정치라 하여 완화한 듯한 일본 위정자들의 탄압정책은 그 후 점점 심각하여 가는 민족주의운동과 격렬하여 가는 공산주의운동으로 조선민족해방운동의 세력이 강화되어감에 따라 그 탄압의 정도는 날로 가혹하여 갔다. 1931년 신간회가 해소된 후로는 집회는 일체 금지 당하였고 언론은 봉쇄되었으며, 조금이라도 민족이나 사상에 관한 문구가 있는 출판물은 송두리째 압수를 당하는 등 글자 그대로 꼼짝도 못하게 되었던 것이다. 더군다나 대중성이 있는 일은 어떠한 일을 물론하고 금지일관(禁止一貫)이었다. 문학류의 출판도 고담류(古談類)나 취미 본위의 것 이외에 조선의 현실생활을 그린 것은 허가되지 않았다. 민족운동이나 사상운동은 모두 지하로 파고 들어가고 표면은 암흑시대를 이루고 만 것이다.

　이러한 암흑기를 당하여 표면운동으로 아직도 다소의 가능성이 있었던 것은 교화운동이나 농촌계몽운동 등이었다. 그리하여 조선의 뜻있는 지식청년들은 모두 이 운동에 관심을 갖게 되었으니, 이 운동은 대중 속으로 들어가는 실제 운동으로 당국의 허가 유무를 물을 것 없이 필요하고 중요한 일이었다. 혁명적인 청년들이 탁상이론을 집어치우고 직접 몸을 농촌에 던져 대중 속에서 대중과 같이 일하면서 글을 가르치고 민족의식을 높여 줌으로 민족해방의 참된 힘이 될 수 있도록 만드는 것이었다. 열 개의 이론보다 한 개의 실천이란 것은 이것을 두고 말한 것이다. 혁명 전 제정 러시아의 혁명적 지식청년들이 '브-나로드!'를 부르짖고 농촌으로 들어갔던 것도 또한 이러한 의미에서 한 것이었다. 아니다. 옛날 러시아청년들이 부르짖던 '브-나로드(V. Narod)!' 운동을 조선에서도 일으킬 단계에 이른 것이었다.

그러나 조선에서는 먼저 농촌문맹타파운동으로밖에 시작할 수 없었다. 이 운동은 민간신문들의 힘으로 전개되었으며, 먼저 동아일보사 주최로 1931년 하기휴가를 이용하여 전문대학생의 동원으로 제1회가 시작되었다. 뜻있는 조선의 학생들은 더운 여름에 투지 가득 찬 희망에 넘치는 자세로 쾌활한 발걸음을 농촌으로 향하였다. 이 운동이 한번 일어나매 그 형세는 요원의 불길과 같이 퍼졌다. 이에 참가하는 학생의 수는 놀랄 만치 증가되어 갔다. 참가 학생 423명에 대하여 제2회에는 2,724명으로 불어난 것이다.

그런데 이러한 운동에서 조선 민족의식의 발로라는 점을 찾아낸 일본의 위정당국은 이 운동에도 동일한 방법으로 탄압을 시작하여 금지, 중지, 검거 등으로 이 운동을 저해하였던 것이다. 제4년이 되던 해에는 272곳의 개최 장소 중에서 금지를 당한 데가 33곳, 중지를 당한 데가 26곳, 합 59곳이 폐쇄를 당하게 된 것이다.

따라서 현대의식문학에 있어서도 이 방면의 운동에서 새로운 이상과 정신을 표현하려고 하였다. 이것은 신세대를 대표하는 조선의 혁명청년들의 새로운 이상이며 정열이었던 까닭이다. 이러한 이상과 정열을 나타낸 첫째 번 작품은 1932년 동아일보에 연재된 춘원의 장편 〈흙〉이다. 1939년에 내놓은 장편 〈사랑〉에서 춘원은 자기의 인생관을 비로소 완전히 나타낼 수 있었다고 하였지만, 이것은 그의 원숙해진 종교관과 아울러 인도주의의 경지를 의미하는 것이었고, 민족의식을 드러낸 작품으로는 이것이 대표가 될 것이다.

〈흙〉의 주인공 허숭은 고학으로 전문학교를 졸업하고 동경에 가서 고등문과 시험에 합격하며 변호사까지 개업한 사람이다. 부호의 딸과 결혼까지 하였지만 이러한 것을 다 내어버리고 고향인 '살여울'로 돌아가 농민을 위하여 일하기를 결심하였다. 그리하여 그는 서울을 떠났다. 그러나 그의 이상을 알아주는 사람은 없었다. 아내조차 그를 이해하지 못하여 처음에 혼자 시골로 돌아갔다. 조선의 농촌은 날로 피폐하여 갈 뿐이었다. 물론 살여울도 농민들의 생활이 무너져 들어갈 뿐이었다. 허숭은 살여울이 조선의 한 부분이므로 살여울의 갱생은 즉 조선의 갱생이라고 생각하였다. 그의 일기를 보면,

"10월 0일. 오늘은 동네 길 역사를 하였다. 다들 재미를 내고 열심히 하는 것이 기뻤다. 내일은 우물을 치고 우물길을 수축하기로 작정하였다. 이 모양으로 살여울은 날로 새로워가고 힘 있어 가는 것이다. 살여울은 곧 조선이다"라고 썼다.

이리하여 허숭은 이 동네의 육영사업은 물론이며, 농촌사람들의 쓰러져 가는 생활을 일으키기 위하여 협동조합도 경영하고 무지한 농민들을 위하여 변호사로서 법정에까지 나섰다. 그는 농촌을 잘 살게 하기 위하여 자기의 전부를 바쳤다. 그러나 오해와 시기와 음해 속에서 싸우지

않으면 안 되었다. 경찰은 그를 미워하기 시작하다가 마침내 검거하여 형무소로 보내고 말았다. 그런 후에야 살여울 사람들의 오해도 풀리고 하던 사업의 정신도 차차 알게 되자 허숭을 모함하던 부호 유정근은 현금 육 만원을 내놓아 반은 육영사업에 반은 협동조합에 쓰도록 하고, 또 일만 육천 원이나 되는 농민들의 빚을 면제하여 주었다. 허숭을 저버린 그의 아내는 방탕한 결과 한쪽 다리까지 자르고 말았으나 결말에는 살여울로 돌아와서 허숭이 나오기만 기다리고 있었다는 이야기다. 이 작품은 당시의 지식청년들의 이상과 정열을 그대로 표현한 것이다.

  다음으로는 이석훈의 중편 〈황혼의 노래〉가 있다. 단편 〈이주민 열차〉와 같은 의식소설의 작품을 발표하였던 작가다. 1933년에 발표한 〈황혼의 노래〉는 그러한 경향의 대표될 만한 작품이다. 이 역시 농촌계몽을 주제로 한 작품이다. 주인공 정철은 날로 몰락의 일로를 밟아가는 가정 때문에 학자난(學資難)과 순조롭지 못한 연애관계로 마침내 신경쇠약에 걸려 동경 유학도 단념하고 고향에 돌아와 조용히 병을 치료하고 있었으나, 부친의 사업실패와 믿을 수 없는 애인도 단념하고 S섬으로 들어갔다. 철이는 일찍이 그의 친구 박이라는 사람과 이렇게 말한 일이 있었다. "여보게 정군, 난 결코 최잖았네. (중략) 나는 비로소 오늘밤에 내가 나아갈 길을 작정했어. 난 오늘날까지 너무나 허둥지둥 갈팡질팡하여 왔단 말야. 오늘밤까지 나는 내 아버지를 어떻게 속여서 일본 유학을 계속할까 그걸 생각하기에 (중략) 즉 아버지를 속이는 수단을 생각하는 것으로 일삼아 왔어. 하지만 나는 이제부터 괭이와 호미를 들기로 결심했네. 즉 농민들 가운데로 들어간단 말야! 단정코!"

  또 그는 외쳤다.

"당연한 일이지 물론! 하지만 당연히 해야 할 일을 못하고들 있잖나? 누구나 해야 할 일이란 더 어려운 걸세. 자 보게. '브-나로드'니 뭐니 입으로 말은 잘들 떠들다마는 몇 천 마디 말보다도 단 한 번의 실천이 귀해! 그래 몇 사람이나 실천하는 사람이 있는가? 어찌 흥분하잖겠나, 응! 이 사람"하고 그는 농촌으로 들어갔다. 철이는 섬에 가서 청년회를 결성하고 야학을 시작하였다. 그러나 그의 부친이 강요하는 정책결혼에 반대하고 섬에서 제일 아름다운 보배라는 계집애, 남들이 천히 여기는 뱃사람의 딸 보배를 아내로 맞아 그의 친구 박이 농촌운동을 하고 있는 곳으로 가서 계몽운동에 몸을 바치기로 하였다. 그리하여 그는 아내와 같이 섬을 떠났다. 그들은 배를 타고 바다를 건너면서 아내를 보고 이렇게 말하였다.

"섬도 이제는 멀어졌소. 자- 이제 가서 우리도 농사를 해야 하오! 이 허연 손과 허연 얼굴이 까맣게 돼야지- 보배 얼굴도 더 까맣게 돼야 해! 가난한 농민들이 잘 살게 될 때까지 우리 두 몸을 바쳐야지"하였다. 철이가 부잣집 딸을 물리치고 가난하고 천민으로 대우를 받는 뱃사람의 딸을 아내로 삼은 것도 그러한 철저한 각오와 결심이 있었던 까닭이었다.

그 다음으로는 심대섭(훈)의 장편 〈상록수〉가 있다. 심훈은 일찍이 1925년경 이규훈, 윤기정, 최승일 등과 〈신문예〉지의 동인이었고, 그 후 〈영원의 미소〉〈직녀성〉 등의 장편을 발표한 작가다. 〈상록수〉는 1935년 동아일보 당선 작품이다. 기성작가가 현상소설에 응모 당선한 것도 처음이고, 그 작품이 농촌계몽운동에 참가하였던 학생들을 모델로 한 것에 더욱 현실감을 받을 수 있었다. 작품의 이야기는 바로 농촌계몽

대원들의 보고연설회에서 시작한다. ○○일보사 주최인 학생계몽운동대원의 한 사람인 고농생 박동혁은 아래와 같은 보고연설을 하였다.

"……눈뜬 소경에게 글자를 가르쳐 주는 것은 두말할 것 없이 필요합니다. 계몽운동이 우리에게 있어서 가장 시급한 사업 중의 하나인 것도 사실입니다. 그러나 이 땅의 지식분자인 우리들이 이러한 기회에 전 조선 농촌 어촌 산촌으로 방방곡곡이 파 들어가서 그네들과 똑같은 생활을 하면서 어떻게 하면 그네들이 더할 수 없이 비참한 생활에서 벗어날 수가 있을까? 하는 생활문제를 머리를 싸매고 생각해 봐야 합니다. 지금부터 6, 70년 전 러시아의 청년들이 부르짖던 브-나로드(민중 속으로)를 지금에 와서야 우리가 입내 내듯 하는 것이 더할 수 없이 슬프고 부끄러운 일입니다. 그렇지만 우리는 남에게 뒤떨어진 것을 탄식만 할 것이 아니라 높직이 앉아서 민중을 관찰하거나 연구의 대상으로 삼으려는 태도를 단연이 버리고, 그네들이 즉 우리 조선사람의 힘으로써 다시 살아나기 위한 그러한 기초공사를 해야 하겠습니다. 오늘저녁 이 자리에 모인 바로 여러분의 손으로 시작해야 하겠습니다. 물질로 즉 경제적으로는 일조일석에 부활하기가 어렵겠지마는 무엇보다도 먼저 모든 것을 지배하고 온갖 행동의 원동력이 되는 정신, 요샛말로 이데올로기를 통일하기 위하여 전력을 기울여야 하겠습니다"라고,

그는 보고연설에서 자기의 일에 대한 포부와 이상을 그대로 부르짖었던 것이다. 같은 대원인 채영신도 의지가 굳세고 포부를 가진 여자로서 그날 밤 동혁의 보고연설 중에서 동감하는 점이 많아 그들은 이 거룩한 사업에 동지가 되기를 약속하고 서로 사랑하게 되었다. 두 학생은 더한층 굳센 각오를 가지고 제각각 농촌으로 돌아가 계몽운동에 힘썼다.

동혁은 한곡리로 가고 영신은 청석골로 일터를 정하였다. 그들은 만남을 무릅쓰고 농촌사람들에게 글을 가르치고 청년회와 부녀회를 조직하고 회관을 건설하고, 또 생활난의 해결을 위하여 소비조합을 만드는 등 참으로 눈물겨운 활동을 계속하였다. 두 청년남녀의 사랑은 사업과 함께 있으며, 또한 그것과 같이 성장하였다. 그들은 사랑을 사업 이상으로 생각하지 아니하였으니, 주고받은 편지에는 자기 사업에 관한 보고뿐이었다. 영신은 가냘픈 처녀의 몸으로 과도한 일을 하여 점점 쇠약해 갔다. 그래도 쉬지 않았다. 결국 맹장염에 걸리게까지 이르렀다. 수술 후에도 일을 계속하다가 세상을 떠나고 말았다. 영신은 숨이 지려고 할 때 원재의 손을 잡고 마지막 부탁은 "원재, 내가 가더라도 우리 학원은 계속해요! 응, 청년들끼리……"하고 세상을 떠나 버렸다. 동혁과 영신은 서로 사랑이 불붙고 있었으나, 그럴수록 농촌 사업에 정열을 기우렸던 것이다. 그들은 개인의 향락이나 안일을 생각하지 아니하였다. 영신의 죽음은 거룩하며 깨끗하였으며 그의 생명은 오직 조선을 위하여 최후일각까지 있었다.

카프작가 중에서 이러한 문제를 취급한 작가는 민촌 이기영이다. 1935년 조선일보에 연재된 장편소설 〈고향〉[60]은 역시 브–나로드 운동

---

60. 엮은이 주: 이기영의 〈고향〉은 모순된 제도와 식민통치의 이중고로 시달리는 농민/노동자를 자각시키고 계급의식 속에서 연대시켜 '두레' 공동체를 방편으로 삼아 집단 주체로 거듭나게 하는 농촌문학의 걸작이다.
카프문학운동연구, 역사비평사, 1989, 163쪽 "〈고향〉은 우리 소설사의 기념비적인 업적이다. 그의 작가적 특성은 주제와 기법의 다양성에 있다. 〈오빠의 비밀편지〉〈가난한 사람들〉〈박선생〉 등에서는 가진 자의 허위와 위선을 날카롭게 공격하는 풍자성이 드러나고 있으며, 〈오매 둔 아버지〉〈아사〉 등에서는 극단적 빈궁이라는 신경향파 소설의 전형이 반복되고 있기도 하며, 〈민며느리〉〈해후〉〈채색무지개〉 같은 작품에서는 여성해방을 계급해방의 한 연쇄로 인식하는 선구적인 의식이 돋보이며, 〈고난을

을 그 제재로 하였다. 민촌은 본래부터 농민소설을 많이 써왔으며 또 이 작품도 계급성에서 벗어나지 못하였으나, 어떻든 이 소설은 민촌의 인생관 계급관의 총결산을 보여준 작품으로 그의 대표작이다.

주인공 김희준은 일본 동경에서 고학을 하고 황폐한 농촌으로 돌아왔다. 그는 일본 유학생들이 귀국하면 흔히 하듯이 관청이나 회사 같은 데로 월급쟁이가 되어가지 않고 농민들과 같이 밭을 갈고, 발 벗고 논에 들어서서 일을 하는 한편 노동야학을 시작하였다. 그는 농민계몽운동에 몸을 바치려는 것이었다. 희준이는 어느 날 이러한 연설을 하였다.

"예전부터 농사는 천하지대본이라 해서 사람은 먹고 사는 것이 제일이라고 하였습니다. 먹고 사는 것만이 사람의 목적이라 할 수는 없겠지만 사람들은 우선 먹고 산 후에 다른 훌륭한 일도 할 수 있는 것입니다. 아무리 잘난 사람이라도 그에게 옷과 밥을 안 주고 집을 안 주게 되면 그는 걸인이 되든지 굶어죽고 말 것입니다. 그러면 옷과 밥과 집을 만드는 사람- 다시 말하면 노동자나 농민은 결코 천한 인간이 아닙니다. 도리어 그들은 모든 사람들을 잘 살게 만드는 훌륭한 역군들이요 또한 그만한 힘을 가지고 있습니다. 그들이 부지런하면 천하에 못할 일이 없습니다. 보라! 이 원터 마을의 넓은 들은 누구의 힘으로 저렇게 시퍼렇게 만들었는가? 또 저- 방축과 철도를 누구의 힘으로 저렇게 쌓아올렸는가? 저 공장의 검은 연기는 누구의 힘으로 토하게 하는 것인가? 아니 여러분의 입으신 옷은 저 조그만 여직공인 처녀들이 연약한 힘을 합해서 올올이 짜낸 것이 아닙니까?"하고 그들의 자각을 촉진시켰던 것이다.

뚫고)에서는 불굴의 투사의 모습이 형상화되어 있기도 하다", "그의 소설을 기본적으로 지탱하고 있는 것은 작가 자신의 확고한 세계관과 사실주의적 정신이다."

어느 해 이 동네가 수해로 농사가 흉작이 되었다. 농민들은 서울 민판서집 마름인 안승학에게 소작료를 감해 달라고 진정하였으나 듣지 아니함으로 희준이가 나서서 굳센 의지와 꾸준한 노력으로 결국 소작인 편의 승리로 돌아오게 하였다. 그리하여 멸망하게 된 농촌을 구출하였다는 내용이 중요한 줄거리다.

이 작품이 〈흙〉이나 〈상록수〉와 다른 점은 계급의식을 토대로 하고 농민을 계몽시키려는 것이다. 그는 농촌의 몰락하는 과정을, 현대자본주의가 발달하여 농촌이 현대 공업화가 되어 새로운 프롤레타리아를 만들어낸다는 마르크스의 유물론적 사회발달의 법칙 밑에서 조선 농촌을 그리려고 한 것이다. 농촌에 커다란 공장이 생기며 갑숙이 경순이 인순이 시골 처녀들이 여공이 되어 계급의식에 눈을 뜨면서 소작쟁의와 아울러 동맹파업을 일으키는 것이었다.

2

1930년 이후의 프롤레타리아문학은 외계(外界)의 탄압이 점점 가혹하게 됨으로써 방향을 다른 데로 돌리지 않으면 아니 되었지만, 문학적으로도 많은 결함이 생기게 된 까닭에 자기비판이 일어나게 되며, 따라서 여러 가지 창작방법의 제안이 거의 혼란하도록 발표된 것은 이미 위에서 논급한 바 있다. 그러면 이러한 혼란기에 프롤레타리아문학은 어떠한 방향으로 가지 않으면 안 되었던가를 고찰하는 것이 중요한 과제일 줄로 안다.

프롤레타리아문학은 적어도 1935년까지 카프적 잔존물을 유지하려고 노력한 흔적을 작품에서 발견할 수 있다. 그러나 이 발견되는 사실은 문학적인 형상과 정신 속에서 세밀히 살펴볼 때는, 카프적 잔존물이라는 것은 결국 과거의 형해(形骸)에 불과한 것으로 새로운 계단의 온상이 되기에는 이미 능력이 없어지고 만 것이었다. 그러면 카프시대의 형해로 나타난 사실이란 것은 결국 작품에서 주인공을 과거의 마르크스주의자였던 것을 표명하려는 경향이었으니, 그것은 주인공이 반드시 형무소에 갔다 온 사람이거나 결국에는 형무소로 갔다든가 혹은 정의를 위하여 싸웠다든가, 인류의 행복을 위하여 싸웠다는 것을 으레 주인공의 경력으로서 소개되는 것이었다. 그러나 이러한 것은 물론 간단한 소개에 그칠 뿐 문학적 구성에는 그다지 관련을 갖는 것도 아니었다. 그것은 다만 카프 이후 문학의 새로운 계단을 형성하는데 있어서 과거의 자신을 완전히 망각하는 고독에서 다소의 위안을 얻기 위한 간단한 표시에 불과하였던 것이다.

좀 더 구체적인 예를 들면 사실인즉 작품과는 아무 관계도 없으면서 주인공이 '그곳에서' 나왔다든가, '거기에서' 등의 용어로 형무소나 경찰서를 표시하며, 따라서 표현의 부자유로 작품은 본의 아닌 다른 경향의 것을 썼으나 프로문학에 대한 의식만은 변함이 없다는 작가의 일종의 암호와도 같았다.

이러한 경향을 가리켜 최재서는 '후일담(後日譚) 문학'이라는 말을 썼다.[61] 이 말은 어떠한 문학의 정체가 먼저 있었고 그 후에 이야기를 계속한다든가 혹은 삽화적인 이야기를 할 때와 같은 태도를 의미한 것이다. 그러나 이러한 것은 물론 이야기의 줄거리가 아니며 극히 지엽적인

---

61. 1939년 〈문장〉 제6집, 최재서, '현대소설과 주제'

것으로 작품은 그러는 동안에 다른 경향으로 진전하고 있었다. 다시 말하면, 이러한 수난기를 당하여 기형적으로 보이는 작품에서 역시 새로이 나타나는 부면(部面)을 지나쳐 볼 수 없는 것이었다.

그렇다면 새로이 나타나는 부면은 무엇인가?

첫째로 정치주의의 정책적인 창작방법에서 완전히 이탈하여 현실에 대한 작가의 자유스러운 관찰이 시작된 것

둘째는 선동성에서 감염성으로 옮겨온 것

셋째는 선전적이던 데서 묘사로 옮겨온 것

넷째는 주인공의 의식성이 인간성으로 통일되려는 것이다.

이러한 문학적인 용의(用意)를 가지고 현실을 대하려는 것이었다. 그런데 이러한 경향에서 변하지 않은 것은 조선 현실의 빈궁면이었다. 빈궁에서 생기는 인간성을 찾아내려고 하였다. 말하자면 목적의식성을 잃어버린 프롤레타리아문학으로 돌아온 것이다. 그렇다고 작가들의 작풍이 동일하지는 않고 아직도 의식문학의 면형(面形)을 그대로 나타내려고 노력하는 이들도 있었다. 그러나 해가 갈수록 무의식 빈궁소설로 집중되었다.

그러면 먼저 의식적인 면형을 나타내려고 노력하였던 작가들의 작품부터 살펴보기로 한다.

1930년 직후 나타난 카프 이후의 의식소설로는 1931년 조선일보에 당선된 한인택의 장편 〈선풍시대〉다. 이 소설은 동맹파업, 투옥, 살인 등의 투쟁의식을 강조한 작품이다. 따라서 카프적 의식소설의 최종이었다고 할 만치 의식성이 강열하였지만, 이 작품 후에 또 다시 그러한 작품이 나오지 않았다. 그의 작품의 면모는 급히 변하게 되어 1934년도에

발표한 〈월급날〉 〈꾸부러진 평행선〉 등의 단편에서는 전연히 그러한 의식성을 발견할 수 없었다. 그저 빈궁한 생활에서 생기는 고뇌와 심리와 성격의 변화 등을 표현할 뿐이었다.

카프운동 이후 의식과 형상이 비로소 문학적인 형태를 갖추어 창작되었다고 볼 수 있었던 것은 팔봉 김기진의 장편 〈해조음(海潮音)〉이다. 이 작품은 1931년 조선일보에 연재되어 저하(低下)되어가던 당시 의식문학의 새로운 기세를 보였다.[62]

북선(北鮮) 정어리 공장에서 생긴 이야기를 주제로 중산계급의 몰락과정을 묘사한 작품이다. 당시 중산계급의 몰락이라면 곧 조선사람의 몰락을 의미한다. 일본인의 대자본 밑에 조선사람의 소자본이 흡수되어 멸망해가는 생활면을 표현한 것이다. 그 대책으로 조선사람들이 단결하여 대항할 길밖에 없음을 강조하고 끝으로 청년총동맹의 활동을 전개시킨다. 당시 카프작가들의 작품에는 이러한 의식성과 집단성이 점점 줄어들고 있던 까닭에 이러한 작품이 많은 자극제가 되었다.

박화성의 1932년 작인 〈하수도 공사〉와 이듬해에 발표된 〈홍수 전후〉 역시 마르크스주의의 의식성과 집단성을 강조한 작품들이다. 〈하수도 공사〉에서는 노동자들의 집단적 투쟁의 승리를 암시하였고, 〈홍수 전후〉는 농촌의 참상과 아울러 소작료 감하운동에서 집단성을 나타내었다.

---

62. 엮은이 주: 박영희는 '초창기 문단측면사'에서, 1931년 '카프 사건' 직전에 팔봉의 〈해조음〉이 원고를 카프 서기국에 제출하고 검토를 거친 후 "좋다!"라는 승인을 얻어 출판되었다는 것이다. 또한 집단의식을 확실하게 표현하기 위하여 '작품의 공동제작'으로 〈고무〉라는 제하(題下)에 김남천, 윤기정, 김기진, 이기영, 송영, 박영희 등이 창작을 진행하였으나 부득이한 사정으로 중단하게 되었다고 전한다.

1933년 동아일보에 연재된 이무영의 중편 〈지축을 돌리는 사람들〉은 주인공의 의식성에 관련된 심리와 성격 표현에 더 많이 노력한 작품이다. 그러나 이것은 가장 인간적인 점에서 애욕의 갈등으로 하여 비밀결사의 사실을 경찰에게 고발하려는 성자를 혜경이가 살해하여버린 것이, 〈선풍시대〉에서 부친의 원수를 갚기 위하여 창선이가 변원식을 살해한 것보다는 집단적인 의미를 가졌다고 볼 수 있다. 여하간 이 작품에는 동지와 친우 사이에 일어나는 연애의 갈등이 작품의 주제로서 물론 투쟁적 의식성에서 해결은 되었으나 결국 인간성에 대한 생활면의 묘사가 중요한 부면을 차지하였다. 1934년 작 그의 중편 〈취향〉은 기생인 취향이가 혁명가 최성환을 연모하게 된 이야기로 당시의 시대적 풍조이기도 하지만, 말하자면 1930년대의 의협심 있는 기생의 성격이 나타난데 흥미를 가질 수 있는 것이었다. 그러나 그 후에 발표한 〈나는 보아 잘 안다〉〈두 훈시〉 등의 단편들은 무의식의 빈궁소설에 속하는 작품들이다.

유치진의 희곡 〈토막〉도 동일한 경향의 작품이다. 빈난한 조선농민의 기아와 신고(辛苦)의 생활을 표현하였다. 함대훈의 장편 〈폭풍전야〉와 단편 〈호반〉 등이 역시 시대의식을 표현한 작품이다. 〈폭풍전야〉는 1934년 조선일보에 연재된 것으로 혁명전야에 있는 조선 현실의 생활형과 인간형의 표현이다. 〈호반〉에서도 가난한 농촌청년이 동경에 가서 고학으로 대학까지 다니게 되었으나 사상운동을 하다가 잡혀간다는 이야기다.

이러한 경향을 찾자면 오랫동안 침묵을 지켜오던 빙허 현진건의 장편 〈적도〉(1934년 동아일보 연재)를 잊어버릴 수 없다. 가난한 젊은 주인공은 연인을 부호에게 빼앗기고 결혼 초야에 단도를 들고 부호를 습격한 탓으로 형무소에서 복역을 마치고 나온 김여해의 분노와 정열의 생활기록이다. 그의 정열은 실로 적도와 같이 뜨거웠다. 그리하여 최종의 그는 상해(上海)에서 들어온 김상열을 대신하여 혁명적 활동을 하다가 경찰에 잡혔으나 취조 중에 폭탄을 깨물고 자폭하고 말았다. 이러한 작품들이 1930년대의 마지막 최고 수준의 의식문학이었고, 그 외에는 거의 전부가 무의식의 빈궁생활 속에서 허덕거리는 고뇌의 표현이며 심리나 성격묘사에 머무르고 말았다.

빈궁생활의 고뇌를 표현한 작가 중에서도 특히 이국 땅 간도(間島) 등지에 이주한 빈난한 조선농민들의 민족적으로 받는 모욕감(侮辱感)과 빈난(貧難)에서 오는 고통을 표현한 강경애의 작품을 먼저 말하려고 한다. 1934년 동아일보에 발표한 〈인간문제〉[63]를 비롯하여 〈마약〉〈유무〉〈소곰〉 등이 모두 이역에서 고생하는 조선사람들의 심각한 생활을 그린 작품이다.

그리고 조벽암의 〈실직과 강아지〉, 김광주의 〈포도(鋪道)의 우울〉, 박영준의 〈1년〉〈목화씨 뿌릴 때〉와 같은 작품이라든지, 현경준의 〈격랑〉〈별〉, 최인준의 〈춘잠〉〈암류〉, 이근영의 〈농우〉 등의 단편과 함세덕의 희곡 〈산허구리〉들이 모두 프롤레타리아의 생활고에서 빚어낸 동일한 경향의 작품이다. 그리고 이밖에 이북명, 최정희, 홍구, 이동규, 지봉문, 김우철, 정청산, 이주홍, 김대봉, 김대균, 윤세중 등의 작품이

---

63. 엮은이 주: 〈인간문제〉는 1930년대 조선농촌의 비참한 생활을 비롯하여 인천 부두 노동자의 처절한 삶을 세부적으로 묘사한 리얼리즘 소설이다. 강경애는 서문에 "인간사회에는 늘 새로운 문제가 생기면 인간은 이 문제를 해결하기 위하여 투쟁함으로써 발전할 것입니다."라고 쓰고 있다.

그러한 경향의 것이었다.

    채만식도 빈궁한 생활을 제재로 하는 작가다. 그러나 노동자나 농민보다도 우선 가난한 지식인의 생활면을 나타내려고 하였다. 그것은 손과 얼굴이 창백한 지식인이기 때문에 높은 이론만 있고 실천하지 못하는 고뇌와 아울러 이에 따르는 경제적 빈궁상을 호소한 것이다. 1934년 작 〈인텔리와 빈대떡〉과 〈레디메이드 인생〉, 또는 〈집〉 등의 단편이 다 그러한 작품들이다. 말하자면 폭로와 풍자가 있고 조소와 비판이 있다. 〈레디메이드 인생〉의 주인공은 대학까지 졸업하였으나 사회에서 써주지 않으므로 무직으로 가난에 쪼들린다. 그는 공부한 것을 크게 후회하고 여덟 살 된 아들을 공부도 안 시키고 인쇄공장으로 보냈다는 이야기다. 똑같은 빈궁소설을 썼으면서도 카프류의 프로작가와 구별되는 점은 이와 같이 인생관이 달랐던 까닭이다.

    또 동일한 경향에서 특별히 주목을 끄는 작가들이 있다. 빈궁면을 객관적으로 묘사하는 데 만족하지 않고 과거의 사상성을 대신할 수 있는 어떠한 인생관을 찾으려는 것이었다. 그러나 현대적 추진력을 상실한 까닭에 또 다시 현대적인 인생관을 찾을 수는 없고, 그 대신 빈난한 사람들의 운명관을 확대시켜서 민속적인 신앙심에 결부시킴으로 새로운 생활관을 찾자는 것이다.

    이러한 의미에서 계용묵의 〈제비를 그리는 마음〉, 정비석의 〈성황당〉, 현덕의 〈남생이〉 등의 단편들이 그러한 경향의 작품들이다. 빈궁과 불행에서 고뇌할 뿐인 주인공은 자기 집에 제비가 들어와 집을 지으면 행복이 온다는 전래한 신앙에서 〈제비를 기다리는 마음〉이라든지, 또한 무지한 촌부가 불행할 때면 성황당에 가서 복을 빌다가 잡혀갔던 남편이 며칠 만에 무사히 돌아오게 된 순박한 신앙심이라든지, 장수와 행운을 가져온다고 하여 남생이를 쥐고 있는 주인공들의 민속신앙의 주관주의에서 과거의 투쟁의식을 대신하려는 것이기도 하였다.

빈난과 불행한 사람일수록 희망 없이는 살 수 없다. 그러므로 과거에는 행복이 온다는 희망에서 투쟁하였으나, 그것이 불가능하게 된 이상 다시 자기들의 행복을 위하여 신을 찾는 것도 그러한 의미에서 타당할 것이다. 계용묵의 〈백치 아다다〉는 그의 또 다른 단계의 작품으로 순전히 인간성을 나타낸 대표작이지만 〈고절(苦節)〉〈장벽〉과 같은 단편이나, 정비석의 〈졸곡제〉는 빈난한 사람들의 슬픔과 고뇌를 그대로 나타낸 작품들이다.

강노향도 이러한 경향의 작가였으나 그의 작품에 향수와 낭만을 표현하려고 노력하였다. 그는 중국에 사는 가난한 조선사람들의 생활을 작품의 제재로 하여 이국정취와 아울러 향수를 더욱 크게 하였다. 〈백일몽과 선가(船歌)〉는 그러한 경향의 대표일 것이다.

이와 같이 작가들은 빈궁소설의 침체된 길을 열기 위하여 다방면으로 새 길 찾기를 시험하여 할 수 있는 대로 현실을 벗어나려고 하였다. 그러나 침체되어 가는 현실을 직관한다면 현실생활이야말로 희망과 이상을 잃어버린 회의와 생활고로 충만하여 있는 번뇌와 우울의 세계였다. 정인택의 〈범가족〉〈우울증〉과 같은 작품은 이러한 시대상을 표현한 것이다. 〈준동(蠢動)〉〈업고(業苦)〉와 같은 일련의 작품은 보다 더 무기력하고 권태가 가득 찬 조선적 현실의 표현이다. 죽지 못해 살고 있는 사람들의 자조와 자포자기의 구렁텅이에서 성격조차 잃어버리고 몸부림치는 홍소(哄笑) 뿐이었다.

이와 유사한 경향을 가진 작가로 박노갑을 들 수 있다. 〈춘보의 득실〉같은 작품은 심리적인 데가 더 많지만, 〈거울〉이나 〈창공〉은 역시 빈궁생활의 권태와 우울에 가득 찬 작품들이다.

이러한 경향은 1935년 이후 작품에 나타난 현저한 현상이다. 더욱이 생활의 사회성이나 현실성을 엿보려는 작가들은 누구나 이 희망 없고 이상 없는 암담한 생활의 우울과 권태만을 표현하였다. 그 제재가 전연 개인생활이나 심리묘사에만 한한 작품에도 이러한 생활을 기초로 한 주인공의 생활과 성격은 회의와 고뇌와 허무가 있을 뿐이다.

조용만, 김소엽, 허준, 김영수, 최명익, 석인해, 김사량 등의 작품들이 이러한 경향권에 속한다. 가령 허준의 〈탁류〉, 김영수의 〈단층〉〈해면〉〈총〉, 최명익의 〈장삼이사〉〈심문(心紋)〉, 석인해의 〈노방초〉〈문신〉〈해수〉 등의 단편이 다 빈궁한 조선의 현실과 그곳에서 생기는 불확정한 회의적 정신의 산물임에 틀림이 없다. 생활의 붕괴, 성격의 파산(破散), 끝없는 애수를 가진 이 작품들의 주인공은 1930년대 말기를 특징 있게 하는 시대정신의 상징이었다.

3

다음으로 1930년 이후의 소위 순수문학(純粹文學)에 대하여 논급하겠다. 순수란 말의 의미는 여러 가지로 해석할 수 있다. 따라서 순수문학과 비순수문학의 분기점은 근본에 있어서 분별하기 어려운 일이며, 또 이 양자에 관한 가치문제에 이르러서는 더욱 그러하다. 그러나 여기서는 학구적인데만 구애되지 말고 실제적으로 작품을 분류하고 시대적 경향을 구분하기 위하여 작품에 나타난 서로 다른 점만을 추려서 순수문학의 특성을 설명하려고 한다.

순수문학은, 첫째로 크게 말하면 '마르크스주의 의식의 선전적 임무에서 벗어난 문학'을 총칭할 수 있을 것이다. 말하자면 어떠한 의식선전을 위한 조잡한 형식의 문학이 아니라 문학적 정신에서 창작되는 작품을 뜻한다.

이에 대하여 김환태는 1939년 〈문장〉 11월호에 발표한 '순수시비(純粹是非)'에서,

"오늘날 우리가 신진작가들에게서 보는 바와 같이 왕성한 문학정신을 우리는 우리 문단에서 일찍이 보지 못하였다. 문학정신이란 결국 인간성의 탐구요, 그에 표현의 옷을 입히려는 창조적 노력이다. 그러므로 문학정신이란 문학상의 주의(主義)와는 완연히 다른 것으로, 주의란 문학정신의 방향, 혹은 자세에 지나지 않는 것이다. 따라서 한 작가에게 먼저 필요한 것은 문학상의 주의가 아니라 이 문학정신의 확립이다"라고 하였다.

문학정신의 확립이란 말은 완전한 문학적 작품을 창조하기 위한 노력이며, 이 노력에만 이바지할 수 있는 정신이다. 그러나 여기서 취급하려는 순수문학은 의식이나 이념의 일반적인 표현까지를 부정하는 것은 아니다. 다만 순수문학은 어떠한 기성(旣成)된 의식이나 이념에 예속되어 있는 것이 아니라 문학적 창조에서 끊임없이 새로운 이념과 의식을 창조할 수 있는 것을 의미한다.

둘째로는 문학적인 형상을 완성시키려는 작품을 들 수 있으니, 이것은 마르크스주의 의식이나 혹은 어떠한 기성의식의 선전 조항을 나열 설명하는 것이 아니라 나타내려는 주인공의 생활과 성격을 위하여 여실

한 묘사가 있는 작품을 뜻한다.

정래동은 일찍이 그의 논문[64]에서 이러한 것을 가리켜 조각(彫刻)소설과 나열(羅列)소설이라고 하였다. "왜 그러냐 하면 차종(此種)소설은 한 개의 이야기를 자초지종으로 이야기하려는 데 그 의도가 있는 것이 아니요, 한 농촌 한 공장 한 단체 한 사회 전반을 독자에게 알리기 위하여 혹은 그것들을 어떻게 운전하는 그네들의 방식을 선전 혹은 알리기 위하여 모든 방면의 현상과 사실을 늘어놓고 벌려놓는 것이다. 그네들은 집단묘사를 하기 위하여 한 개의 성격 발전을 꺼려하며 개인의 연애담이나 인생의 모든 면에 대한 심오한 사색 등을 될 수 있는 대로 피하고……"라고 지적하였다. 그러므로 순수문학은 조각 즉 묘사가 주로 되어 있고 또 집단주의에 대한 개인주의의 문학을 뜻하는 것이다.

셋째로 의식문학의 방법에서는 물론 벗어났으며, 일반적 의미의 문학형식까지도 부정하려는 신흥문학파의 작품도 순수문학에 편입하였다. 이것을 요약하여 말하면, 의식과 집단주의를 떠나 개인주의의 인간성을 묘사하는 순수문학이라 할지라도 조선의 현실이 주는 기질을 전혀 부정할 수 없었다.

그것은 이태준(상허)의 많은 단편들이 보여주고 있다. 그는 1925년에 처녀작 〈오몽녀〉를 발표하였으나, 작가적 활동은 역시 1930년 이후로 황량하던 당시 창작계에 새로운 존재로서 오직 자기 독특한 문학의 경지를 개척하고 있었다. 그러나 조선 현실이 주는 기질이란 결국 그의 수많은 단편에서 무기력, 피로, 고독, 적막, 애수 등으로 나타난 것이다.

---

64. 1934년 8월호 〈중앙〉, 정래동, '조각문학과 나열문학'

그는 단편집 〈달밤〉 〈까마귀〉 등의 작품에서 그의 통일된 작풍을 보였으며 따라서 깊어가는 그 인생관에서 뚜렷한 단편작가로서의 역량을 발휘하였던 것이다. 그의 고적(孤寂)과 애수는 곧 절망을 의미하는 것은 아니었다. 그에게는 체호프의 작풍과도 같이 아름다운 눈물 속에서 빛나고 있는 조그마한 희망과 웃음이 있었다. 그러나 이렇게 특별한 기질 없이 일정한 인물들의 성격과 심리묘사 등의 비교적 안온한 세계에서 만족하려는 작가 중에 1934년경부터 창작 활동을 시작한 장덕조, 이선희 등의 작가는 특기할 특이성을 나타내려는 것이 아니라 순수문학의 가장 상식적인 길을 순탄하게 걷고 있었다. 장덕조의 〈자장가〉 〈해바라기〉 〈창백한 안개〉 등의 단편이라든지, 이선희의 〈계산서〉 〈매소부〉 〈도장〉과 같은 단편들이 다 그러한 경향의 작품들이다.

박태원의 1936년 작 〈천변풍경〉과 같은 작품은 순수문학 중에서도 극히 능동적으로 의식문학에 대치(對峙)하여 별다른 자기 세계를 만들려고 한 것이다. 말하자면 현실생활에 얽매일 필요 없이 자기의 창작세계에서 새로운 현실을 창조하려고 하였다. 그러면 그 현실이란 무엇인가. 그것은 생활체의 분해에서 생기는 무수한 생활면의 사실성(寫實性)이다. 빨래터는 빨래터가 가지고 있는 생활면, 이발소는 이발소가 가지고 있는 생활면 등등의 사실성을 말한다. 이 각각 생활면이 가지고 있는 습관, 언어, 풍속 등의 만화경(漫畵鏡)을 풍부한 화술의 인도(引導)로 우리는 권태 없이 음미할 수 있는 것이다. 1930년 이후 발표된 그의 단편들은 대부분 조선 현실이 주는 기질을 나타내고 있으나, 이러한 기질이니 의식이니 이념 등을 완전히 초월하고 무제한의 자위(自慰)세계를 그는 〈천변풍경〉에서 창조하였다.

신변소설(身邊小說)이라는 것은 순수소설에만 있는 것이 아니니 어떠한 소설에고 있을 수 있는 하나의 형식에 불과하다. 안회남의 신변소설은 사상성이나 사회성을 떠나 가장 안전하다고 생각하는 자기의 사생활에서 세속적인 이야기를 얽어놓으려는 것이었다. 그는 1930년 이후 많은 단편을 발표하였다. 그러나 그의 작풍은 다소 그 후 변천을 보인다. 〈탁류를 헤치고〉라는 장편은 조선현실이 주는 소극적인 우울성의 영향을 많이 받았다고 할 수 있다. 주인공은 아무 이상도 없는 빈난한 청년으로 태타성(怠惰性)에 가득 찬 생활을 펼치니, 무기력한 애욕의 생활에서 우울이 있을 뿐이다. 다만 〈기계〉와 같은 단편은 분명히 의식소설에 속할 수 있지만 이러한 경향은 당시의 형편으로 보아 적극성을 물론 띨 수는 없었다.
　여기 순수문학의 또 다른 경지가 있다. 김동리의 〈무녀도〉를 비롯하여 〈황토기〉 등에서 펼쳐지는 하나의 세계를 말할 수 있다. 그는 민속적인 신앙 속에서 통일된 이념을 찾고, 이 이념은 곧 생활로 분화되어 다채로운 운명의 세계를 전개하였다. 위에서 계용묵, 정비석 등의 작품에서 민속적 신앙을 말하였으나, 이들의 작품에 나타난 신앙은 주인공의 생활에 결부시킨 것으로 객관적인 제이의적(第二義的)이다. 그러나 김동리의 작품에 나타난 민속적 신앙은 주관적이고 제일의적이니 어떠한 생활에 결부되는 것이 아니라 신앙과 운명이 곧 생활의 근본이며 원천이었다. 이 운명의 이념에서 모든 길흉화복의 인생생활의 기이한 광경이 구성되는 것이다. 여기에는 광막한 상상과 상징의 세계가 열려 있었다.
　다음으로 순수성은 정열만이 표현된 작품에서도 찾아볼 수 있다. 그것은 김유정의 창작세계에서 보여주는 하나의 현상이다. 그는 아름다운 언어를 통하여 끓는 정열을 고요히 나타내었다. 이 순진결백한 정열의 세계에서 그의 문학정신을 수립하려 하였다. 그러나 정열의 세계는 극히 정적이어서 미묘한 심리의 전변(轉變)과 아울러 시적 정서를 향락하려 하였다. 1936년 〈동백꽃〉을 비롯하여 〈금 따는 콩밭〉〈봄봄〉〈따라지〉 등의 많은 단편이 어느 것이나 역작 아닌 것이 없다. 고독과 비애가 있으면서도 정열과 희망이 있고 또 기지(機智)가 있다.

끝으로 이상(李箱)의 문학적 경지를 살피기로 한다. 그는 현실을 부정할 뿐만 아니라 전래하는 문학형식까지도 부정하려는 극단의 초현실주의의 작가다. 이렇게 된 원인은 역시 암담한 현실세계에 있었던 것이다. 현대인으로서 현대의 고뇌를 뚫고 나가지 못하고 이상과 정열도 갖지 못하였으며, 따라서 사상도 없고 이상도 없으며 완전히 생활력과 정신력을 잃어버린 인간형이 표현되었을 뿐이다.

그는 〈날개〉를 비롯하여 〈동해(童孩)〉〈종생기〉〈실화(失花)〉〈동경〉 등의 작품에서 이러한 인간들의 생활을 차례차례 공개하였다. 작품에 나타난 주인공이란 모두 허무와 권태와 무감각의 암담한 생활 속에서 회오(悔悟)와 조소를 일삼는 인물들이다. 성격의 파탄자인 그들은 무기력한 고뇌로서 현실에 대한 유일한 반항을 삼았다. 문학적 형식도 그는 무시하여 버리고 붓 가는 대로 무궤도의 만유(漫遊)가 시작되는 것이었다. 이러한 경향은 확실히 시대적 고뇌에서 생기는 우울의 지적 폭죽(知的爆竹)이다. 우울의 시대가 빚어내는 하나의 패러독스며 현대정신의 비극이었다.

여하간 이러한 고뇌의 시대를 뚫고 나가려는 작가들의 노력은 순수,

비순수를 말할 것 없이 각각 컸었다. 따라서 조선의 작가들은 그럴수록 어떠한 문학정신의 통일성을 찾아서 새로운 문학의 재출발을 위하여, 정치나 사상성에 공식적으로 의존되지 않고 독자적인 지성과 감성을 가진 새로운 인간형의 탐구를 시작하였던 것이다.

제3장 인간탐구시대의 제(諸) 작품

1

작품에 나타나는 인간성(人間性)은 시대에 따라 다소 영향을 받는 것은 피하지 못할 사실이다. 더욱이 현대 조선문학에 나타난 인간성이란 시대의식 때문에 큰 변화를 받고 있었다. 흥분과 혼란 중에서 나타나게 된 혁명적 인간이란 정치와 투쟁의식 속에서 인간에게 있어야 할 품성을 어느 사이에 거의 다 상실하고 말았다. 그러므로 새로운 문학의 재출발을 함에는 먼저 인간성을 충분히 갖고 있는 결함 없는 인간을 찾아내야 하였다. 작가들은 또 다시 인간문제로 돌아오게 된 것이다.

나는 작품에 관하여 논급하기 전에 인간탐구 문제를 싸고도는 약간의 제안과 주장을 소개할 필요가 있다고 생각한다. 먼저 백철은 '인간탐구론(人間探求論)'에서 다음과 같이 말하였다.

"금일의 문학 빈곤의 현상이 일부 현대의 불행한 현실에 중대한 영향을 받고 있는 것은 물론 명백한 사실이다. 하나 그 모든 원인을 불행한 객관적 현실에 맡기고 그것을 아무 주체적 의미에서 이해하지 않는 한에서 어떻게 무력한 태도를 변명하더라도 우리들은 결국 불행한 현실에 그대로 추수(追隨)하고 무력하게 추종하는 결과밖에 남기지 못할 것이다. 또한 지금까지 우리들의 과거를 회고하여도 역시 우리들은 그런 실속 없는 결과밖에 남겨놓지 못한 불행을 보아왔다! 현실……객관적 정세의 불리 등을 우리들은 언제나 반복하여 절규해 왔건만, 그 후에 있어 우리들의 문학은 한 번도 불행한 빈곤 가운데서 구출된 일이 없지 않은가?"하고 문학의 빈궁의 원인을 객관적 불리한 정세에만 돌리지 않고 그 문학 자체의 주관적인 데 있다고 하는 그는 그 정당한 원인을 다시 천명하기를,

"인간을 상실한 곳에 있는 까닭에 금일의 문학은 그 인간을 탈환하는 데서 실지(失地)를 회복할 수 있다는 것을 쾌히 이해할 수 있지 않을까. (중략)

인간의 의식적 산물인 문학은 그런 의미에서 지금까지 상실되었던 인간을 탈환하는 것이 불행한 현실 가운데서도 구출될 수 있으며, 또한 인간을 탈환하는 데서뿐 문학은 본래의 성격을 회복하고 그의 왕성의 성지(聖地)를 건설할 수 있을 것이다! (중략) 문학은 일체의 희망을 얻기 위하여 성스러운 힘과 지상(至上; 最上)의 지혜와 근원의 애(愛)를 회복하여야겠다. 문학이란 본래에 있어 인간을 중심한 것, 인간의 감정, 감각, 그의 표정, 대화, 행동 그리고 인간의 정직한 감동, 고백, 경해(驚駭; 몹시 놀람), 비난, 분개 등을 기록 묘사해 가는 것, 그 가운데서 그 시대의 전형적 타입의 인간을 탐구하는 것이다. 그것밖에 문학의 갈 길은 없을 것이다!"[65]라고 하고, 위기에 빠진 현대문학은 인간의 탐구와 아울러 재생할 수 있다고 역설하였다. 그러나 인간문제는 한걸음 나아가 인간성(휴머니티)을 결정하게 되는 것이다. 즉 어떠한 사람과 무엇을 해야 할

---

65. 1936년 6월호 〈사해공론〉, 백철, '인간탐구의 문학'

사람의 내용을 결정하며 규정해야 하는 것이었다. 여기서 휴머니즘론[66]이 새로이 일어난 것이다.

휴머니즘론은 1939년도 문단의 중요한 과제로 많은 논객들의 논의가 있었다. 백철, 윤규섭, 김오성, 임화, 한효, 한흑구 등이 중요한 논객이다. 이와 같이 다양한 휴머니즘론을 두 가지로 추려서 분류한다면, 결국 인간을 주체적으로 해석할 것인가 객관적으로 해석할 것인가로 나눌 수 있다.

이 문제에 관하여 1937년 〈조광〉 12월호에 실린 김오성의 '네오·휴머니즘 문제'란 논문에서 고찰하기로 한다. 그의 논문은 세 가지의 방법으로 구성되어 있다.

첫째는 인간을 실체로서 해석할 것이 아니라 주체로서 탐구해야 한다는 것이다. 그리하여 이 주체적 탐구는 인생의 존재 양상을 추구하는 것이라고 하였다. 즉 '무엇 때문에 사느냐가 문제가 아니고 어떻게 살며 또 살아야 할 것인가' 하는 것이 문제라고 하였다.

둘째는 인간을 관상적(觀相的)으로 해석할 것이 아니라 행위적 관점에서 파악하자는 것이다. 그리하여 변혁하며 생산하며 창조하는 인간, 어떠한 것의 지시에 따라 행동하는 것이 아니라 인간 스스로 독자적으로 행동하는 인간을 말하였다.

셋째로는 현실을 보유하고만 있는 것이 아니라 이것을 초극하는 인간이라고 말하였다. 초극(超克)이란 말은 현실에서 앞으로 발전하는 것

---

66. 엮은이 주: 휴머니즘론이란 1935년 파리에서 파시즘에 맞서 작가들이 제창한 문학 사조다. 백철이 주도한 휴머니즘론은 자유주의 이데올로기에 입각하고 중간층을 계급적 기반으로 한, 탈정치적이고 지식인 중심적인 문화주의의 한 표현 곧 '인간중심 문예론'이다.

을 의미한다고 하였다.

그리하여 그는 이렇게 결론을 내렸다. "현실적인 인간을 초극하는 것은 새로운 인간형을 창조하는 행위일 것이다. 그렇다! 이 새로운 인간형의 창조! 종래의 관상적 수동적인 무기력하던 인간적 현실을 초극하고 인류의 내일을 새로이 생산 창조하며 발전시키려는 생명과 의욕과 용기와 담력이 충일(充溢)한 새로운 능동적인 인간형의 창조! 이것이 '네오·휴머니즘'의 근본 목표가 아니면 아니 될 것이다. (중략) 낡은 것의 파괴, 새로운 것의 발아 즉 현실의 밑바닥에서 생성하는 가능적인 것을 인식하며 탐구하는 것이 새로운 철학 새로운 문학의 임무다. 당래(當來)할 가능의 탐구, 새로운 인간형의 창조! 이것이 '네오·휴머니즘'에 입각한 신철학 신문학의 현대적 과제가 아니면 안 될 것이다"라고 하였다.

2

그러나 새로이 발견하려고 하는 인간의 인간성이란 무엇인가. 이것을 천명하지 않고는 구체적인 인간을 찾을 수 없다. 과거의 상실된 인간성의 중요한 것은 개성이었다. 이 개성은 정치적 집단행동 속에서 그 존재가 없어진 것이다. 따라서 개성의 활동하는 생활면이 또한 군중생활 속에서 해소되어버려서 생활상 모든 기준이 전부 정치의식에 집중되었음으로 새로운 인간은 먼저 개성의 활동을 갖게 되어야 할 것이며, 개성과 개성을 연결하는 사회적 생활 속에는 또한 확실한 도덕적 기준이 있어야 한다. 마르크스주의문학에서는 정치의식의 선양(宣揚)이 진선미를 겸한 하나의 도덕성을 의미하였었고, 자본계급과의 항쟁이 프롤레타리아의 하나의 '모럴'이었다. 일반적 인간사회의 도덕성에 비추어볼 때

과거의 이러한 인간형에게는 얼른 눈에 띠는 것이 도덕성의 결여였다. 그러므로 인간성의 둘째로 중요한 것은 이 도덕성의 회복이었다.

이에 관하여 최재서는 1938년 〈삼천리〉 1월호에 실린 '작가와 모럴 문제'에서 다음과 같이 말하였다. 예술가가 다른 장인(匠人)과 구별되어 우월한 지위에 있는 것은, 장인들에게는 가지고 있지 않은 모럴을 가지고 있는 까닭이라고 하였다. 현대에서 "모럴리티(모럴의 원리)를 정치에 구하였다는 것은 현대에 있어서 당연한 일이고 따라서 그 한(限)에선 그들의 승리였다. 그러나 정치학설은 결국 정치학설이고 모럴은 아니다. 모럴은 정치의 개성화이기 때문이다. 정치가 모럴의 지축(支軸)이 되는 것은 사실이지만 정치가 개인의 선택과 책임에까지 환원되는 때, 비로소 모럴 문제가 생긴다. 정치가 집단주의와 복응주의(服膺主義)를 기초로 하여 성립된다면 그 기구를 합리화한 정치학설이 어디서 모럴의 단서를 발견하여야 알는지 우리는 모른다. 우리는 개성을 통하여만 모럴을 파악할 수 있고 또 개성 안에서 정치를 생각하는 것이 작가의 마땅히 할 일이다"라고 말하였다.

그러나 사실상 작품에 새로운 도덕성을 가진 인간이 나타나기까지에는 극히 점진적으로 그 진전을 보여줄 뿐이었다. 그것은 의식문학파 작가들이 1935년 이후 먼저 개성 발견에 눈뜨게 되고, 그 후 그들은 개성을 통하여 도덕성을 파악하려는 노력이 현저히 나타난 것이었다. 그렇지만 이곳에 또 한 가지의 곤란은 작가들이 새로운 세계로 대담하게 비약하지 못하고, 이때까지 가지고 온 자기의 계급적 장벽의 구멍을 통하여 새로운 세계를 내다보려는 태도였다. 그러므로 이곳에는 아직도 평범한 미련이 있고 우울이 있으며 불확실한 무엇이 있었다. 이러한 경향은 1935년 이후 40년을 넘는 동안에 더욱 현저하였으니 이것 또한 과도기의 새로운 현상이다.

이런 것은 이기영의 단편 〈수석(燧石)〉〈설〉이라든지, 한설야의 〈이녕(泥濘)〉 등에서 볼 수 있는 경향이다. 이 작품의 주인공들에게는 의식생활로부터 현실생활로 옮긴 후에 일어나는 생활고에 당면한 고뇌가 있었다. 가령 말하자면 감옥에서 나온 사상 청년은 먼저 먹고 살아야 할 실제적 생활 때문에 직업에 충실하여야겠다는 아주 세속적인 인간으로 되는 것이다. 이런 것들은 속칭 전향소설(轉向小說)이라고 할 것이나 여하간 이러한 과도기의 인간형이 새로 생긴 것이다. 유진오의 단편 〈김강사와 T교수〉라던가 송영의 〈음악 교원〉 등의 주인공들도 역시 그러한 인간형이다. 과거에는 좌익사상에 기울어졌다가 그동안 청산하고 관립전문학교의 강사가 된 김 강사나 김 선생이 동일한 인간형이다. 이들은 결국 과거의 경력 때문에 학교에서 쫓겨난다. 이른바 후일담문학(後日譚文學)의 우울한 측면일 것이다.

같은 경향에서 또 한 가지 다른 인간형을 볼 수 있다. 이효석의 단편 〈수난〉〈장미 병들다〉 등의 작품에서 볼 수 있는 바와 같이 과거에 좌익사상을 가졌던 사람이 정반대로 타락의 길을 걸어가는 것이었다. 〈수난〉에 나타난 B라는 인물은 지난날 빛난 투사였던 까닭에 여기자 유라의 존경을 받지만 이를 악용하여 그녀를 자기 정욕에 이용하였다. 그리고 〈장미 병들다〉의 여주인공은 7년 전에는 좌익서적을 탐독하고 학교의 동맹휴학을 지도하던 투사였다. 그런데 여비(旅費)가 없다고 쉽게 정조를 팔 수 있는 인간으로 전락시켜버린 것이다.

이러한 인간형과는 아주 다르게 남을 동정하고 고뇌의 생활을 볼 때에 불쌍히 생각할 수 있는 애타적 인도주의에 가까운 경향을 가진 인간형이 그 다음의 계단이었다. 가령 이무영의 〈유모(乳母)〉나 김남천의 〈제퇴선(祭退膳)〉 등의 단편에 나타난 주인공의 인간형이 이에 속할 수 있을 것이다.

3

1939년에 나온 작품 중에 인간탐구에 관하여 확실한 진전을 보여준 것들이 있다. 춘원의 〈무명〉, 박계주의 〈순애보〉, 최정희의 〈지맥〉, 김남천의 〈대하〉 등이 그렇다. 이 작품들의 경향은 첫째로 〈무명〉에 나타난 인간의 개성이 완성된 것이며, 둘째로는 다른 세 편의 작품에서 나타난 도덕성의 확립이다.

춘원의 〈무명〉은, 춘원이 수양동우회사건으로 형무소에서 나온 후 첫 번째 작품이다. 내용은 역시 감방 안에 갇혀있는 수인(囚人)들의 생활을 모델로 한 것으로 각자의 성격과 심리에서 생기는 갈등을 표현하였다. 일찍이 춘원의 단편 중에서 이 〈무명〉에서처럼 주인공의 개성의 성격이 뚜렷하게 표현된 것은 없었다. 여기서 중요하게 취급한 제재도 스토리의 전개보다는 개성의 성격묘사에 있었다. 인간을 탐구하며 개성의 성격을 중요시하게 된 당시 문단에는 한 편의 완성된 표본이기도 하였다. 이러한 의미에서 이 작품이 찬사와 주목을 받게 되었던 것이다.

의식이니 이념이니 하는 사상성을 완전히 떠나려는 작가들은 인간탐구를 개성의 성격이나 심리묘사에만 집중하려는 새로운 경향이 나타나기 시작하였다. 이러한 주류에서 박계주의 〈순애보〉는 개성화된 인간에게 새로운 이념을 넣어준 작품으로 주목되었다. 이 작품은 매일신보의 당선소설이었다는 것뿐 아니라 작가의 문학적 역량과 아울러 새로운 이념에 대하여 세인의 주목을 끌었다. 그러면 이 이념은 무엇이었던가. 그것은 기독교의 애타사상이다. 주인공은 남을 위하여 자신을 희생할 수 있는 정신과 실행력을 가졌던 것이다. 당시 문단에는 새로운 인간을 탐구하며 이 인간에게 부여할 내용- 이념으로서 도덕성을 강조하여, 의식문학 작가들의 작품이 동정심 혹은 인도주의로 기울어지려는 때였다는 것이, 또한 이 작품을 시대적으로도 가치를 갖게 하는 또 한 가지의 이유가 될 것이다.

다음으로 도덕성이 새로운 인간에게 어떻게 반영되었는가를 살피기로 한다.

먼저 최정희의 〈지맥〉에서부터 시작하려고 한다. 1940년에 〈인맥〉, 이듬해 〈천맥〉을 발표하였다. 이 작품들은 작자의 확호(確乎)한 인생관과 도덕관을 명쾌하게 표현한 것이다. 당시의 문단에서는 새로운 인간의 당연히 가져야 할 도덕성을 논의하면서도 작품에는 거의 회의적 태도가 많았다. 이러한 때에 이 3부작에 표현된 도덕성에는 작가의 이에 대한 자신과 아울러 실로 명쾌한 태도를 주목하게 된다. 〈지맥〉에는 젊은 어머니의 모성애를 강조하여 자기 개인의 생활을 희생하는 이야기가 있고, 〈인맥〉은 남편이 있는 아내로서 다른 남자를 연모하여 출가까지 하였다가 그 연인의 권고로 다시 남편을 찾아가서 행복하게 살았다는 이야기다.

〈천맥〉은 젊은 미망인이 어린 아들을 데리고 재혼하였으나 재혼부가 아이를 미워하는 까닭에 가정에서 학대받는 아이는 학교에도 안 가고 불량소년이 되어감으로 어머니는 아들과 같이 집을 나와 보육원으로 들어가 선생이 되어 아들과 그곳 아이들을 가르쳤다는 이야기다. 그는 아내로서의 의리와 어머니로서의 자애와 책임을, 인간으로서의 양심과 도의를 강조하였다. 본능에 지배를 받는 인간과 도덕성에 제약되는 인간의 싸움에서 통일을 찾음으로써 새로운 인간의 아름다운 품성을 창조하려는 것이었다.

　이러한 경향은 김남천의 〈대하〉에도 나타나 있다. 과거 카프작가로서 의식문학을 대신할 수 있는 문학적 세계를 창조하기 위한 노력과 사색의 흔적을 이 작품에서 엿볼 수 있다. 새로운 문학적 계단의 중요 과제로 되어 있는 도덕문제를 작품의 기본으로 삼게 된 것을 보더라도 그가 이 문제를 기어코 작품화하려는 야심을 추측할 수 있는 까닭이다. 따라서 〈대하〉에서 관심을 갖게 하는 것은 세 갈래로 된 치정(癡情)관계라고 할 수 있다. 치정관계라 하여도 표면화된 난윤(亂倫) 상태가 아니라 양심과 도덕성에서 고뇌하다가 어려운 국면을 극복할 수 있었던 것이다.

　세 갈래의 치정 관계란 것은, 첫째로 마음속으로 연모하던 사람과는 결혼을 못하고 그의 형과 결혼하였다는 사실이다. 둘째는 아우가 집안에서 부리는 남편 있는 종과 불의의 관계를 맺고 있는 것을 모르고 형이 어느 날 밤 종의 방을 엿보다가 그 방에서 동생이 나오는 것을 보게 된 데로부터 생기는 마음속의 갈등이다. 셋째로 아들과 연애관계가 있는 기생에게 아버지가 사랑을 구하다가 기생의 자백으로 아들의 비밀을 알게 되어 놀랐으며, 밖에서 엿듣고 있던 아들이 이튿날 아무도 모르게 고향을 떠났다는 사실 등이다. 그러나 극기와 고뇌의 인내로 난국을 넘긴 〈대하〉의 도덕성은 그만큼 확호한 것이라고 할 수 있다.

4

여기서 또 한 가지 새로운 경향을 지적하려고 한다. 직접적으로 인간탐구나 도덕문제와는 관련이 없으나 이러한 인간성을 이상적인데서 취미적인 데로 보편화하려는 데서 그 측면적 계열을 만들 수 있는 것이니, 곧 대중문학(大衆文學)의 경향을 말하는 것이다. 조선문학에서 대중문학이 생기게 된 원인에는 외국의 경우와 다른 과정이 있었다. 그것은 1935년 이후 대중소설로 기울어진 작가 중에 대부분이 의식문학이나 순수문학의 작가들이라는 사실로 보아 그 사회적 혹은 시대적 원인을 설명하고자 한다.

먼저 조선의 현대문학과 신문과의 관계를 말하려 한다. '저널리즘'이 문학에 미치는 영향이란 결코 경시할 수 없는 큰 것이 있었다. 출판문화가 빈약한 조선에서는 신문의 학예란이나 연재소설란이 매우 중요한 지위를 가지고 있었다. 이에 대하여 대략 세 가지로 나누어 말할 수 있다. 첫째는 발표기관으로서 중요한 지위에 있었고, 둘째는 신문의 기사는 원고검열이 아니라 신문지법에 따르는 까닭에 내용에 제한이 비교적 적다는 것이다. 셋째는 신문에 장편이 실리는 동안 작가의 생활 문제가 어느 정도로 도움이 될 수 있었다는 것 등이다.

그러나 신문은 신문으로 요구하는 바가 있었다. 그것은 신문소설이라는 어떠한 성격을 가지려는 것이었다. 이른바 대중성 혹은 통속성 등이다. 신문은 장편소설을 광범한 독자를 얻을 수 있는 상품으로 사용하려는 것이 목적인 까닭이다. 1933년 이후 문학의 의식성에 대하여 외계의 탄압이 심해지며, 신문에서는 장편소설의 수요량이 격증하였었다. 그리하여 신문에 등장하는 작가들은 인간탐구니 도덕문제니 하는 순수한 태도를 버리고 결국 흥미 중심의 대중성으로 기울어진 것이다. 대중성이란 전문적이 아니며 작가 자신의 특수한 취미나 인생관이 아니며 누구나 즐길 수 있고 그렇게 하도록 구성하는 것이었다. 이러한 사실이 그 원인의 하나로 조선문단에는 대중성을 띤 작품이 또한 새로운 유행처럼 되고 말았다.

1934년에 〈무지개〉를 쓴 장혁주는 이어서 〈곡간(谷間)의 정열〉〈삼곡선〉 등의 대중성이 많은 신문소설을 발표하였다. 과거에 우수한 프로작가였던 그의 작품의 변화는 물론 컸다.[67] 함대훈도 1936년에 〈순정해협〉을 비롯하여 〈백장미〉 등을 발표하였고, 누구보다도 독특한 자기 세계를 가졌던 이태준이 〈화관〉〈청춘무성〉 등의 대중성 소설을 발표하였으며, 카프작가이던 엄흥섭이 〈구원초〉〈세기의 애인〉〈인생사막〉 등의 대중성 소설을 창작하였다.

그러나 이러한 작가들은 과거의 자기 세계를 전혀 내어버리려고는 아니하였다. 그들은 여러 가지로 부자유한 환경에서 할 수 없이 자기 작품에 대중성을 이용한 것이라고도 해석할 수 있다. 그것은 〈삼곡선〉에서 죽어가는 조선 농촌을 위하여 노력하여야겠다는 의지의 표현이라든

---

67. 엮은이 주: 장혁주는 1932년 〈餓鬼道〉로 일본 문단에 등단하였다. 대표작 〈무지개〉는 도시 이면의 각계층의 생활상을 사실적으로 파헤친 작품이다. 그는 일제 식민지 정책을 비판하는 일문소설 〈奮ひ者つ者(궐기하는 사람)〉이 발행금지를 당하자 돌변하여 적극적으로 친일작품을 써오다가 한국동란 이후 일본에 귀화하였다.
한편 식민지적 상황을 생생하게 그려냈다는 평가를 받고 있는 김사량은 평양 변두리의 저지대 빈민촌의 이야기를 담은 〈토성랑〉(1936) 그리고 민족적 멸시와 수모 속에서 몸부림치는 인물을 그린 〈빛 속에(光の中に)〉(1939) 등을 일어/한국어로 발표한 작가다. 광복 직후 북한에서 작품 활동을 하다 한국동란 때 36세 나이로 요절하였다. 장혁주와 김사량은 같은 시대 상황에서 일문으로 작품을 써온 작가지만 초기와 달리 삶의 궤적이 다르다.

지, 〈세기의 애인〉에서 그 종말에 "음산한 세기말의 겨울이 지나간 뒤엔 새 세기의 꿈속 같은 봄날이 오겠지요! 자……보라씨! 그때를 기약하고 오늘의 로맨티시즘에서 하루바삐 해탈됩시다" 등의 대중성 소설에 대한 변명으로써 그들의 심경을 엿볼 수 있다. 이러한 점에서 채만식의 〈탁류〉나 〈천하태평춘(태평천하)〉과 같은 장편이 사회상의 풍자와 해학의 대중성을 가졌으면서도 비평과 해부의 메스를 들고 자기 사상성에 충실하려는 것들이 모두 위에 말한 경향을 설명할 수 있는 것이었다.

본격적인 대중소설가로 방인근, 김말봉, 김래성을 들 수 있다. 김래성은 조선 유일의 탐정소설가로 1938년 〈살인 예술가〉와 그밖에 〈광상시인〉 등이 있고, 방인근이 1934년에 발표한 〈방랑의 가인〉〈마도의 향불〉과 같은 작품은 대중성을 띤 그의 대표작일 것이다. 김말봉도 〈밀림〉〈찔레꽃〉과 같은 장편에서 대중성을 충분히 표현하였다.

1930년 이후에 나온 동인잡지로서 동인들의 통일된 경향을 나타낸 것은 〈단층〉지라고 말할 수 있다. 이 잡지는 1937년 4월에 제1책을 내어 다음해 2월까지 3책을 내고 폐간하였다. 여기에 나온 작가로는 김이석, 김화청, 최정익, 이휘창, 김여창, 유항림, 구연묵, 김성집 등이다. 이들의 작품에서 받게 되는 전체적인 인상은, 새로운 시대로 옮기기 전에 고뇌하는 젊은 세대의 불확실한 기질이다. 지식계급의 회의와 모색에서 혹은 우울과 불안에서 자위와 자극을 찾는 신세대의 선언이었을 뿐이었다.

다음으로 1939년에서 40년대에 이르는 동안에 나온 작가로는 김정한, 최태응, 곽하신, 임옥인, 지하련, 임서하, 황순원, 김영석 등이 있다. 이 무렵에는 극도로 외계의 압축과 제한을 받아야 하였음으로 문학에 있어서도 새로운 계단을 만들 만한 여유나 추진력이 없었다. 다만 그들은 개성의 심리나 성격 등의 묘사에서 만족하게 되었고 또한 거기서 문학의 길을 닦고 있었다.

제4장 시적 정신의 부흥과 정형시 운동

1

 1930년 이후의 조선 시단은 대개 세 부류로 구분될 수 있다. 첫째 기성시인들로 1020년대의 시인들이 시작을 계속하여 온 것이며, 둘째 1930년 전후에 일어난 카프 계열의 시인들이 있고, 셋째는 1930년 이후의 신진들이 있다. 이 시기의 시인군은 물론 제가끔 경향이 달랐다.
 서로 다른 경향에 대하여는 차차 논급하기로 하고, 이 장에서는 1930년 이후의 신진시인들의 새로운 경향을 다룬다. 우선 이들 가운데 주요한 사람들은 아래와 같다.
 정지용, 김윤식(영랑), 이하윤, 박용철, 김현구, 신석정, 김소운, 김상용, 김기림, 유치환, 이찬, 김오남, 장만영, 김조규, 윤곤강, 조벽암, 조영출, 설정식, 신응식(석초), 모윤숙, 주수원, 장정심, 노천명, 임학수, 마명, 양상은, 한흑구, 김광섭, 이흡, 민병균, 김광주, 김광균, 오희병(일도), 백석[68], 이육사, 오장환, 이해문, 서정주, 민태규, 김진세, 양운한,

---

68. 엮은이 주: 백석(본명; 백기행)은 전통과 현대, 토속성과 모더니즘을 넘나들며 서사지향적인 서정시를 써 한국 현대시의 영역을 넓히는 데 기여한 시인이다. 1936년에 시집 〈사슴〉을 간행하였다. 백철은 〈신문학사〉에서 "백석의 시에서 우리는 눌박(訥樸)한 민속담을 듣고 소박한 시골 풍경화를 보고 구수한 흙냄새를 맡을 수 있다."라고 평하였다.

김달진, 정호승, 이용악, 이병규, 조지훈, 김종한, 이한직, 김수돈, 박두진, 조남령, 박목월, 박남수 등이다. 또 1930년대 이후 시 잡지로는 〈시문학〉〈낭만〉〈시인부락〉〈시건설〉 등이 있다.

  이들은 1930년대 이후 10년 동안을 대표할 수 있는 시인들로서 조선 시문학의 새로운 계단을 형성하는 추진력이었다. 시인들은 개성에 따라 제가끔 다른 경향을 가지고 있었으나 여기에서는 각자의 경향이나 시풍을 논하려는 것이 아니라, 이들의 작품에서 어떠한 통일된 시대적 정신과 경향을 추출하여 하나의 새로운 계단을 형성하려는 것이다.

  조선의 시문학 역사는 물론 산문의 역사와 연대를 같이 한다. 따라서 발전에 있어서도 산문과 동일한 길을 걸어왔다. 다만 시문학은 산문보다는 감정이나 정서에 있어서 좀 더 미묘한 세계를 가졌을 뿐이다. 그러므로 시문학은 소설이 융창(隆昌)할 때 한가지로 융창하고 소설이 침체 부진할 때에 또한 부진하였다. 이것은 외형에서 그런 것이 아니라 내용에 있어서 그러하였던 것이다. 그리하여 시문학이 극도로 빈궁한 경지에 빠지게 된 것은 소설이 신경향파 이후 마르크스주의의 의식문학의 영지(領地)로 들어가게 된 때부터다. 이때의 시가는 시의 온상인 정서를 떠나 의식세계에서 제2의 시세계를 구축하여 보려고 실험하여 보았다. 그러나 이것은 물론 시 자체의 계단은 아니었으며 따라서 건전한 시적 발전을 이루기 어려웠다. 다만 이때까지 시가 가지고 있던 효능을 사회운동을 위하여 유쾌하게 아낌없이 바쳤다는 별다른 의미에서 가치가 인정되었을 뿐이다.

  그러나 이곳에서 문제를 삼고자 하는 것은 사회적으로 평가되는 시의 효능에서보다도 시가 가지고 있는 제약성에 대한 붕괴와 위축이었다. 시에는 시형(詩形)이 있고 일정한 선율이 있어 표현하려는 정서와 일치되어야 한다. 조선의 자유시라는 것은 외형으로 일정한 자수(字數)의 제한이 있는 것이 아니었으나 시인에 따라 내용률이 있었고 비록 정형시는 아니라 해도 어느 정도 외형률이 있게 되었던 것이다. 외형률의 자유스러운 창조가 자유시의 특색이었다. 시형에 일정한 규칙이 없는 자유시는 선율이 있음으로써 산문과 구별된다. 만일 자유시의 이러한 선율이 없으면 산문과 구별될 수 없으니, 시는 결국 단행문(短行文)의 연속일 뿐이다. 사실상 의식문학시대의 시문들은 대개가 이러한 시대적 제약을 받으면서 시의 정신은 아주 황폐하여졌다.

이와 같이 시적 요건을 무시해버리고 투쟁 사항의 격렬한 문구의 나열에서 시는 자기모순을 성육(成育)시켰으며, 결국 산문과 동일한 운명에서 침체 정돈(停頓) 상태에 빠지고 말았다. 그리하여 침체된 시문학의 구출을 위하여 여러 가지 제안이 나오기 시작한 것은 1929년부터의 일이다. 이렇게 당면한 위기를 극복하기 위하여 임화는 〈문학의 논리〉 중 '낭만적 정신의 현실적 구조' 논문에서 낭만주의로 돌아가기를 제의하였고, 팔봉은 서사시의 길로 갈 것을 주장하였다. 그러나 시의 근본적 정신으로 돌아가지 않는 한, 물론 그 성과는 거둘 수 없었다.

그리하여 시의 근본문제가 논의되고 따라서 시적 정신의 부흥운동이 일어나기는 1930년 이후의 일로 모든 시단을 통하여 새로운 계단이 만들어진 것이다. 이렇게 새로운 계단을 맞는 시문학의 중요 문제의 하나로 먼저 조선말의 선택이었다. 의식문학에서 잃어버린 조선말의 순수성을 다시 찾아내며 정돈하는 것이었다. 선정성에만 중요시한 시문들은 선동과 자극과 규환(叫喚)을 표현하는 데만 필요한 언어를 사용하였을 뿐이었고 조선말의 순수성에 대하여는 주의하지 아니하였던 것이다. 그러나 순수한 시문학의 부흥운동은 조선말의 순수성에서 시작하지 않으면 아니 되었다. 이것은 시문학에서뿐 아니라 조선 민족문학의 중요한 과제이기도 하였다.

시문학에서 요구하는 언어는 구성된 문장 속에 있는 한 개의 말이 가지고 있는 감정과 정서와 감각까지를 음미하며 분류하여 가장 효과 있는 표현을 하려는 것이었다. 이러한 점을 역설하며 스스로 실천에 옮긴 시인은 정지용이다. 그는 1930년 직전에 나온 시인으로 누구보다도 언어문제에 대하여 독특한 주의와 아울러 실천에 옮겨 놓았다.

그의 시론에서 "문자와 언어에 혈육적(血肉的) 애(愛)를 느끼지 않고서 시를 사랑할 수 없다"[69]라고 하였다. 덧붙여 설명하기를 "색채가 회화의 소재라고 하면 언어는 시의 소재 이상 거의 유일의 방법이랄 수밖에 없다. 언어를 떠나서 시는 제작되지 않는다. 무기를 쓸 줄 모르는 병학자(兵學者)는 얼마든지 고명(高名)할 수 있었고, 언어를 구성치 못하는 광의적인 심리적(心理的)인 시인이 얼마나 다수일지 모른다. 그러나 총검술은 참모본부에 직속되지 않아도 부대전(部隊戰)에 지장이 없겠으나 언어 구성에 백련(百鍊)하지 못하고서 '시인'을 허여(許與)하기에는 곤란한 문제다"라고 말하였다.[70]

그 다음으로 중요하게 문제되는 것은 아름답게 채택된 언어의 나열만으로 시를 구성할 수 없는 것이니 이렇게 나열된 언어가 서로 연결되고 통일될 수 있는 시의 정신이 무엇이냐는 것이었다.

---

69. 1939년 6월호 〈문장〉, 정지용, '시의 옹호'
70. 1939년 12월호 〈문장〉, 정지용, '시와 언어'

마르크스주의의 의식성을 강조하던 시대에는 사상성만이 시의 정신을 대표하였으나, 의식성이나 이념 같은 것이 완전히 시문학에서 제거되어 가는 1930년 이후의 시문학은 시의 정신을 어디서 찾을 것인가에 대한 문제가 필연적으로 따라오는 중요한 과제였다.
　이 문제에 있어서 두 가지의 의견이 있으니, 하나는 한식의 내용론이며 또 하나는 김기림의 정신론이다. 한식은 1939년 〈문장〉 10월호 '시의 현대성'에서 "시인의 율조(律調)란 결코 언어 표현의 그것이 아니고, 도리어 마음의 그것임을 알지 못한다면, 그는 시의 메이커는 될지 몰라도 무한(無限)한 시인은 될 수 없는 것이다. 언어의 수집가는 될 수 있더라도 언어의 창조자는 못되는 것이다. 이 땅의 시의 대부분이 아직 미문조(美文調)에서 헤매고 정신의 결정(結晶)에까지 여무지지 못하고 있는 한 그네들이 알쏭달쏭한 형용사를 콤비네이트할 수 있는 기사(技師)는 될 수 있다 할지언정, 우리들의 심정을 떨치게 하며 감동케 할 수 있는 시인은 될 수 없는 것이다"라고 하여 그는 과거의 사상성 대신으로 어떠한 것이든지 정서를 집중시킬 수 있는 대상이 필요하다는 것이다. 그것은 "전설이라도 좋고 풍물이라도 무관하다. 심연(深淵)의 노래라도 좋을 것이며 화조풍월(花鳥風月)이라도 적당할 것이다"라고 말하였다.
　그러나 김기림의 시론에 나타난 현대적 시정신이란 것은 한식이 주장하는 어떠한 주제의 대상을 찾는 것이 아니라, 그 대신 한 시대가 요구하는 감각의 세계를 찾는 것이고 '공감할 수 있는 현대의 방언'을 골라 놓으려는 것이었다. 그는 "그러면 장인바치 기질에 대립하는 것은 무엇인가? 필자는 그것을 진정한 의미의 시정신이라고 한다. 시정신이라는 말이 항용 단순한 시인적 기질의 동의어로 쓰이는 경향이 있는 것은 매우 반갑지 못한 일이다. 정신이란 말은 단순한 심리 이상의 것을 의미한다. 맑스 쉘러의 현상학적 심리학에 있어서의 정신이라는 것도 그렇다고 생각한다. 문화의 형성이라는 일을 떠나서 정신이라는 말은 난센스다. 한 시대가 품고 있는 문화 의욕을 자신 속에 나누어 가지고, 그것을 시에 구현해 가는 창조적 정신이야말로 시정신이라는 말에 해당한다. 그래서 한 시인의 경력을 움직이는 역사 속에서 끊임없이 확대되고 높아가는 한 시대의 가치의식을 체현(體現)하여 그것을 발전시켜 가는 한 특수한 정신사에 틀림없다. 여기 시가 보편성을 가지는 계기가 있다. 다시 말하면 시란 가치의 형성이고 뿐만 아니라 그것은 좁은 개성의 울타리를 넘어 한 시대의 보편적인 문화에 늘 다리를 걸어놓고 있는 것이다. 한 편의 당시(唐詩)나 고시조는 결코 이러한 것으로서는 우리의 감상(鑑賞)을 받지 못한다"라고 말하였다.[71]

이 '한 시대의 가치의식을 체현하여 그것을 발전시켜 가는 특수한 정신'이란 것은 물론 특수한 이념의 세계를 말함이 아니며 시대적 보편성 속에 감추어 있는 감각의 세계를 창조함에 있을 것이다.

2

정지용의 조각적인 언어와 감각성 그리고 김기림의 모더니즘의 감각성은 1939년 이후 조선 시문학의 커다란 주류 가운데 하나를 형성하였다. 신진시인들의 경향 대부분이 이 둘 중에 어느 한 가지에 속하든지 그렇지 않으면 혼합형이었다고 말할 수 있을 것이다. 이러한 의미에서

---

71. 1939년 12월호 〈인문평론〉, 김기림, '시단의 동태'

이들의 시에 관하여 간단히 살펴보려고 한다.

정지용은 먼저 한 단어와 단어를, 그 말이 가지고 있는 의미와 감각성에 따라서 선택하고 배치하여 한 시구를 형성한다. 일찍이 월탄은 그의 시를 평하기를 '감각의 연주(聯珠)'라고까지 하였다. 1933년 구인회(九人會)[72] 주최의 시낭독회에서 발표된 〈해협(海峽)〉에 "포탄으로 뚫은 듯 동그란 船窓(선창)으로"라든지 "눈썹까지 부풀어 오른 수평선(水平)이 엿보고", "하늘이 함폭 나려 앉어", "큰악한 암탉처럼 품고 있다"는 등의 형용이라든지, 〈홍역(紅疫)〉에서 "홍역이 躑躅(척촉)처럼 난만하다"는 등의 형용구에서 충분히 그의 감각적인 세계를 엿볼 수 있다.[73]

김기림은 1930년에 〈가을의 태양은 '플라티나'의 연미복을 입고〉라는 신감각 시를 비롯하여 이러한 경향의 작품을 이어서 발표하였다. 1934년 9월호 〈중앙〉지에 발표한 〈광화문통〉이란 시에서 보더라도 "쫓겨간 비가 중얼대오"라든지, "세수한 아스팔트", "오토바이는 명랑한 단거리 선수인 체하나 우울한 가솔린의 탄식을 뿜소, (그 녀석 실연했나봐)……" 등의 감각적인 표현을 볼 수 있다.

그런데 감각의 세계는 또 한 가지의 부류로 나누어질 수 있으니, 이것은 일찍이 김기림이 지적한 바와 같이 외부적인 것과 내면적인 것이

---

72. 엮은이 주: 구인회는 1933년에 생긴 것으로 이종명, 김유영, 이효석, 이무영, 유치진, 이태준, 조용만, 김기림, 정지용 9인의 회원으로 구성되어 구인회라고 이름을 지은 것이다. 박태원, 이상, 박팔양이 가입하고 김유정과 김환태가 보충되었다. 그 후 이종명, 김유영, 이효석, 유치진, 조용만이 탈퇴하였다. 문학사적 의의는 '순수문학옹호'라는 분위기를 형성하는 데 이바지하였다.
73. 엮은이 주: 정지용의 〈향수〉(1927년 3월 〈조선지광〉)는 일제강점기 고향에 대한 그리움과 상실된 낙원에 대한 지향을 상징적으로 표현한 작품이다. 그는 감각미를 재기 넘치게 다루는 언어의 마술사로서 서정성은 물론 지성의 천재시인이다. 정지용이 보여준 향수의 시편들을 이어받은 작품이 백석의 〈가즈랑집〉이다.

있다. 전자를 회화적(繪畵的)이라고 하면 후자를 상상적(想像的)이라고
도 할 것이다. 이것을 김기림은 '하나는 시각적 이미지라 하고 다른 것
은 청각적 이미지'라고 하였다. 청각적인 예로는 오장환의 시[74]를 대표
하였다.

그러나 청각적인 이미지 속에는 상상의 감각세계가 있다. 이런 부류
의 시인들은 상상의 감각세계를 창조하는 것으로 시의 정신을 삼았다.
이것은 결국 초현실주의와 초의식주의에서 생기는 시대적 현상이었으
니, 현실에 대한 이상과 이념을 완전히 잃어버린 1930년대 현대인의 정
신상태였다고 볼 수도 있다. 그러므로 감각적인 계열 속에는 역시 불안
이 있고 우울이 있었다. 이러한 경향도 1930년대의 신진시인들이 즐겨
좇던 시도(詩道; 시를 짓는 방법)였다.

윤곤강의 〈동물시집〉이나 임학수의 〈팔도풍물시집〉과 같은 것은 한
식의 소론과 같이 어떠한 대상을 만들어보려는 하나의 시험이었으나 한
주류를 이룰 만치 발전되지는 않았다.

1930년의 시문학의 주류 중에서 또한 중요한 경향은 서정시의 대두
였다. 이것은 1930년 3월에 창간된 〈시문학〉을 중심으로 한 시풍이다.
동인으로 박용철, 정지용, 김영랑, 이하윤, 정인보, 김현구, 허보, 신석
정, 변영로 등이다. 이들은 작품 경향이 서정적으로 선율에 대한 세심
한 주의와 노력을 보였다. 영랑의 시는 대개 3·4조로 되어 있고, 이하윤
의 시에서는 좀 더 정형화하려는 경향이 있었다. 서정시는 무엇보다도

---

74. 엮은이 주: 오장환의 시 〈고향 앞에서〉 화자는 청각과 후각 시각적인 이미지를 통
하여 잃어버린 고향에 대한 그리움의 정서를 형상화하고 있다. 시집에 〈성벽〉, 〈헌사〉,
〈병든 서울〉이 있다.

선율이 중요한 조건이다. 따라서 선율은 결국 시의 형식까지도 정형에 가깝게 되는 것이다.

　서정시인들의 노력은 언어와 형상에 있었다. 그것은 섬세한 서정을 충분히 표현하려는 까닭에서다. 언어문제는 감각파나 서정파에만 한한 것이 아니라, 1930년 이후 모든 시단에서 중요시하고 노력하였던 기본 문제였다. 이러한 현상에 대하여 홍효민은 1937년 〈조선문학〉 3월호에 실린 '신진시인론'에서 말하기를, "조선의 신진시인의 욱일과 같이 빛나는 존재는 조선말다운 조선말을 찾아서 시를 쓰려는 노력이 수처에서 발견되는 것이다. 조선말다운 조선말을 찾아 쓴다는 것은 여간한 난사(難事)가 아닌 동시에 이것은 양면의 진리를 갖게 하는 것이다. 곧 예술적인 부면에 있어서는 저들 시인이 한 층 한 층 쌓고 있는 작시(作詩) 사업에 완벽을 기약할 수 있는 일이오, 또 하나는 언어학적으로 위대한 창조적인 언어를 제공할 수 있다는 것이다."

　이러한 경향은 그 후의 카프시인들의 시에서도 발견되는 사실이다. 그들은 문학적인 데로 기울어지기 시작한 후부터 차차 1930년대의 시대성에 합류되고 있었던 까닭이다. 그 현저한 예로는 박세영[75]의 시 〈산(山) 제비〉, 권환의 〈윤리〉, 이찬[76]의 〈대망〉 등에서 찾을 수 있다. 권환의 〈윤리〉 제1연을 보면, "박꽃같이 아름답게 살련다/ 흰 눈같이 깨끗

---

75. 엮은이 주: 박세영은 간도, 만주 등지를 전전하던 중 프로문화 단체인 '염군사' 동인, 귀국하여 카프 맹원으로 참가하면서 작품 활동을 시작한 시인이다. 그는 1937년 시집 〈산제비〉를 펴낸 이후 해방까지 절필하였다. 〈진리〉 〈밀림의 역사〉 〈임진강〉 〈애국가〉 등을 창작하여 북한에서 능력을 인정받은 작가다.

76. 엮은이 주: 1937년 〈국경의 밤〉, 1938년 〈눈 내리는 보성의 밤〉을 쓴 이찬은 북한에서 꽤나 알려진 시인이다.

하게 살련다/ 가을 호수같이 맑게 살련다//"는 등 시구의 연속이었다.

이 시에서 시적 정서에서 움직이는 그의 심경을 엿볼 수 있는 동시에, 그 시형에 있어서도 4·4조로 선율에 많은 관심을 갖기 시작한 것도 보였다. 특히 데카당이즘의 시인이었던 김동명의 시가 1930년 이후 시풍을 일변(一變)하여, 그의 시집 〈나의 거문고〉〈파초〉 등에 있는 시편에서 보이는 바와 같이 신비와 고독과 향수의 서정시로 합류하였다.

3

이렇게 1930년 이후의 시문학이 언어와 선율을 중심 문제로 하여 새로운 계단을 형성하는 동안에, 시의 운율과 아울러 정형시에 관한 문제도 토의되었다. 안서(김억)는 압운시(押韻詩)를 지어서 여러 번 발표까지 하였다. 그리고 일찍부터 민요풍의 정형시도 썼었다. 여하간 1920년대의 기성시인들은 1930년대의 새로운 감각과는 좀 떨어져서 조선 고전적 문학에서 민족적인 내용과 형식을 본떠 현대적인 문학을 만들어보려고 재출발을 시작하였던 것이다. 그들의 노력은 드디어 두 갈래의 길이 만들어졌다. 하나는 조선 민요조의 시형이며 또 하나는 시조형의 시풍이다.

1930년대의 조선의 현대정신이 침체되어 새로운 길을 고전에서 찾으려는 민족주의 진영에 속하였던 시인들은 민요형이나 시조형에서 조선 시가의 본질을 찾으며 조선정서를 나타내서 시가의 새로운 현대적 계단을 건설하려고 하였다. 이러한 운동은 소설보다도 시에서 더 가능한 일이었다.

그리하여 민요조의 시가 나타나기 시작하였다. 안서는 이전부터 이 방면에 노력하였으며 주요한, 파인 김동환, 노작 홍사용 등이 즐겨 민요조의 시작품을 발표하였다. 신진시인들도 민요조의 선율을 본뜨려는 사람이 늘어갔다. 이 민요시의 선율은 조선정서를 드러내기에 적당하고 아름다운 음악적 요소이며 조선사람이면 누구나- 지식인에서 촌부에 이르기까지- 즐길 수 있는 멜로디다. 민요란 어느 것이나 애조를 띠는 것이 많다. 그러나 현대 민요시의 애상이란 민족의 비운과 고뇌와 우울을 아름다운 애조에서 자위하며 소산(消散)할 수도 있는 새로운 세계라고 할 수 있다. 이때에 김소운의 〈구전민요선〉과 같은 서적의 출현도 시대정신에 적합한 노력의 결과라고 볼 수 있다.

일찍이 소월이 민요시를 썼지만 그때는 시대사조가 거칠어서 옆으로 밀어놓고 돌보는 사람이 적었다. 그렇지만 이 무렵에는 일부러 고전을 찾고 조선정서를 그리워하며 자유시형에 싫증이 난 때라 이 또한 시단(詩壇) 한 갈래의 중요한 경향을 이루었던 것이다.

다음으로 시조시(時調詩)에 관하여 논급하려고 한다.

시조 창작은 현대 조선문학과 함께 출발하였다. 그러나 초기에는 시대적 의의가 없었고 문인도 많지 않았음으로 전연히 현대적 의의가 없이 그냥 몇 사람이 고대시조를 본떠서 쓴 데 불과하였다. 그 역사를 비록 현대문학과 같이 40년으로 친다 하더라도 변천사는 극히 짧을 뿐만 아니라 어엿한 면모를 갖지도 못하였다. 그러므로 여기서는 1930년 이후 비로소 현대문학의 한 부분으로 머리를 들게 된 현대시조시에 한하여 말하려고 한다.

시조가 자유시의 후계자로서 시문학운동에 중요한 한 부면을 차지하게 되어 시조시를 창작하는 시인이 늘어가게 된 것은, 1930년 이후 고전문학으로 돌아가자고 외치며 문학의 유산을 찾자고 부르짖게 되어 침체된 현대 시문학의 새로운 계단을 만들게 된 사실에서 그 원인을 삼으려는 것이다.

시조 시인으로 육당, 춘원을 비롯하여 정인보, 이병기, 변영로, 주요한, 이은상, 조운 등이고 월탄도 간혹 시조형의 시작을 하였다. 그 밖의 시인들도 간간이 시조를 시험 삼아 지었다. 신진으로 김오남, 조남령과 같은 시인들이 있다. 이 중에도 자유시를 쓰지 않고 시조시만을 전문으로 하는 시인은 정인보, 이병기, 이은상, 조운, 김오남, 조남령과 같은 이들이다.

형식에 있어서 민요는 일정한 조(調)만 맞으면 그것이 7·5조든지 4·4조든지 그 장단(長短)에는 제한이 없다. 그러나 시조는 정형시다. 그렇다고 몇 자의 가감(加減)과 변동까지를 허용하지 않을 만치 철칙이 있는 것도 아니지만 초·중·종 3장의 구조로 총 글자 수가 대략 45자의 기준이 있는 정형시다. 옛날 시조는 창(唱)에 맞추는 것을 원칙으로 하여 창작하였기 때문에 정형의 법칙을 엄수해야만 하였다. 그러나 현대시조는 창에 있지 아니하고 시를 창작하는 데 그 목적이 있으므로 자수나 율조에 얽매일 수 없다는 것이 시조시론(時調詩論)의 중심 문제로 되어 있다.

시조시론을 살펴본다면 대개 세 가지로 나누어 볼 수 있다. 첫째 시조형(時調型)의 엄수, 둘째 시조형의 현대시화 문제, 셋째는 시상(詩想)-즉 내용 문제가 그것이다.

시조는 위에서 말한 바와 같이 본래 창이 중심이 되어 형식이 결정된 것이지만 현대 시문학이 요구하는 것은 창법에 있지 않고 시형에 있으므로 노래와 시를 구분하여 생각할 때는 형식 문제는 반드시 논의될 필요가 있었다. 시조를 현대 시문학의 중요한 계승자로 등장시키려면 형식과 내용을 현대적 자태로 분장(扮裝)시켜야 한다는 주장도 또한 절실한 문제라고 아니할 수 없었다.

시조형 엄수론자의 대표는 안자산(안확)이다. 그는 1940년 〈문장〉 1월호에 실린 '시조시와 서양시'에서 "시조시는 음수(音數)를 유일의 시형 요건으로 한 것이니 음수 이외에는 아무것도 없다. 음수는 전편(全篇) 45자를 3장에 분절하여 매장 15자씩을 정하였다. 이것이 프랑스시의 일정한 음수 규칙과 같은 것이다. 그래서 매장 15자에서 한두 자를 가하거나 감하든지 하면 안 된다. 왜 그러냐 하면 매장의 정한 자수에 가감이 있으면 시구를 읽는 시간이 해화(諧和)되지 못하여 선율이 어지러워진다"라고 하였다. 옛날 창을 표준으로 하였기 때문에 이러한 철칙이 생긴 것이다. 그러나 시조는 정형시이기는 하나 초·중·종장의 분배된 자수가 일정불변한다고 정한 바는 없다. 고시조를 보더라도 그것을 알 수 있을 것이다.

이러한 주장과 반대로 시조의 현대화를 역설한 가람 이병기는 1940년 3월 동아일보에 실린 '시조의 형태'에서 이렇게 말하였다.

"시조도 그 용어와 취제(取題)에 따라 그 특성을 잃지 않는 한에서는 구법(句法) 장법(章法)들을 얼만이라도 변화 있게 쓸 수가 있다. 우리가 짓는 시조는 고전이 아니고 창작이요 현대시다"라고 하였다. 말하자면 그는 시조형의 규정된 형식이 시조의 내용을 결정하는 것을 반대한다. 따라서 현대인의 정서와 감정을 표현하기 위하여 시조형을 선택한 것이다. 그러므로 또 다시 1940년 12월호 〈문장〉지 '시조를 뽑고'에서 "시를 형만 가지고 운운할 것이 아니다. 형이 어렵다 쉽다함은 형에만 잡히는 수작이다. 이런 사람은 시조와 같은 형이 아닌 자유시를 짓는 데도 형에만 잡힐 것이다. 저속한 기교에 떨어지고 말 것이다. 허수아비를 가지고 아무리 단장하였자 산 사람은 될 수 없다"라고 하였다.

신진 시조시인들 중에는 시조를 현대인의 감정을 표현하기 위한 시형으로 바꾸려는 데에 동의를 가진 사람이 많았다. 조운도 시조를 변체(變體)를 설정하였으며, 조남령도 또한 형의 정복을 역설하여 1940년 〈문장〉지 12월호에 실린 '현대시조론'에서 말하기를 "시조인들이 시조에서 운과 율조를 탐구할 날은 그들이 형(型)을 정복한 뒤의 일이어야 한다. 실내의 구조와 창의 위치를 보기 전에 어디다 함부로 단 한 폭 액(額)이라서 깔보아 장식할까보냐. 오늘날의 문제는 형의 정복에 있다. 현대적 감정을 어떻게 하면 시조들에 취입(吹込)할 수가 있을까에 있다. 3장 6구, 1장 15자 정형을 금과옥조로, 한 자의 불규칙도 홍두깨질하는 안자산의 설을 서슴지 않고 버려 내치는 까닭이 여기에 있다. 그러기에 또 12구체 조운 설, 8구체의 가람 이병기 설까지도 여러 가지 동감(同感)에도 불구하고 불만을 느끼지 않을 수 없게 된 것이다"라고 하여 가장 적극적인 이론을 전개하였던 것이다.

그러나 이와 같이 현대적 감정을 표현할 수 있는 시조형의 보급이란 금방 해결될 것이 아니지만 전도(前途)가 있는 것이었다. 현대적 감정이란 결국 내용문제이니 현대 시조시는 무슨 내용을 어떻게 표현해야 하느냐가 문제의 중심일 것이다. 이것은 이미 발표된 시작(詩作)에서 어느 정도 논증을 찾을 수 있다. 시조형을 반드시 지키려는 시인들은 내용에도 제한을 받아서 옛 정서를 불러일으키려고 노력하는 이도 있으나 현대인의 창작 시조에는 현대적 기질이 감출 수 없이 나타나고 있는 것이었다.

　대개 옛날 시조의 내용이란 먼저 충의(忠義)와 강개(慷慨)가 대부분을 차지하였고 회포와 정애(情愛)가 그 다음일 것이다. 시조는 현대와 같이 전문시인의 창작이기보다는 정치가들의 창작이 많았다. 그러나 현대 문예인의 시작품의 내용은 그렇게 간단히 국한될 수는 없었다. 섬세한 정서와 세련된 감각과 예민한 감수성을 잃어버릴 수 없는 것이다. 이러한 예는 가람, 조운, 조남령 등의 시조에서 쉽게 발견된다. 고전 시조형을 엄수하는 노산 이은상의 시조에서도 현대적 감수성을 찾아낼 수 있다.

　그러므로 현대 시문학은 새로운 계단을 만들 수 있는 시조형(時調型)의 시는 이와 같이 내용과 형식에 있어서 현대적 성격을 갖게 될 때에, 비로소 시조시의 독립된 존재가 역사 위에 허용될 것이라고 생각한다.

제5장 역사소설시대

1

1930년 이후 조선문단에 새로운 현상은 역사소설의 대두였다. 이미 위에서 고찰한 바와 같이 1930년대 이후의 조선문학에는 민족주의문학이나 마르크스주의문학에 대한 탄압이 점점 심해져서 소위 의식문학은 쇠퇴하는 길로 기울어졌다. 이에 뒤를 이어 순수문학이 일어났으나 이것 역시 얼마 되지 않아 연애, 엽기, 풍자 등의 취미 중심의 대중소설로 기울어지기 시작하였다.

그러나 역사소설은 민족적 취미와 아울러 민족의식의 새로운 부면을 발견하려고 하였던 것이다. 이러한 의미에서 역사문학은 침체된 현대문학을 구출하려는 한 갈래의 길이기도 하였다. 고전부흥(古典復興)을 부르짖던 1930년대 이후로 조선의 출판계에는 조선 역사물이 나타나기 시작하였으니, 조선 역사의 이야기는 어느덧 당시 신문 잡지의 새로운 취미기사로 등장하게 되었다. 야사(野史) 등의 사화(史話)는 어디서나 크게 대중의 환영을 받게 되었으며, 조선사람의 취미와 관심이 새로이 이곳으로 집중하게 되었다. 그러나 역사소설이 이러한 옛날이야기에만 시종(始終)할 수는 없었다. 역사문학은 문학으로서의 별다른 사명이 있었던 것이다. 따라서 역사문학을 필요로 한 시대성과 아울러 여기에서 현

대적 성격을 찾을 수 있다는 사실이 역사문학을 현대문학의 한 부면으로 전개시킬 수 있게 한 것이다.[77]

그러면 그 사실은 무엇인가. 그것은 역사적 제 사실에서 현대적 의식을 표현하는 것이며 또한 현대적 감정을 암시하려는 것이었다. 현대의 사실이 아니라는 핑계로 역사 속 인물들로 하여금 반항하고 분노하게 하며 혁명의식을 선포하게 하며 애국사상을 고조시켜서 현대문학의 의식성을 충분히 이식할 수 있는 것을 의미하는 것이었다.[78] 또한 역사문학은 의식문제뿐 아니라 역사 속에 있는 인물들을 현대인의 관찰과 판단에서 완전한 새로운 인간형 속에서 창조할 수도 있는 것이었다. 역사문학은 풍부한 제재 속에서 의식 방면으로나 인간성 창조 문제와 대중성에서나 어떻든 우울한 현대소설보다는 여러 가지로 편리하였다. 이리하여 역사소설은 대중의 환영 속에서 자라나기 시작한 것이다.[79]

---

77. 엮은이 주: 역사소설의 출발은 1926년 5월부터 동아일보에 연재된 춘원의 〈마의태자〉로 보는 것이 정설이다. 정현숙은 '한국역사소설연구'에서, "20년대라는 시대적 특수한 환경 속에서 배양 성장한 한국의 역사소설 발생요인은 다양한 측면에서 다뤄지고 있다. 즉 일제하라는 특수한 시대상황에서의 민족의식의 고취, 프로문학에 대한 민족적 이데올로기의 강화, 경직된 체제하에서의 역사물에의 도피성향, 독자의 복고주의 취향, 작가의 생계수단 등으로 볼 수 있다. 그러나 이러한 사회적인 동인(動因) 이외에 고려해야 할 것은 일찍이 조선시대에 많이 씌어졌던 위인 전기류의 영향과 이 시기에 번역되기 시작한 외국의 역사소설의 영향이다."라고 한다.
78. 엮은이 주: 임화 〈문학의 논리〉(학예사. 1940)에서, "현대의 성격과 환경을 소설 가운데 구성할 조건이 불편해질 때, 그들은 역사와 유사한 과거의 한 시대를 택한 데 불과하다"라고 당대의 역사소설을 평가하였다.
79. 엮은이 주: "역사적 사실(史實)에 숨어 있는 삶의 양상과 그 진실들을 작가의 투철한 역사의식과 상상력을 통하여 파악하고 창조적 인물들을 내세워 역사의 전면에서 활동하게 할 때 한 시대의 총체성은 그릴 수 있으리라 여겨진다. - 역사소설 작가는 그가 그려내는 과거가 바로 현재에 사는 독자들의 문제가 될 수 있도록 해야 할 것이다. 이때 특정한 과거의 사건들이 현실 문제와 어떻게 관련을 맺고 있느냐의 파악과 어떻게 관련을 지어주느냐의 '작가적 성찰'을 또한 역사의식의 하나라 볼 수 있다."

역사소설을 쓰기 시작한 작가로는 춘원을 비롯하여 윤백남, 벽초 홍명희, 월탄 박종화, 박화성, 김동인, 이태준, 현진건, 김기진, 홍효민, 이동규 등이다. 춘원은 〈허생전〉을 비롯하여 〈단종애사〉〈마의태자〉〈세종대왕〉〈이차돈의 사〉〈이순신〉〈원효대사〉 등의 장편 역사소설을 발표하였다. 윤백남은 1930년 동아일보에 연재한 〈대도전(大盜傳)〉으로부터 〈봉화〉〈회천기〉〈흑두건〉〈백련유전기〉 등의 장편을 발표하였으며, 벽초가 돌연 〈임꺽정〉의 대작을 가지고 문단에 나타났다. 월탄은 〈금삼의 피〉〈대춘부〉〈다정불심〉〈전야〉〈여명〉 등을, 박화성이 〈백화〉, 김동인이 〈운현궁의 봄〉〈젊은 그들〉〈견훤〉 등을 발표하였다. 빙허 현진건이 〈무영탑〉, 이태준 〈황진이〉〈왕자호동〉, 홍효민 〈인조반정〉, 이동규가 〈김유신〉 등을 발표하였다.

　그리고 문단에는 별로 이름이 없던 윤승한의 〈대원군〉을 비롯한 여러 편의 장편 역사소설이 동아일보 지상에 발표되었다.

　이러한 역사소설에서 뚜렷하게 나타난 두 개의 경향을 볼 수 있으니, 하나는 순수문학의 길이고 또 하나는 대중문학의 길이었다. 그러나 역사문학에서 이 두 개의 경향을 명확히 하는 분기점을 규정하는 데는 약간의 이론이 있었다. 순수적 경향이나 대중적 경향에서나 역사적 사실에만 구애되지 않고 작가의 마음대로 생활을 구성하려는 것은 동일하였다. 다만 이 구성된 생활의식의 차이가 있을 뿐이었다. 말하자면 작품의 소설화 문제일 것이다.

　월탄은 '역사소설과 고증'에서 말하기를,

(이용남, '역사소설의 평가문제')

"역사소설도 소설인 이상 하나의 소설이 될 뿐 소설 이상의 것도 아니요 소설 이하의 것도 아니다. 작자가 어떠한 한 개의 방편으로 대상의 제재를 이곳에 취했을 뿐 보통소설과 아무 다른 이론과 비법이 있을 리 없다. 우리는 농촌의 생활양상을 그린 것을 농민문학이라고 하고, 바다의 정경을 그린 것을 해양소설이라고 부르듯이 지나간 시대 속에서 우리에게 관련될 한 다발의 정열 한 폭의 호소 내지는 흥기(興起) 감분(感奮)을 끌어오려는 것이 이 소설의 임무다. 그러함으로 역사소설가는 소설가에 그칠 뿐이지 역사가로 허락할 수는 없는 것이오, 역사소설은 소설이 될 뿐이지 결단코 사학의 지위에 서지 않는다. 이런 까닭에 역사가는 한 구절 한 대문을 소홀히 취급할 수 없는 엄정한 사학 연구가요, 역사소설가는 어디까지든지 예술의 부문에 한 선(線)도 넘어서는 안 될 자유분방하게 공상을 얽을 수 있는 예술인이어야 한다"라고 하였다.

이것은 위에서 말한 바와 같이 순수파나 대중파가 합치될 수 있는 점이다. 간단히 말하면 역사적 사실의 소설화에 있다. 그러나 역사적 사실을 현대적 의식이나 작자의 주관적 이념에 결부시킨다든지, 또는 작자의 이러한 이념에서 새로운 인간성을 창조한다는 것이 순수문학의 다른 점이다.

이러한 역사문학에 대하여는 빙허 현진건의 역사소설관에서 구체적인 의견을 볼 수 있다. 그는 말하기를,

"나는 역사적 사실이 작품으로 나타나기까지 작자의 태도를 따라 대별하여 두 가지 경로를 밟는다고 생각한다.

그 하나는 작자가 허심탄회로 역사를 탐독 완미하다가 우연히 심금을 울리는 사실(史實)을 발견하고 작품을 빚어내는 경우다. 이런 경우는

사실(史實) 자체(自體)가 주제를 제공하고 작자의 감회를 자아내는 것이니, 순수한 역사작품이 대개는 이 경로를 밟지 않는가 생각한다. 예하면 스코트의 제 작품, 아나톨 프랑스의 〈신들은 주린다〉라든가 우리 문단에도 춘원의 〈단종애사〉, 상허 이태준의 〈황진이〉 같은 작품이 그 좋은 예라고 하겠다.

또 하나는 작자가 주제는 벌써 작정이 되었으나 현대에 취재하기도 거북한 점이 있다든지 또는 현대로는 그 주제를 살려낼 진실성을 다칠 염려가 있다든지 하는 경우에 그 주제에 적당한 사실을 찾아내어 얽어놓은 경우다. 생기에비치의 〈쿠오바디스〉, 아나톨 프랑스의 〈타이스〉, 톨스토이의 〈전쟁과 평화〉, 춘원의 〈이차돈의 사〉 같은 작품은 다 이런 경로를 밟은 작품이라고 본다.

제1의 경우라 해서 대작 신품(神品)이 없는 것은 아니지만 제2의 경우에야말로 웅편 걸작이 더 많지 않은가 한다. 그야 작품마다 그 구별이 뚜렷한 것이 아니오 서로 혼합되고 착종(錯綜)하는 경우도 적지 않겠다. 사실(史實)을 위한 소설이 아니요 소설을 위한 사실인 이상, 창작가는 제2의 경우를 더욱 중시하여야 될 줄 믿는다. 이미 주제를 작정한 다음에야 그 소재를 취하는데 현재와 과거를 가릴 필요가 없는 줄 안다. 작품상에는 현재라고 더 현실적이요 과거라고 비현실적이란 관념은 도무지 성립이 되지 않을 줄 믿는다. 더구나 제2의 경우에는 그 과거가 현재에 가지지 못한, 구하지 못한 진실성을 띠었기 때문에 더 현실적이라고 믿는다. 현재의 사실에서 취재한 것보다 더 맥이 뛰고 피가 흐르는 현실감을 줄 수 있다고 믿는다. 주어야 될 줄 믿는다"[80]라고 하였다.

그러면 제2의 경우가 작가의 의식성을 말하는 것이니, 그것은 현대소설에서 가지려는 이념을 역사소설에서 다시 살리려는 것이었다. 사실상 초기의 작품들은 현대적 의식 밑에서 역사소설을 창작한 예가 많았다.

그러므로 발표된 순수문학의 역사소설을 이러한 관점에서 다시 분류한다면,

첫째, 역사상에 나타나는 인물의 성격과 생활을 작가의 인생관이나 역사관에 따라 개조하여 새로운 인간성을 창조하려는 것.

둘째로, 작가가 가지고 있는 현대적 사상성을 역사소설을 통하여 표현하려는 것이다. 그것을 구체적으로 열거하면 양반과 상민과의 갈등을 그려 현대적 계급의식을 나타내려고 하였고, 관료를 묘사하며 반항하는 데서 현존한 세력과 권력의 타도와 혹은 혁명의식을 암시하려는 것이었고, 역사상 인물의 충군애국의 사실에서 민족의식을 강조할 수 있었던 것이다.

그러나 이와 같은 분류는 나타난 작품에서만 가능한 것이며, 작가를 표준으로 하여 분류할 수는 없다. 작가는 이상의 두 가지 중에 반드시 어느 것 한 가지에만 한정될 수 없는 것이니 경우에 따라 어떠한 것이나 쓸 수 있는 까닭이다.

이 분류에 따라 구체적으로 작품의 예증을 들어보자. 첫째 부류에 속하는 김동인의 〈운현궁의 봄〉과 월탄의 〈금삼의 피〉, 빙허의 〈무영탑〉과 같은 작품으로, 작가가 생각하는 사관(史觀)과 작가가 보는 인생관에

---

80. 1939년 12월호 〈문장〉, 현진건(빙허), '역사소설문제'

서 하나의 새로운 인간을 창조한 것이다. 그것은 사실(史實)에 나타나 있는 인물이 아니라 작가가 이해하는 성격과 인간성에서 완전한 인물이 만들어진 것이었다. 〈운현궁의 봄〉에서는 대원군을 근대조선의 유일한 정치가로 영웅적인 면을 대사(大寫)하려 하였고, 〈금삼의 피〉에서는 폭군인 연산군의 인간성을 찾아내었던 것이다.

다음으로는 계급의식이나 혁명의식 혹은 민족의식, 시대정신과 같은 작가의 이념이 소설화된 것이다. 벽초의 〈임꺽정〉, 춘원의 〈이순신〉, 박화성의 〈백화〉, 팔봉의 〈심야의 태양(청년 김옥균)〉 등의 작품이 그렇다.

이러한 역사소설의 순수문학성에 대하여 대중문학성의 일면이 또한 있으니, 윤백남[81]의 〈대도전(大盜傳)〉을 비롯한 그의 작품들이 대표작이 될 것이다. 윤백남은 대중문학을 수립하기 위하여 특별이 노력한 작가로 1931년 동아일보에 〈수호지〉를 완역한 이래 그러한 계열의 작품을 창작하기 시작하였다. 이것은 〈임꺽정〉에도 있는 사실이니 일찍이 이원조가 지적한 바와 같이 "작품의 구성이 확실히 〈수호지〉나 〈삼국지〉에 유사하면서 다만 묘사만 자연주의적 수법이라는 것은 단언할 수 있는 것이다"[82]라고 정당하게 말하였다.

역사소설에 있어서 대중성의 작품을 쓰려면 먼저 대중성을 가지고 있는 인물을 선택하는 것이다. 주인공의 생활이 이미 어떠한 유형을 가지고 있는 군주나 중신(重臣)들과 같은 인물을 모델로 하는 것보다는,

---

81. 엮은이 주: 윤백남은 시나리오 작가이자 역사소설가다. 그의 작품 〈대도전〉은 주인공이 타락한 관료와 부패한 부호를 벌한다는 점에서 〈홍길동전〉의 의적 모티브를 차용한 것으로 해석된다.
82. 1938년 8월호 〈조광〉, 이원조, '임꺽정에 대한 소고찰'

일정한 유형이 없고 사실(史實)의 제한을 받지 않는 야인들을 끌어다가 작가가 임의로 그 생활을 구성하며 장면을 변화할 수 있다. 그러므로 〈대도전〉의 주인공이 도적놈이요, 〈임꺽정〉의 주인공이 또한 도적놈이다.[83]

이러한 것은 역사에 나타난 부분이란 극히 적고, 또한 그들의 생활에 대하여는 아무도 역사적 사실(事實)에 관한 정부(正否)를 말하려 하지 않는 까닭이다.

〈임꺽정〉은 역사적 사실(事實)이 적음에도 불구하고 4권 2천 페이지에서도 겨우 이야기의 중간밖에 가지 못하였으니 전부 작자의 구상에서 나온 것이다.[84] 〈대도전〉도 또한 그러하다. 그러면 이 두 작품에서 어떻게 순수문학성과 대중문학성을 구별할 수 있을까?

2

문제의 중심은 어느 작품보다도 대중성이 많은 〈임꺽정〉이 어찌하여

---

83. 엮은이 주: 한계수, '채만식의 역사소설 연구'에서, "역사소설은 그 시대의 역사적 현실성이 구체적으로 드러나야 하므로 복잡한 역사적 사건과 관련되기에 적합한 입체적이고 발전적인 인물이 선택되어야 한다. 따라서 상상적 무명의 서민으로 하여금 강력한 역사 추진 세력으로 행세하여 역사적 사태를 파악하고 민중의 대변인이 되게 하는 것이 효과적이다."

84. 엮은이 주: 홍명희의 장편소설 〈임꺽정〉은 허균의 〈홍길동전〉과 같은 시기에 쓴 것으로 보이는 박동량(1569~1635)의 단편소설 〈임꺽정전〉과 영향관계가 있는 작품이다. 박동량의 야사집 〈기재잡기〉에, "강포한 도적 임꺽정은 양주 백정으로서 성격이 교활한데다가 날쌔고 용맹스러웠다. 그 도당 및 몇 명도 모두 지극히 날래고 민첩했는데 그들과 함께 일어나 적단이 되어 민가를 불사르고 마소를 닥치는 대로 약탈하되 만약 항거하는 사람이 있으면 살을 발라내고 사지를 찢어 죽여 잔인하기가 그지없었다"라고 하여 실록보다 더 자세하게 기록되어 전한다.
김춘택. 우리나라고전소설사. 한길사, 264쪽에서, 17세기 전반기에 지어진 '박동량의 창작활동과 〈임꺽정전〉(달밤의 춤)'을 소개하고 있다.

대중문학에 편입되려는 데 대하여 비평가들은 여러 가지 물의를 일으키었던 것인가에 있다. 이원조는 앞의 논문에서 말하기를, "……이러한 소설의 체재(體裁)란 아직 우리 문학사에서 유례를 보지 못한 것인 만큼 이 작품의 문학적 지위란 우선 이 점에서 특기해야 할 것인 동시에 우리 작가들의 숙고할 문제가 아닌가 한다"고 하였다.

〈임꺽정〉에 대한 그의 의견을 추려 보면, 첫째 스케일이 넓고 크다는 것이오, 둘째로는 시대의 묘사가 치밀하다는 것이오, 셋째는 조선말 어휘가 많다는 것 등이다. 그러나 이러한 것은 작가의 역량 문제에 속하는 것이지 대중성과 순수성을 구별하는 데는 아무 관계가 없다.

이 작품에서 문제되는 것은 오직 사상성에 있다. 벽초는 당시에 민족운동단체인 신간회의 지도자였으며 카프운동에 대한 동정자의 한 사람이었으니 그의 사상적 경향을 추측할 수 있거니와, 그는 그러한 사상을 나타내는 작품을 쓰려 하였으나, 구속과 제한 많은 현대소설을 취하지 못하고 역사 속에서 의적 임꺽정을 등장시켜 간접으로라도 그의 의식을 나타내려고 한 것이었다.

물론 임꺽정의 계급의식에 관하여는 또한 여러 가지의 논물(論物)도 있었으니, 그 대표로 월탄의 평문 1절을 인용하면,

"잠깐 이 소설에서 극히 비근한 예를 들면 벽초는 임꺽정으로 하여금 기생방 출입을 시키게 하고 첩장가를 세 번이나 들게 하였다. 호화롭게 재물을 쓰는 거적(巨敵) 임꺽정으로 하여금 그도 역시 신이 아니고 사람인 이상 기생방 출입도 시켜도 보고 한 명쯤 주먹에 땀이 쥐일 묘사를 붙여 계급이 계급이니만치 원판서의 딸로 부실(副室)을 삼는 것쯤은 문제가 없을 것이다. 그러하나 내리 주색에 빠지고 호화에 심취하여 의적

의 전모가 희미하도록 처첩의 안일한 맛을 탐하게 하니, 비록 이것이 사실(事實)이라 하더라도 시대의 의식을 붙잡게 하기 위해서는 감히 칼을 들어 할애(割愛)해 버려도 좋을 것을 하물며 이것이 소설임에랴!"[85]라고 하였다.

그러나 이런 것으로 하여 작품 전체에 나타나는 반항적 행동이나 혁명적 의식이 감소된 것은 아닐지니, 이것은 임꺽정 개인 성격의 결함으로 규정할 밖에 없다. 〈임꺽정〉에는 걸핏하면 드러내놓고 양반을 타매(唾罵)하며 관인(官人)을 학살하며 관아에 방화하는 등 지배계급에 대한 반항으로 일관하였다. 임꺽정은 공연하게 반항의식을 선언하였다.

"나는 함흥 고리백정의 손자고 양주 쇠백정의 아들일세. 사십 평생에 멸시도 많이 받고 천대도 많이 받았네. 만일 나를 불학무식하다고 멸시한다든지 상인해물 한다고 천대한다면 글공부 안한 것이 내 잘못이고 악한 일 한 것이 내 잘못이니까 이왕 받은 것보다 십 배 백 배 더 받더라도 누굴 한가하겠나. 그 대신 내 잘못만 고치면 멸시 천대를 안 받게 되겠지만 백정의 자식이라고 멸시 천대하는 건 죽어서 모르기 전 안 받을 수 없을 것인데 이것이 자식 점지하는 삼신할머니의 잘못이거나 그렇지 않으면 가문하적하는 세상 사람의 잘못이니까 내가 삼신할머니를 탓하고 세상 사람을 미워할밖에, 세상 사람이나 인금이 나보다 잘났다면 나를 멸시 천대하더라도 당연한 일로 여기고 받겠네.

그렇지만 내가 사십 평생에 인금으로 쳐다보이는 사람은 몇을 못 봤네. 내 속을 털어놓고 말하면 세상 사람이 모두 내 눈에 깔보이는데 깔

---

85. 1936년 신년호 매일신보, 박종화(월탄), '병자문단의 전망'

보이는 사람들에게 멸시 천대를 받으니 어찌 분하지 않겠나. 내가 도둑놈이 되고 싶어서 된 것은 아니지만 도둑놈 된 것을 조금도 뉘우치지 않네. 세상 사람에게 만분의 일이라도 분풀이를 할 수 있고 또 세상 사람이 범접 못할 내 세상이 따로 있네. 도둑놈이라니 말이지만 참말로 도둑놈들은 나라에서 녹을 먹여 기르네. 사모 쓴 도둑놈이 시골가면 골골이 다 있고, 서울 오면 조정에 득실득실 많이 있네. 윤원형이니 이량이니 모두 흉악한 날도둑놈이지 무언가. 보우(普雨) 같은 까까중이까지 사모 쓴 도둑놈 틈에 끼어서 착실히 한몫을 보니 장관이지. 이런 말을 다 하자면 한이 없으니까 그만두겠네. 자네가 지금 내 본색을 안 바에야 인제 그만 자네하고 작별일세.……"하고 자기의 본색을 임꺽정은 설명하였다.

말하자면 임꺽정은 이러한 의식과 각오 밑에서 사람을 죽이고 나라를 어지럽게 한 것이다. 그리하여 〈임꺽정〉에는 대중성이 풍부한 만큼 또 의식성도 풍부하다. 결국 이 작품에서 흥미와 취미를 돋우는 것은 모두 반항을 위한 것이니, 취미를 더하면 더할수록 그 반항의 결과는 커지는 것이었다.

그러므로 이 작품에서 대중성의 취미면만을 보고 대중소설로 평가하려는 평자는 문득 그 의식면에 봉착하게 되매 대중소설론에서 주저하였다. 그리고 의식면만을 보고 순수문학 의식문학이라고 규정하려는 평자는 대중성 때문에 회의하게 되었던 것이다. 그러나 이 작품의 대중성은 의식 표현을 위한 것으로 그만큼 역사적 사실을 본격적으로 소설화한 것이라고 생각하면 대중성을 더 많이 가진 의식소설이라고 규정할 수밖

에 없다.[86]

여하간 역사소설을 전체적으로 볼 때, 일반적으로 현대소설보다 대중성을 많이 가지고 있는 것만은 사실이다. 그것은 작품에 나타난 주인공들이 역사에서 이미 알려진 인물들로 대중 속에서 살아 있는 까닭이다. 따라서 이렇게 대중성을 가진 역사문학의 시대적 임무에 대하여 끝으로 한마디 하고자 한다.

조선의 역사문학은 현대 조선문학의 말기에서 현대문학의 우울과 침체와 회의를 극복하려는 새로운 진로였을 뿐 아니라, 민족적 계몽운동으로도 일면이 있었다는 것을 잊어서는 아니 된다. 조선사람들은 오랫동안 마음대로 들어보지 못한 조선역사를 작품을 통하여 알 수 있었고 배울 수 있었다. 이러한 역사적 지식의 보급으로부터 민족적으로 자신을 알게 되며 따라서 민족의식을 형성할 수 있는 데까지 방향을 돌릴 수 있었으니 이것이 역사문학의 계몽적 방면에 나타난 공헌일 것이다. 둘째로 문학적인 면에서 볼 때는 역사문학은 회의 모색하던 현대문학의 진로를 만들기 위하여 풍부한 사실(史實) 속에서 현대성에 접근될 수 있

---

86. 엮은이 주: 〈임꺽정〉은 1928년 11월부터 조선일보에 연재된 장편소설로 반봉건적인 천민 계층의 인물을 내세워 조선시대 서민들의 생활양식을 총체적으로 형상화한 작품이다.
홍명희는 〈임꺽정〉의 창작 의도를 1933년 9월 〈삼천리〉지 '임꺽정을 쓰면서'에서 "조선문학이라면 예전 것은 거지반 지나(중국)문학의 영향을 많이 받아서 사건이나 담기어진 정조들이 우리와 유리된 점이 많았고, 최근의 문학은 또 구미문학의 영향을 많이 받아서 양취(洋臭)가 있는 터인데 임꺽정만은 사건이나 인물이나 묘사로나 정조로나 모두 남에게서는 옷 한 벌 빌어 입지 않고 순조선 것으로 만들려고 하였습니다. '조선 정조(情調)에 일관된 작품' 이것이 나의 목표였습니다"라고 하였다. 〈임꺽정〉은 역사적 사건을 통하여 당시의 식민지 현실에 처해 있는 민중을 단합시켜 민족과 인간에 대한 진정한 해방에 이르는 길을 제시한 작품이다.(채진홍, 홍명희의 〈임꺽정〉 연구, 새미, 1996, 53쪽 재인용)

는 자료를 마음대로 택할 수 있었으며, 과거의 사실(事實)이라는 것을 핑계 삼아 까다로운 현대성의 구속을 받지 않고 광범한 구상을 마음대로 하여 그 스케일의 웅장한 세계를 구성할 수 있는 역량을 기를 수도 있었다는 사실을 우리는 볼 수 있는 것이다.

이리하여 역사소설은 확실히 명랑하였고 웅건(雄建)하였으며, 한편으로는 쇠패(衰敗)되려는 민족의식, 반항의식을 계승하여 왔던 것이다. 우리는 역사소설의 현대적 의의와 시대적 정신의 타당성을 파악할 수 있는 것이다.[87]

끝으로 본서에서 취급된 문학의 순수성과 대중성의 기준에 관하여 한마디 하고자 한다.

현대문학에서는 의식문학과 초의식문학 그리고 대중문학으로 분류하였다. 그러나 역사문학에는 순수문학과 대중문학으로만 구별하였다. 대중문학이란 현대문학에나 역사문학에나 동일한 의미로 해석할 수 있는 것이나 순수문학에 있어서만 약간의 설명이 필요하게 되었다.

현대문학에는 마르크스주의 의식이나 민족주의 의식의 문학이 있었으며, 이러한 의식성을 도무지 갖지 않은 문학- 즉 '문학을 위한 문학'이 구별된 것이다. 이것을 순수문학(純粹文學)이라고 이름 하였다. 그러나 이 순수문학이란 의식성을 떠났다고 하여 흥미 중심의 것은 아니다. 정치적 혹은 공리성만을 떠난 것이고, 작가의 개성적 이념과 주관은 순수문학을 형성하는 중요한 요소로 되어 있는 것이다. 이러한 개성적인 특

---

87. 엮은이 주: 조국광복 이후에 씌어진 본격적인 역사소설이라 일컬을 수 있는 작품은 박경리의 〈토지〉, 황석영의 〈장길산〉, 조정래의 〈태백산맥〉, 김훈의 〈칼의 노래〉 등이 될 것이다.

수 이념이 없이 대중적 취미에서 작가의 개성적 이념이 보편화되려는 데서 대중문학의 본체가 형성되었던 것이다.

따라서 내가 이 저서에서 사용한 역사문학의 순수성이란 역사를 위한 순수성이 아니라 사실은 문학을 위한 순수성을 말하는 것이다. 그러니 역사란 이미 어떠한 이야기가 제공되어 있는 것이매, 여기에만 충실하려는 것이 아니라, 이 이야기를 가지고 문학을 만드는데 충실하려는 것이었다. 역사적 사실을 문학화하기 위하여 이에 현대적 성격을 부여하여 시대의 한계성을 초월한 문학작품을 창조하려는 문학을 가리켜 '역사적 순수문학'이라고 하였다. 그러므로 이곳에는 역사적 의식문학이라고도 할 수 있는 의식성이 없지도 않으나, 이 의식은 현대문학의 마르크스주의적 의식의 선전성과는 구별되어야 한다. 역사문학의 의식성이란 선전을 위한 문학의 내용이 아니었고 문학 창조를 위한 의식성인 까닭에 역사문학의 의식성을 현대문학의 의식에서 구별하기 위하여 순수문학에 넣게 된 것이다.

× × ×

현대 조선문학의 40년 동안 신고(辛苦)의 역사는 이것으로 끝을 맺으려 한다. 이 문학사의 최종기를 1945년 일제의 억압과 구속의 굴레에서 벗어났던 직전까지로 정함이 당연할 것이나, 사실상 내가 말하려는 이 조선문학사는 1941년 4월 〈문장〉지의 폐간과 함께 종료되었다고 보는 것이 옳을 것이다. 〈문장〉지가 폐간된 것은 조선문으로 쓰인 잡지 발행 금지의 총독부정책에서 원인한 것이니, 작가들은 누구나 조선문으로 작품을 쓸 수가 없었고 또 있다 하더라도 이 문학사에 올릴 성질의 것이 못 된다.

제2차 세계대전에 당면한 조선작가들은 그 가혹(苛酷)을 극하여 가는 일본제국주의의 철제(鐵蹄) 밑에서 오직 공포와 전율 속에서 앞으로 닥쳐올 미지의 운명을 기다릴 뿐이었다.[88]

---

88. 엮은이 주: 기미 만세운동 후 최남선, 이광수 등이 저지른 행위는 물론이다. 일제는 1939년 10월 총독부 경무국의 앞잡이로 '조선문인협회'를 조직하였다. 저들의 야만적인 국책에 협력하라는 취지에서다. 이때 박영희, 김남천, 김기진, 임화, 최재서 등 수많은 문인들이 자의든 타의든 일제에 협력하여 반역사적인 문예활동을 벌이었다. 1940년대 들어서 소위 '국민문학'이란 미명 아래 일어로 '황민화 정책'과 침략전쟁을 합리화하는 글을 쓰고, 선전/선동하는 강연을 하며 자민족을 등진 것이다. 한편, 극한 상황에서도 지조를 지킨 애국지사 문인들이 있었음을 기억해야 한다. – 해방공간에서의 좌우익 문학논쟁과 분단, 6·25동란을 겪은 후 순수·사회참여 논쟁 등을 거치면서 우리 현대문학은 활기차게 눈부신 발전을 해나가고 있는 것이다.

덧붙임

참고문헌

┃덧붙임

자료 I. 문학상 공리적 가치 여하(如何)

박영희, 〈개벽〉 '계급문학 시비론' 56호, 1925. 2

문학을 순전한 유희나 쾌락만으로 알던 시대는 이미 고대의 일이고, 인생의 생활과 인지(人智)가 향상함으로써 비로소 완전한 근거를 갖게 된 문학이 우리에게 주는 것은 대별(大別)해서 2종으로 말할 수 있으니, 하나는 정의적(情意的) 방면과 또 하나는 실제적 방면이다. 즉 정의적 방면에 주는 것은 미감(美感)을 말함이고 실제적 방면에는 공리(功利)를 말함이니, 전자는 쾌락이고 후자는 생활의 완전을 도모하려는 것이다. 즉 월광(月光)이 주는 신비적 미감과 월광이 주는 광명의 실제와 같은 것이다.

그런고로 이 쾌락과 실제는 조류의 양익(兩翼)과 같아 늘 평형을 가지고 있는 것이다. 그 중에 쾌락만이 발달해도 그것은 완전한 가치를 소유하였다 할 수 없으며, 또한 실제만이 발달하여도 그것은 또한 무감정의 무미(無味)한 것이 되고 말 것이다. 이러므로 말미암아 문학의 쾌락이라는 것은 실제를 완전하게 하기 위하여 있게 되며, 실제라는 것은 그 쾌락을 조절하게 하기 위해서 있게 되는 것이다. 그런고로 쾌락은 순전한 관능 뿐만을 의미하는 것이 아니라 실제를 위한 쾌락이며, 따라서 실제는 공리뿐만을 의미하는 것이 아니라 쾌락으로써 그 자신의 제한을 받는 것이다. 이에서 비로소 완전한 문학이라는 가치를 소유할 것이다.

그런데 우리가 실제를 요구한다 하면 그것은 물론 우리 생활의 불완전한 공극(空隙)을 보충한다는 것이다. 우리 인생은 감정으로나 생활로나 더 완전한 것을 요구하는 것은 사실이다. 그러나 보통으로 문학이라 하면 어떠한 특수한 것 이외에는 문학 자체만을 위하게 되니, 다시 말하면 유희 본능적 쾌락에서 그 존재의 가치를 시인하였고, 그 문학에서 얻는 미의식에서 실제를 얻으려 하였으며, 또한 문학 자체의 이지적(理智的) 사색의 발달에서 실제를 의미하려 하였다. 그러나 그 이면에 생활의식에서 실제를 얻으려 하지 않았고, 실제를 위해서 쾌락을 얻으려 하지 않았으므로 생활의식의 문학이라는 것은 미의식의 문학이 극도로 발달한 것만큼 퇴패(退敗)되고 말았다. 아니다. 생활의식의 문학은 그 가치까지 시인(是認)하게 되지 못할 만치 퇴폐(頹廢)하여졌단 말이다.

그러나 완전한 문학일수록 생활의식에 확호(確乎)한 근거를 두어야 하며, 또한 만인의 보편한 문학 —즉 생활을 완전하게 하게 하기 위해서— 이 있어야겠다는 말이다. 호머의 시구(詩句)인 "우리는 물과 같이 오고 바람과 같이 간다"라는 말을 떡 파는 자나 양초 만드는 사람에게 읽어 준달 것이면 영업에 영리한 그들은 그것이 무슨 소리인지 모른다.(예이츠의 말) 하는 말을 보았다. 그것은 노동자에게는 이해하기에 너무도 이지적이었던 것이다. 따라서 그 시는 인생의 생활을 노래한 것보다도 인생의 지식으로부터 제2의적(第二義的) 생활의 철학을 노래한 것이다. 그런고로 상론(上論)한 문학적 쾌락과 실제는 지식계급에서 비로소 그 가치를 시인하게 되는 것이고 무산계급에는 아무러한 감흥을 받지 못할 것이다. 그러나 이에 무산계급에서도 문학을 건설하여야겠다는 것이다. 따라서 또한 진리인 것이다. 그러면 무산계급에는 어떠한 문학이 필요할까를 말하기 전에 그들이 소유한 사회와 생활을 다시 관찰하여 보자.

현대의 사회는 산업적 사회다. 그리해서 이 산업사회에 건전한 예술의 가치 여하를 말하기 위해서 우선 자본주의의 정체를 음미할 필요가 있다. 자본주의는 상업주의가 완전히 발달한 것이나 혹은 과도히 발달한 것이다. 그런고로 자본주의의 상업이라는 것은 인생이 그 상업을 소유한다는 것보다도 인생이 상업을 위해서 존재하게 된다는 말이다. 평이하게 말하면 사람이 금전을 지배하는 것이 아니라 금전이 사람을 지배한다는 말이다. 인생을 지배하는 그 금전이 자본주의의 자본이다. 이러해서 그 자본은 소유자의 원하는 것보다도 우심(尤甚)하게 다른 약소한 것을 탈취하려하며 그럼으로써 거대하게 되려하는 것이다. 이와 같이 이욕적(利慾的) 충동에 지배를 받는 자본가는 노동력을 구입할 때에 그 노동자의 선천적 소질 여하라든지 혹 노동자의 개성적 가치 여하로 노동력의 품질 여하를 음미하려고는 아니 한다. 오히려 개성을 무시하고 노동력에만 충실하도록 강제로 기계와 같이 사용하는 것이다. 다량의 생산만을 주제로 하고 극단으로 근대적 분업을 할 때에 자본주는 노동자를 무슨 물건의 단편으로서 사용한다. 그러는 중에 또한 그 분업보다도 몇 백 배 더 급속히 생산하는 기기(器機)가 발명됨을 따라 탐욕 많은 흡혈귀의 자본은 더 한층 노동자를 유린한다. 이와 같이 근대의 사회는 상업주의의 사회이며 따라서 자본주의화한 사회다. 이러므로 자본계급은 무산자를 압박하고 착취하려는 것이다. 그런고로 또한 자본주의에 서는 무산계급을 지배하며 자체의 역(力)을 완전히 발휘하려는 데서 쾌락을 얻으려 하며, 또한 염가로써 거대한 노동력을 매입하려는 것이 그들의 실제이며, 자기 자체의 이욕 향락(利慾享樂)이 그들의 예술이다. 그러므로 그들의 예술은 전용적(專用的) 혹은 독점적 예술이니, 이에 인생 전반의 평형을 상실한 문학이 자본주의문학일 것이다. 그러나 인류의 진실한 각성이 무산계급에서 생기며 무산계급의 반성이 비롯될 때에 그들은 반항과 자유와 생활의 혁명을 무기로 하고 자본계급에 대항하려 하며, 이러한 의미에서 문학을 요구하였다. 이러므로 무산자의 문학은 반항의 문학이며 혁명의 문학이며 자유의 문학일 것이다. 그것은 다른 까닭이 아니라 자본주의화한 계급의 지배적 이욕적 전제적인 생활의식과 무산계급의 반항적 혁명의 생활의식이 상위(相違)한 까닭이다.

이러므로 생활의식의 지배를 받는 미의식도 다르고 말 것이다. 미의식이 다름으로 말미암아서 그들의 쾌락이 상위하고 쾌락이 다름으로써 문학의 정의적 방면이 상위하게 된다. 또한 자본계급의 실제는 이욕에 있고, 무산자의 실제는 혁명에 있으니 도무지 양자의 문학이 상위할 것이다.

계급과 계급이 분류되는 때에 문학뿐이 단결을 가질 수 없겠고, 계급과 계급이 투쟁하는 데 문학뿐만이 평화를 유지할 수 없는 사실로써 이에 계급문학이 분류되는 것이니, 하나는 부르주아문학 하나는 프롤레타리아문학이라. 이에 계급투쟁으로써 생기는 무산계급의 혁명적 사상이 시대정신이라면 이 시대정신의 문학의 공리적 부분은 무산계급 문학의 혁명적 사명일 것이다.

자료 II. 작가로서는 무의미한 말

염상섭, 〈개벽〉 '계급문학 시비론' 56호, 1925. 2

문학은 아무 것에도 예속된 것이 아니다. 어떠한 종교나 운동에 종속적 이용물이 되고 어떠한 계급의 특유물이 되거나 선전기관이 되며 완롱물(玩弄物)이 될 것이 아니다. 그와 같은 일시기(一時期)가 있었다 하더라도 그것은 그릇된 현상이었다. 소위 예술이니 인생을 위한 예술이니 하지만 그 어느 견지로서든지 예술의 완전한 독립성을 거부할 수 없다.

더구나 경향이라든지 주의(主義)라든지 파(派)라는 것이 작자와 작품을 지배하는 주형(鑄型)이 아닌 이상, 다시 말하면 예술이 어떠한 주형에 배겨 내는 것이 아닌 이상에야 작가가 어떠한 주의라든지 일정한 경향에 구속될 수는 없다. 그러나 그 작품이 완성된 뒤에 제이자(第二者)가 무슨 주의 무슨 파라고 평정(評定)하거나 가치를 결정하는 것은 자유일 것이요, 또한 작자로서는 관계가 없는 일일 것이다.

그러므로 이와 같은 견지로서는 계급문학의 가부(可否)를 논의할 필요가 처음부터 없지 않을까 한다.

그러나 소위 계급문학이란 말의 의의(意義)를 좀 생각하여 볼 필요가 있을까 한다. 보통 '계급문학'이라는 말이 무산계급의 계급적 자각으로 생기는 그 의식을 의미하는 모양인즉 이러한 의미의 계급문학을 운위(云謂)하면 그것은 물론 무산계급의 문학이라는 뜻일 것 같다. 그러나 여기에도 여러 가지 해석이 있을 것이다.

첫째는 작품의 취재를 무산계급의 생활과 그 분위기에서 구한다는 뜻,

둘째로는 계급의식을 고취하고 그 자각을 촉진하여 계급전(階級戰)을 독려하고 고무하는 선전적 태도와 그 작품,

셋째는 어떠한 의미로는 교양이 부족한 무산계급이 용이하게 이해하도록 표현하라는 뜻 등으로 해석할 수 있을 것 같다.

그러나 문학의 독립성을 시인하고 문학을 낳는 데는 작자의 소질이 지중(至重)한 관계를 가지고 있는 것을 알진대 결코 외적으로 무리한 간섭을 할 것도 못될 것이요 작자 자신이 어떠한 규범에 추종함도 허락지 못할 일이다.

그러므로 '계급문학'이라는 일종의 부문(部門)을 만들어 놓고 그 규모에 들어맞는 작품을 만들라고 하거나 또는 만들라고 주문하는 것은 아니 될 일이다. 비록 작자 자신이 치열한 계급의식을 가지고 계급전의 급선봉(急先鋒)으로서 문학적 제작에 종사하더라도 자기의 작품을 계급전(階級戰)에 이용하라는 방편으로 생각하면 계급해방의 투사로서는 충실하다 할지 모르나 문학자로서는 실패요 제로다. 그것은 문학의 독립성을 말살하고 작가로서의 자기를 자박(自縛)하는 결과에 빠지기 때문이다.

그뿐 아니라 실제에 있어서 작품의 제재를 무산계급에서만 구한다는 것은 현 사회에 있어서- 다시 말하면 반대 계급 즉 유산계급이 존재한 현 사회에 있어서는 무리한 주문이다. 그러면 적어도 무산자의 입장에

서 제작하라는 주문이 있을지 모르나, 그 역시 작가의 소질문제에 있는 것이요 결코 강요할 성질의 것이 아니다. 그 다음에 계급전의 선전적(宣傳的) 사명을 요구함도 만일 이것을 시인한다면 유여(裕餘)한 특수계급이 예술을 유희시(遊戲視)하고 완롱물시(玩弄物視)함 같은 불순한 태도를 면치 못할 것이니, 이는 전술(前述)한 바와 같다.

끝으로 저급의 교양을 가진 대다수 민중을 표준하여 작품의 난사(難辭)를 피하려 함은 일리가 없지 않지만 그렇다고 작품을 통속화할 수는 없는 것이다. 속담에 '살찐 놈 따라 붓는다'는 셈으로 취미가 저열하고 이해력이 유치(幼稚)한 일반민중에게 영합하기 위하여 예술적 역량이나 양심을 희생하여 작자 스스로가 비하(卑下)할 수는 없는 것, 이는 문화의 진전이라는 견지로도 취(取)할 바 아닐 것이다.

이를 요컨대 계급문학이 출현되지 못하리라는 것도 아니요, 또 그 출현이 불합리하다는 것도 아니다. 다만 일종의 적극적 운동으로 이를 무리하게 형성시키려고 애를 쓸 필요가 없다는 말이다. 필요가 없다는 것보다도 그러함은 문학의 근본의(根本義)에 어그러진다는 말이다. 그러므로 시대상(時代相)의 필요적 경향, 혹은 물산(物産) 또는 어떠한 작가의 소질로 인하여 소위 계급문학이라는 것이 형성되고 출현된다 하면, 그는 문학계의 자연한 하나의 현상으로 용인할 따름일 것이다.

자료Ⅲ. 조선프로문예운동의 선구자

김기진, 〈삼천리〉 1권 2호, 1929. 9

〈삼천리〉에서 '조선 선구자호(朝鮮先驅者號)를 낸다고 한다. 그리고 나더러 조선 프롤레타리아문예의 선구자 중의 3, 4인에 대한 논평을 하여달라 한다. 나는 중임(重任)을 감당할 준비가 없음으로 처음부터 사퇴하였다. 그러나 피인(巴人) 형이 기어코 나로 하여금 이 붓을 잡게 하였다.

조선 프롤레타리아문예의 선구자는 '조선프롤레타리아문예동맹' 외에 또 없다. 즉 선구자는 우리들 중에 있다. 우리는 예술동맹 중에서 누구보다도 먼저 프로문예운동의 확립을 위하여 문장으로 또는 실천으로 노력하여 오고 항상 그 운동의 지도를 게을리 하지 않는 박영희 군과 역량 있는 작가로서 최학송, 이기영 양군(兩君)과 시인으로 임화, 신석정 등 제군(諸君)을 발견한다. 이 사람들의 존재는 예술동맹 중에서 광휘(光輝) 있는 -적어도 광휘 있게 하여가는- 존재임에 틀림없다.

박영희 군의 사상적 전환은 1923년부터 시작되었다고 본다. 물론 이것은 그전부터 친우로 또는 현재의 동지로서의 내가 그와 같이 보았다 하는 것일 뿐이니 혹은 그전부터 스스로 전환하고 있었던 것을 내가 느끼지 못하였는지 그것은 알 수 없다. 하여간 1923년이라 하면 조선의 문학사회에 있어서 전혀 프로문예의 존재가 없었던 때다. 사회운동에 있어서 부르주아적 민족주의운동으로부터 분열 대립하여 무산계급의 운동이 수립되기 시작한 것은 1923년 직후부터였으므로 문예에 있어서도 1923년은 그 잉태기였다고 보는 것이 가(可)하다. 그러므로 박 군의 사상적 전환은 조선 프로문예의 역사에서도 중요시되지 않을 수 없다.

군(君)은 본래는 시인이다. 셸리와 바이런의 시를 좋아하고 폴 베를렌, 뮈세, 랭보 등의 시를 애송하고 그중에서도 샤를 보들레르의 시를, 또는 에드거 앨런 포우의 시를 가장 사랑하였다. 그는 상징파로부터 들어가지고(시작해서) 극단(極端)을 대표하는 데카당으로 달음질하였던 것이다. 그의 취미, 감정, 사상의 경향은 1923년까지 이와 같았다. 그러나 무가치의 철학, 허무적 사상(당시까지의 그의 예술지상주의적 사상은 이것을 토대로 하고 있었다고 본다), 퇴폐적 감정은 한번 그가 마르크스적 유물사관에 의한 현사회의 비판의 눈을 얻게 되자 전환되지 않을 수 없었다. 유물사관에 의한 비판의 방법은 그로 하여금 자기 자신의 사상·감정의 동기(動機), 그 물질적 원인까지 구명(究明)하게 하였던 것이다.

그는 당시 예술지상주의자들의 동인잡지(백조)에서 탈퇴하여 가지고 새로운 생활의 준비를 하기 시작하였다. 1925년 〈개벽〉 신년호에 발표된 〈사냥개〉는 그가 최초로 세상에 내놓은 프롤레타리아 문예적 소설이었다. 그리고 2월에 그는 최서해, 이기영, 송영, 이익상(성해), 조명희(포석), 최승일, 김영팔, 김기진 등의 작품의 경향을 분석하고 종합하여 이것을 신경향파(新傾向派)라고 명명하였다. 오늘날 문단에서 신경향파라고 쓰는 용어는 실로 군이 비로소 쓰기 시작한 말이다. 1925년 7월에 프롤레타리아 예술동맹이 처음으로 성립되었을 때도 군의 힘이 적지 아니하였었다. 그러나 동맹은 7월에 성립되었을 뿐이요, 26년 겨울까지 그 존재를 드러내지 못하였으니 대개 그때의 맹원 제군(盟員諸君)에게는 마르크스주의적 의식이 결여되었었다고 말하여도 과언이 아니라 할 만하였던 까닭이다. 그리고 이 말은 필자 자신에게도 부합되는 것임에 틀림없다. 그러나 1926년에 이르러서는 일반 정세의 변화와 또는 마르크스주의적 사상의 심화에 인하여 예술동맹은 재발기(再發起)되어 가지고 실로 '일하는 단체'가 되었다. 그는 그 이래로 지금까지 동맹의 중앙집행위원의 한 사람으로 직접 지도에 종사하며 있다. 그의 성격은 침울한 편이요 강직하다기보다는 굴절이 많고 정열보다는 이성의 냉기(冷氣)가 더 강한 터이다. 그러므로 그는 용이하게 사람을 사랑하지도 않을뿐더러 그 사람의 사랑을 받지도 못한다. 그의 의심하고 따지는 성질은 간혹 그로 하여금 불리한 위치에 처하게 하고 또는 일을 그르치게 하는 수도 있다. 이 점이 다른 사람으로부터 '박 군은 너무 편협하다'는 비난을 받는 점이다. 그러나 모난 곳이 없이 사람이 너무 원만하여도 결국은 호인(好人)밖에는 되지 않을 것이니 옳거나 그르거나 한번 자기의 주견(主見)을 세웠거든 끝까지 그 의견을 고집하여 가다가 정말로 뉘우치게 되는 때에는 처음부터 걸어온 길을 다시 밟아나가게 되는 한이 있을지라도 일관하여 동(動)하지 않는 성격이 든든하기는 든든하다 할 것이다. 영리하지 못하니까 그와 같이 다대(多大)한 손실을 하였다고 말할 수 있겠지마는 너무 민첩해서 일을 그르치는 일이 적지 않은 것을 생각할 때에 '고집불통'의 인물도 필요를 크게 느낀다. 그런데 박 군은 다른 사람이 보는 바와 같이 그다지 심한 고집불통도 아니다.

박 군은 소설도 쓰고 평론도 쓴다. 어느 편이 박 군의 장기(長技)냐고 한다면 아무래도 평론이 그의 '득의(得意)의 것'이라 할 것 같다. 그의 소설은 〈사냥개〉 이후로 〈철야〉〈지옥순례〉〈출가자의 편지〉 기타 4, 5편의 단편작이 있지만 나의 기억에 의하면 프로작품으로서 호평을 받은 것이라고는 〈출가자의 편지〉밖에는 없는 듯싶다. 〈사냥개〉도 그의 최초의 작품이요 또는 신경향파 최초의 산물이었던 까닭으로 주목의 초점이 되어서 깎고, 치키는 두 가지의 비평을 받은 일이 있으나 사실을 말하자면 잘된 작품은 아니었다.

그가 평론에 힘써 쓰기 시작한 것은 최근 2, 3년간이라 '투쟁기에 있는 비평가의 태도', '신경향파문학과 무산파의 문학', '문예운동의 방향전환', '무산문예운동의 집단적 의의' 등 1927년 〈조선지광〉 신년호 지상(紙上)부터 연속하여 발표한 이상의 제 논문과 제 평론은 당시에 우리들의 문예운동에 있어서 적지 않은 임무를 다한 문자(文字)이었다. 지금 와서 우리들의 예술운동 과거과정을 알려고 하는 사람은 이때의 군의 제 논문을 보지 않고서는 이해할 수 없게 되었고 지금부터 우리의 운동을 어떻게 인도하였으면 좋겠다는 이론을 끄집어내려 할지라도 역시 군의 전기(前記) 제 논문의 비판이 앞서지 않고서는 거의 불가능하리라고 생각된다. 그런 까닭으로 군은 작가라기보다는 이론가라고 말하는 것인데 이렇게 말하는 이유는 비단 이 사실뿐만 아니다. 그의 소설이 '묘사(描寫)'가 아니고 '논문(論文)'이 되어버리는 것도 큰 이유라고 할 것이다. 그런데 과거에 있어서 그의 소설도 그러하였거니와 현재에 있어서 그의 논문도 뒤에서 쫓아오는 사람이나 있는 것처럼 바쁘게 쓰는 탓으로 동이 안 닿는 대목이 적지 않다는 말을 나는 항상 듣는다. 들을 뿐만 아니라 내 자신도 센텐스의 구성이 비문법적으로 된 것을 군의 논문

가운데서 누누이 발견한다. 이런 것은 조금 주의해 주면 좋을 것이라고 믿는다.

하여간 군은 예술동맹의 조직자요 현재 지도 분자요 조선프로문예운동의 선구자의 일인이다. 지금 옛날의 잡지가 수중에 없어서 군의 논문이나 작품을 참고하여 구체적으로 소개할 수 없는데다가 또 시간의 여유가 없어서 이렇게나마 충실히 그를 소개, 비평하지 못하고 말았다. 작가로서의 최서해, 이기영, 임화, 신석정 등 제군을 또한 소개하지 못한 것도 유감이다.(京元車中에서-끝)

자료Ⅳ. 최근 문예이론의 신전개(新展開)와 그 경향 -사회사적·문학사적 고찰-

박영희, 동아일보, 1934. 1. 2 ~ 1. 11 연재

1

1929년 이후부터 나는 나의 카프에 관한 소위 지도 이론에 약간의 회의를 갖기 시작하다가 1931년 동아일보 신년호에 논문 '조선 프롤레타리아 예술운동의 작금(昨今)'을 발표하였던 바 권환(權煥) 씨에게 우익적(右翼的) 복전박사(福田博士) 식(式)이라는 브랜드를 찍힌 후에 뒤를 이어서 무수한 논객에게 일제 사격을 받았다. ―철학 속으로 도피하였느니 혹은 무능력하니 우익적이니 인텔리화하느니 혹은 소부르주아니 하는 온갖 형용사로― 그러다가 1932년 중에는 간부를 사임하고 이래 2, 3년 동안 무거운 침묵 속에 잠기었다가 1933년 10월 7일 드디어 카프를 탈퇴하였다.

이것이 근년 나의 심경의 변화라고 보면 볼 수도 있고 퇴각(退却)의 과정이라면 또한 그렇게 말할 수 없는 것도 아니다. 이에 관한 신문지상의 보도에 의하면 나의 '퇴맹'은 무주장(無主張)의 행동과 같이 말한 임화 씨와 나의 '담(談)'이라고 하였으며 또한 카프의 분규라고 씌어 있었다. 그러나 다 옳은 뜻을 표명해 주지는 못하였다.

이 글을 쓰기 전에 나는 나의 퇴각(退却)한 소이(所以)를 피력하지 않을 수 없다. 그것은 이것이 또한 이 논문에 중요하게 관련되는 문제이며 또한 재료인 까닭이다. 사람의 일동일지(一動一止)가 결코 무의식적 행동은 없다. 나는 탈퇴하기까지 오랫동안 사사(私事)에 분주하면서도 내 주장이 옳은 것인가 옳지 않은 것인가를 생각하고 또 생각하였던 것이다. 그러면 무엇 때문에 생각하였던가?

그것은 진실한 발전을 해야 할 문학이 기실은 지도이론과의 현격한 차이로 생기는 이론의 맹주(猛走) 또한 무정견(無定見)한 이론, 상호의 당착(撞着)으로 생기는 혼란, 그러나 폴리티시안적 기질을 일종의 명문(名門)의 표징(表徵)으로 가장(假裝)하는 허세 속에서 또는 시시(時時)로 명제를 창안하고 시시로 이것의 오류를 자기 스스로 지적하는 그 반면에 온갖 양심 있는 창작가는 정부 당국의 행정적 지령장을 손꼽아 기다리는 지방관청과 같이 이 비평가의 온갖 테제를 들고 쩔쩔매다가 침울 낙망 질식하지 않으면, 이론적 도시(圖示)에서 빈번한 주장과 강령을 싣고 달아나는 차마(車馬) 틈에서 진퇴유곡에 서있는 창작가도 볼 수 있다.

지도자의 횡포, 독단 −창작의 무기력, 무주장(無主張)− 이 오늘날까지 온 중대한 두 개의 논제였다. 현실성을 떠났으나 계급의식과 변증법적 유물론을 가지고 자기의 권위를 세우려는 평자 지도자가 있는 반면에, 현실을 보고 일정한 형상 속에서 사물을 묘출하려는 자기가 옳기는 하나, 그렇게 하면 비계급적이고 비유물론이라는데 기분을 상실한 선량한 작가의 남모르는 비애…… 이 틈에서 나는 생각해 보았다. 지금까지의 카프는 이 양면을 안전히 소유한 일개의 세력이었다. 나는 이 세력을 세밀히 연구해 보기도 하며 혹은 분석하여 보기도 하였다. 내가 비평가의 한 사람으로 그것을 고찰하기도 하였으며 내가 창작가의 한 사람으로서 생각도 하여 보았다. 그러나 나 자신이 한 권위 있는 정치가로 예술을 생각해 본 일은 없다. 이것은 확실히 불행이다. 그러나 '예술에 관한 것은 예술가만이 이해할 수 있다'는 정당한 명언에 의하여 예술의 진정한 진로를 찾기 위한 나의 미력은 이 불행을 대상(代償)하여 줄 것이라고 믿는 바이다.

그러나 너무도 명석한 독자, 조급한 논객들은 상론(上論)한 것으로써 주관적 해석을 내려서는 아니 된다. 이것은 내가 말하려는 간단한 서론에 불과하다. 나의 주장하는 구체적 견해는 이 글 전편을 통하여 있을 것이며 또한 글의 순서를 따라 발표코자 한다. 그럼으로써 최근 문예이론에 대한 한 개 경향을 말할 터이니, 그것에 첨부하여 나의 퇴맹(退盟)한 이유도 명백히 하려는 바이다. 그러므로 독자는 이 졸렬한 주장이 포함된 이 적은 글을 다 읽은 후에 그 진부(眞否)의 비평을 내리기를 기다리는 바이다.

2

조선에서 문예계를 회고한다든가 혹은 연구하려면 그것이야말로 난사중(難事中)에 난사일 것 같다. 도무지 출판물의 간행이 태무(殆無)한 듯한 이 현상에서는 고전적 문헌은 말할 것도 없고 1, 2년 전의 것을 살피어 보려도 큰 고난이다. 매일 신문의 학예란에 발표되는 수많은 작품, 다달이 발간되는 각 잡지에 발표되는 작품들이 한 번 신문에나 잡지에 번듯하고는 다시 나타나지 못한다. 어느 것은 수 년 후에 빈약한 책자로 나타나기도 하나, 대부분은 영원히 사라지는 모양이다. 그런고로 이런 글을 쓰는 데는 실로 고물상과 같이 방대한 신문뭉치와 잡지꾸러미를 방이 좁게 늘어놓고 머리를 앓고서야 가능한 사업이다. 이러한 까닭에 내가 이곳에서 논하고자 하는 것은 신문이나 잡지에 나타난 작품이나 평론의 전부를 말하려는 것은 아니다. 다만 시대 앞에 서서 창작계 문학계의 지도적 의의를 가질 수 있는 것에 한하여 논하려는 것이다.

1932년 겨울로부터 1933년 사이에 한동안 기세가 없던 논단은(논단이라는 것은 카프와 그에 관심한 제씨와 그리고 약간의 비카프인도 포함한다) 갱생하였다. 논단이 번창하면 항용 있게 되는 논쟁과 심하면 인신공격에까지 미치는 용세(勇勢)를 일반은 말하기를 논단의 대혼란이라고 SOS를 타전한다. 그러나 일견 혼란무쌍한 듯한 작금의 논단에서 나는 이것을 혼란으로만 볼 수 없다는 말이다. 물론 논하기에 무가치한 것이라든지 또는 혼란을 스스로 만들어내는 것이 없는 것은 아니다. 그러나 이러한 혼란과 복잡 중에도 연락하여 한 개의 논제를 제출하려 하며 그것을 해결하려 하며, 그러므로 논쟁하여 정당한 진리를 발견하려 한 노력과 족적이 완연히 명확히 보이는 바가 있는 것이다.

요컨대 이러한 정당한 진리를 탐구하는 데 얼마나 구체적인 활동이 있었느냐는 것이 아마 문제일 것 같다. 그러나 여하간 나는 작년의 혼란된 문예이론에서 한 개의 통일을 추출하여 낼 수 있으며 갑론을박의 논단으로부터 또한 뚜렷한 경향을 쉽게 찾아낼 수 있는 것이다. 이것은 특히 이러한 논문을 쓰는 나뿐만 아니라 사려 있는 평론가는 한가지로 수긍할 만한 사실이다.

1932년의 해가 넘으려고 할 즈음 '문학 창작의 고정화(固定化)에 항

(抗)하여'에서 신유인(신석초의 필명) 씨의 새로운 제안이 중앙일보 지상에 나타났고, 이어서 〈신계단〉 창간호에 '예술적 방법의 정당한 이해를 위하여'라는 것이 발표되었다. 뿐만 아니라 임화 김남천과, 김남천 박승극 씨 등의 논쟁, 한설야 씨의 월평 등이 있는 그 중에 백철 씨의 활동을 잊어서는 아니 된다. 각 신문, 잡지에서 백철 씨의 논문은 빠지지 않았다. 따라서 그의 논제는 단순하지는 않았다. 어느 때는 프로문학을 논하여 파제에프, 고리키를 인용하다가 또한 발자크, 졸라를 말하기도 하여 이 또한 씨의 동지들에게 논란을 당하였으나 나는 씨의 이렇게 분망한 문예적 근업(近業)에서 또한 무엇 하나를 찾아보려고 하였던 것이다. 씨는 마르크스를 논하고 '산 인간 묘사'를 제창하며 '소시알리스틱 리얼리즘'의 창졸한 소개, 그 가운데서 또한 씨의 심경을 촌탁(忖度)하려고 한다.

먼저 신유인 씨의 논문 '예술적 방법의 정당한 이해를 위하여'에서 보면, 그는 문학의 예술적 형상을 역설하며 주제의 적극성에 언급하였으니 말하기를 "문학이나 과학이나 작가나 과학자는 사물의 본질, 본질적 모순의 발전을 인식하며 과제를 제 현상의 합법칙성에서 천명한 과제를 해결하려고 노력한다. 즉 문학은 과학이 아니고 예술인 것이며 예술 이외의 아무 것도 아니기 때문이다"라고 시작한 다음에 이에 해당한 파제에프의 소론을 길게 인용하였다. 또한 그는 이러한 말을 하였다.

"이렇게 문학은 비상히 광범한 그리고 복잡한 자연과 사회 일체의 모든 현상을 인식하고 천명하면서 풍부한 예술적 제 장르를 창작하여 간다." 그리고 "모든 것을 대표하는 것 같은 그러한 소수의 사상(事象)에만 국한되는 것은 아니다. 우리들의 문학은 무한히 전개되어 있는 우주의 삼라만상 모든 계급의 인간의 일상생활을 위요(圍繞)하여 일어나며 있는 모든 사회적 현상을 자유로 광범하게 형상하여 가지 않으면 아니 된다. 프롤레타리아 문학은 분노하고 투쟁할 뿐만은 아니다. 프로문학은 울고 웃고 슬퍼하고 오뇌하고 그리고 연애할 수 있으며 또 창공에 빛나는 월색과 유유히 흐르는 하천의 물결음을 노래할 수 있고, 봄날의 밭 위에서 우는 종달새 소리에 귀를 기울일 수가 있는 것이다." 또한 이러한 말이 있다. '한 권의 부하린의 유물사관', '한 권의 정치교정(敎程)', '한 쪽의 신문보도'에 의하여 소설과 시를 쓰려는 만용은 인제 버리지 않으면 아니 된다.

또한 한설야 씨는 '변증법적 사실주의의 길로'에서 말하였다. 씨는 우리들의 작가가 창조적 과정에서 노동자 농민의 생활에 접근하여 그 내포한 것을 그리고 제재의 범위를 넓히고 능동적 율동적 역학적 기계적인 액션이즘의 수법을 학습하라는 것을 역설하였다. (중략)

그 다음 백철 씨는 또한 역설하였다. 그의 논문 '유물변증법적 창작방법'에서 "예술의 내용문제, 이데올로기 문제에서 한걸음 나와서 눈을 기술(技術)에 전향하라"라고 하였다. 또한 작년 8월경 조선일보의 '인간묘사의 시대'에서 말하였다. 인간은 "결코 외부 존재와 관계를 초월한 인간이 아니라"고 자론(自論)의 모순을 비상히 경계하면서 말한다. "문학에 있어서는 인간묘사 시대다!"라고. 그리하여 그는 지나간 온갖 명작을 인간묘사의 부대에 편입시키기에 노력하였다. (중략)

그리고 추백(안막의 필명) 씨의 논문은 취할 것이 많다. 그는 라프의 창작 방법론에 관한 것을 인용 대조하면서 조선의 라프의 오류와 태도를 비교적 상세히 논하였다. (중략)

3

　이제는 상술한 논문을 재검토하여 보려고 한다. 신유인 씨의 창작의 고정화 문제에 관한 신 제안은 유래의 카프 논객들의 태도에 비하여 대담한 감이 없지 않다. 사실상 창작가 자신의 우수한 기술이 제일의 문제이겠지마는 자기가 시대를 리드하고 계급의 챔피언으로서의 명예를 오손(汚損)할까 보아서 비상한 경계를 하면서, 자기의 창작상 자유성은 완전히 상실되며, 그러므로 낙엽으로서 등걸만 남은 나뭇가지 모양으로 골자만 남은 이데올로기의 예술적 가장(假裝)을 아니할 수 없게 되니, 이 소위 부르주아 문사들이 논박 화살을 던지는 '선전삐라' '신문기사' '정치가의 플랫폼' 등의 조소를 받으면서 고경(苦境)을 걸어왔던 것이다.

　아! 이 심경을 누가 알았으리오! 그러나 진리와 불평은 한 가지 은닉할 수 없는 성질을 가졌다. 그러다가 이 논평과 불만은 드디어 요원한 북방에 있는 라프(소련의 프로예술동맹)에서 터져 나와 그것이 나프(일본의 프로예술동맹)를 거쳐서 해를 거듭한 후에 우리들에게 나타났다. 자기의 회포를 자기가 용감하게 터뜨리지 못한 미성년의 비애는 어찌할 수 없는 일이니, 자기의 지적 천박을 조소해도 소용없는 일이며, 자기의 무용기(無勇氣)를 자책하여도 소용없는 일이나 여하간 조선에서도 이러한 불평이 한 번 터지기 시작하자 이제부터는 짐짓 가슴을 어루만지며 큰 소리로 이 오류와 진리를 한가지로 부르짖었다.

　신유인, 한설야, 백철 씨 등의 모든 논문은 다소 차이점이 있기는 할망정 역시 동일한 불평이 있었으며 동일한 절규가 있었다. 신유인 씨의 '한 권의 정치교정, 한 쪽의 신문보도에 의한 만용(蠻勇)은 인제 잊어버리자'라는 말은 옳은 소리라고 않을 수 없다. 온갖 사회의 현상, 사람의 정서적 활동이 압축되고 또 인간의 감정상 조화가 단순화하여 문학의 범위가 그 유례가 없을 만큼 협소하였다. 그 반면에는 창작과 기타 문학적 힘의 정치적 사회적 긴급한 비상한 정세를 위한 그 봉사적인 심지(心志)야말로 귀여운 일이 아니면 아니 된다. 그러나 심신에 넘치는 일이라면 아무 공적이 없이 소멸될 것이 아닌가?

이러한 의미에서 예술은 무공(無功)의 전사(戰死)를 할 뻔하였다. 다만 얻은 것은 이데올로기며 상실한 것은 예술 자신이었다. 백철 씨의 '기술을 배우자'라는 것과 신유인 씨의 '자연의 삼라만상에 착안하자'는 말이 다 같이 정당하다. 그러나 이 제씨의 논이 다 단편적이며 미완성된 것이었음을 유감으로 생각한다. 그러나 이왕 남에게 배우는 신세니 부족한 것은 다른 데 사람에게서 보충하기로 하자. 이러고 본즉 백철 씨의 '인간묘사의 시대'라는 글은 이해하기 어려우나 백철 씨의 심경만은 잘 이해할 수 있는 것 같다. 즉 인간의 감정과 정서의 복잡한 활동이 압축되며 거의 질식된 데로부터 맹렬한 반발작용에서 생기는 인간묘사가 아닌가 한다. 그러나 지나간 명작이 인간묘사만을 한 것은 아니다. 이것은 백철 씨가 확실히 그 울민(鬱悶)에 인간이란 외계의 영향을 받는다고 하면서 그러나 인간묘사를 해야 한다는 데 인간과 사회와의 관계를 망각하였다. 허다한 과거의 문인들이 인간을 묘사함에서 그 시대와 사회를 표시하였으며 그 사회를 묘사한 그 중에서 생생한 개별적 인간이 묘출(描出)되지 않았던가?

그러면 또한 안막(추백) 씨는 '창작방법문제의 재토의(再討議)를 위하여'에서 무어라고 지적하였던가? "그러나 이 문제에 관하여 우리들은 여하한 행복이 있다 하더라도 아직껏 정당한 토론을 일으키지 않는 것 같다"고 상술한 제씨 논(論)의 불충분을 느끼면서 "그러나 중요한 것은 창작방법의 '법전'을 각 작가에게 적용하는 데 있는 것이 아니고 건설의 진실한 형태를 작가에게 묘출하도록 하는 것이다"라고 논제를 진전시키면서 또한 "예술가는 자기의 작품 중에 현실의 본질의 방면, 그 발전 경향 목적을 심각히 보다 정확히 구체화하면 할수록 그 작품 속에는 변증법과 유물론의 요소가 많아질 것이다."

이런 경향을 다시 한 개의 커다란 명사(名詞)로 대표해서 말한다면 예술의 '문학사적' 전향(轉向)이라고 말하고 싶다. 얼른 보면 문학이면 으레 문학사적 의의가 있는 것이지만 상술한 계급예술의 특수성에서 보면 이 말이 결코 무의미한 말이 아닐 줄로 안다. 즉 부르주아문학을 완전히 계승해야 하는 사적(史的) 의미에서 예술적 제반 유산(遺産)을 정확히 정리하며 섭취해야 할 것은 물론이다. 문예계의 유력한 비평가 제씨의 상술한 제론(諸論)은 확실히 문학적 완성의 길로 기울어지는 한 개의 중요한 '경향'이다. 나는 이렇게 문학의 진실한 형상(形象)의 탐구와 문학이 가져야 할 모든 조건의 완비를 탐색하는 최근의 이 경향은 비로소 부르주아문학을 완전히 계승할 만한 용의(用意)라고 생각한다. 이곳에 진실한 문학의 길은 있는 것이다. 그러면 고정화하였고 생경한 의식만을 표현하던 예술품, 그러한 한동안 카프에서 과대평가를 내리던 예술적 작품은 어떻게 규정할 것인가 하는 문제가 일어나게 된다. 이것을 나는 예술의 사회사적 활동이라고 보고 싶다.

이렇게 말하면 혹은 사회사와 예술사를 구분한다고 비난할는지 모르나 그것은 결코 그렇지 않다. 종래의 카프 평론가들이 사회사와 문학사를 동일하게 생각한 일이 없지 않았다. 이들을 동일하게 생각한 까닭에 이론적 지도와 창작적 실행에 혼란을 가져왔으며 또한 창작적 활동을 사회운동의 일종으로 생각하였던 것이다. 그 예증은 점차로 논하려 한다.

이러한 견해는 조선에만 있는 것은 아니었다. 그러나 그 실천에 있어서 오류는 조선에서 거대하게 성장하였다. 그러므로 그것은 또한 조선에서만 과류(過謬; 過失)를 깨달은 것은 아니다. 위에서도 말하였거니와 문화에 선진한 다른 나라에서도 논의되기 시작하였다. 그러므로 조선에서도 그들을 인용하여 가면서 자체의 오류를 논급하기 시작한 것이다. 이것은 문화에 후진한 사람들의 비애이겠지마는 그다지 불명예 될 것은 없다. 문제는 그들을 배우고 또한 인용하더라도 정당하게 적합하게 조선현실에 적응하게 하면 오히려 그 공이 클 것이다. 그러나 늘 생경하게 소화되지 않게 부적하게 인용되는 것으로 문제를 일으키는 것이다.

논제는 다시 문학사로 옮기자. 문학사적 연구와 사회사적 연구는 물론 동일한 연구로 취급하여서는 아니 된다. 다만 문학사는 사회사의 가장 밀접한 영향을 받는다. 인간의 사회생활의 부단한 발전과 투쟁의 역사는 사회사를 형성하고, 인간의 개인 혹은 사회적 생활에서 생기는 감정의 발전과 그 형상적 발현(發現)은 문학사를 형성하는 것이니, 전자는 경제생활의 발전기록이요 후자는 정서적 생활의 예술적 표현인 것이다. 인간은 생활과 감정을 소유하고 있다. 그러나 이 감정은 생활로부터 제약되고 규정된다. 이것은 아주 범속한 기본원리다. 그러나 감정과 정서는 곧 경제적 생활은 아니다. 정서의 활동과 발전은 이 정서의 개별적 특수적 성질을 연구함에 있다.

이와 한가지로 문학사가 아닌 동시에 문학사는 문학의 개별적 특수적 성질을 연구함에 있는 것이다. 1932~3년 동안 문단의 평론가 제씨는 문학의 특수적 성질을 구명하려고 노력하였다. 얼마나 완전한 결과에 왔느냐는 것은 이곳에서 논하지 않는다. 그러나 이 문학적 연구의 경향, 이것을 나는 문학사적 경향이라고 하더라도 특별한 사정이 없는 이상 과오(過誤)라고 생각하지는 않는다. 그러면 예술의 사회사적 활동의 성과는 무엇이며 또한 어떻게 평가해야 할 것인가를 논할 것이다.

4

예술에 충분한 기능이 있는 예술가들만이 모였던 것이 카프의 초기적 형태다. 이들은 예술을 논하고 창작의 내용에 관하여 상의하였다. 이러한 의미에서 결코 문학의 영역을 벗어나지 아니하였다. 그러나 이 단체의 사회적 발전은 매우 급속한 템포로 상승하였으니 자체의 무비판적 발전은 최후의 자체의 질곡(桎梏)을 만드는 결과를 가져왔다. 조선의 사회운동이 화려하던 때 예술가 단체는 어느 때이든지 예술만을 논하고 있는 것을 일종의 치욕으로 생각하며 따라서 이들은 점차 사회생활에 관심을 갖게 되며 또한 사회의 실제운동에 관한 슬로건에 귀를 기울이기 시작하였던 것이다. 자기가 사회인의 한 사람으로서 혹은 계급인의 한 사람으로서 사회에 관한 실제적 활동에 가담하는 것은 물론 타당하다고 볼 수 있다. 그러나 이러한 예술가가 자기의 예술까지를 폴리티시언에게 보내는 전적 선물로서 제공하였던 것이다.

그러나 그 후의 발전은 예술가 자신이 벌써 폴리티시언의 한 사람으로서 등장하여 예술적 정책을 염출(捻出)하여 자기의 슬로건을 자기가 예술적 창작에 적용하려고 하였다. 이러고 보니 예술가만이 모이는 것은 협소함을 느끼었다. 그래서 문호를 개방한 결과 너도나도 모여들어

일개의 불만족한 사회운동단체를 형성한 감이 있으니 지방에서는 각각 지부를 설치하고 본부에서는 예술적 논의를 떠나서 사회적 슬로건을 검토하며 자기의 새 슬로건을 토의하였으며 사회단체협의회에 대표를 파견할 것을 논의하였던 것이다. 이것은 1927, 8년 전후의 일이라 이때의 김기진 씨의 형식론은 이데올로기의 망각이 아니라면 다분히 예술적 영역에 있었다. 그리고 나의 내용론은 형식적 무시가 아니라면 예술의 계급성을 옹호하였던 것이다. 이러는 반면에 예술적 특수적 개별적 성질을 연구하는 것은 점점 멀어졌다. 자기들의 일에 봉사하는 것이라면 선전비라도 좋다. 보고서도 좋다는 데까지 이르렀다. 이 점에서 과오의 책임은 내 자신도 다분히 져야 할 줄 안다. 목적의식성의 실패에서부터 나는 퇴각(退却)을 시작하였다. 일부 신진들에게 공식적이라고 지적을 받고 또한 그들도 예술의 특수성을 논하였으나 도무지 구체적 발전이 없었다. 이것은 최대의 불행이었다. 상술한 예술가의 사회적 실제적 진출은 조선 예술가들의 누구보다도 현실적 사회적 진출의 공로가 빛나고 있다. 그러나 그 대신 위축(萎縮), 고정된 것은 예술이었다.

   그러면 이 혼란은 어떻게 정리할까? 요약해 말하면 예술과 정치가를 단일적으로 생각하였고 그러므로 예술가가 정치가가 될 때에는 예술은 곧 정치라고 속단하였다. 한 사람의 인간이 예술을 생각할 때에는 예술이지만 그 사람이 정치를, 경제를 생각할 때에는 그는 정치가이며 경제학자가 되는 것이다. 따라서 동일한 사람이 정신적 여러 가지 노작(勞作)에 종사할 때에는 각각 상이한 괴질(怪質)을 가진 그 부분의 특수적 개별적 발전에 착안하지 않으면 아니 된다. 그러므로 상술한 데에 우리들의 중요한 모순은 단일적 관찰에서 양면을 일면으로 해석하며 실행하려던 것이었다. 그러나 사실로서 그 단일적 견해가 과오였으니 창작행동에 있어서는 평자(지도자)가 여하한 문제를 제출하더라도 창작은 오직 생경(生硬), 고정(固定), 비예술적 요소가 다분히 있었다. 슬픈 노래를 부르되 눈물내지 아니하고 피리를 불어서 춤추지 않는다는 말은 참으로 이론지도부와 창작가 사이에 생기는 현상에 적응된다. 이 지도부의 이론은 여하하든지 창작에는 별로 이렇다는 것이 보이지 않았다. (중략)

 이러고 본즉, 진리는 오직 위대한 창작가에게 있는 것이다. 지도부에서 허다한 제안과 허다한 과오를 청산하면서 나온 결론은 무엇이었던가? 그러나 문제는 이만큼 되면 독자도 어느 정도까지 필자의 진의를 규지(窺知)할 줄로 안다. 그런데 내가 말하려는 것은 개인적으로는 현상이 이곳까지 이르렀는데 카프의 지도부는 침묵 그대로를 가지고 있다. 개개의 인원은 현금 문학사적 연구와 발전을 논의하면서 카프만은 아직도 사회사적 견지에 입각한 고각(古殼) 그대로를 가지고 있다. 이것 때문에 필자도 비공식적으로 의견을 암시한 바 있으나 아무 효과 없이 침묵하고 있다. 필자의 퇴맹(退盟)의 가장 큰 이유는 여기에 있다. 즉 카프는 진실한 예술적 집단이 될 수 없을 만큼 되어 있는 것을 혁신하지 않으면 예술가로서는 무의미한 것이다.

5

 그러나 이곳에서 간과하지 못할 것은 방법론일 줄로 안다. 방법론이라는 것은 독자도 이미 기대하였을 줄로 아는 변증법이다. 아무리 그러한 과실과 오류가 있다 하더라도 그것은 사물의 발전상 불가피한 것이며 필연적이라는 단안을 내리려는 경향이다. 이것은 어느 정도까지 타당하지 않다는 것은 변증법의 기본법칙 정반합의 표면적인 공식만을 응용하여서는 불가하다. 변증법은 고정하는 법칙이 아니고 유동하고 변천하며 합리에서 불합리를 양기(揚棄)하는 것이며 발전에서 모순을 찾아내는 것이라는 심각하고 오묘한 철학적 진리를 범속한 시장의 염가물(廉價物)로 전락케 해서는 아니 된다. 모순이란 어느 때든지 정당하고 타당하고 진리인 발전에서만 찾아낼 수 있는 것을 문제 삼는 것이며 불합리의 양기라는 것은 어느 때나 혼란된 데서가 아니라 특수적·개별적·통일적 관념에서 되는 것이다. 처음부터 출발점이 다르다든가 혹은 부여된 발전에서 전혀 탈선하여 별개의 선로로 달아나는 것에 변증법은 적용되지 못한다. 계란에서 닭의 발전을 연구하는 것은 타당하다. 그러나 계란에서 천문학을 연구함은 불가하다. 다만 사물의 발전이라는 개념만은 동일하다. 사물과 사물 진리와 진리는 개별적이면서 상호의 관계에 대한 개념은 또한 동일하다. 그러므로 문학사는 사회사의 일부분의 연구 소재를 제공하면서도 사회사는 아니다. 이것은 변증법의 중요한 명제인 특수성·개별성이다. 그러므로 과오와 실패의 총체적 책임을 변증법적 법칙으로 돌아가게 하는 것은 또한 불가하다. 예술이 최고의 수준에서 정책에 봉사하는 때는 사회의 비상시에만 한한다. 말하자면 예술은 이러한 때는 겨우 생명만 보지(保持)하는 셈이다. 이러한 의미에서 카프의 오류는 일리가 있다.

 그러나 곧 예술은 다시 예술문제로 돌아와야 한다. 다만 과거의 문학에서 새 문학의 출현만이 그 변천과 발전을 변증법적 법칙에서 관찰하는 것이 타당하다. 말하자면 새 문학은 낡은 문학의 계승자다. 그러나 예술가가 사회적 슬로건 밑에서 창작적 실패를 본 후에 다시 문학을 연구하게 된 과정과 변천을 전부 변증법적 발전으로만 해석함이 불가하다. 이것은 지적 부족과 예술적 견해의 불충분에서 생기는 한 개의 실패가 아니면 아니 된다. 또한 예술의 조잡, 경고(硬固)한 형식에서 요즘 논의 되는 형상론(形象論)의 그 과정을 변증법적 발전이라고도 할 수 없는 것이다. 만일 우리에게도 다행히 톨스토이나 셰익스피어와 같은 위대한 작가가 있었더라면 이러한 과정이 얼마나 불필요한 것인가를 곧 알 수 있을 것이다. 또한 동일한 오류를 갖게 된 라프의 작가들이 아무리 질식적인 생활을 하였다 하더라도 우리들이 당면한 조잡한 작품과 같은 것은 없는 것 같다. 이것은 나의 천학박식의 탓인지는 모르나 아직껏 그러한 작품은 읽지 못하였다. 다만 평론가들이 이제서야 예술적 견해가 생기기 시작한 것이고 그간 연구에서 지적 역량을 획득한 데 불과하다. 이것은 좋은 현상이다.

6

또 한 가지의 예증이 있다. 예술운동 전과정에 있어서 정당히 자기의 과오를 깨달은 때가 있었으니 그것은 방향전환(方向轉換)이다. 그러나 이 방향전환은 예술의 원활한 진로는 되지 못하였다. 종래의 것이 부분적이고 분산적이고 경제주의적이었으나 전체적 전적 투쟁으로 방향을 전환하자는 사회단체의 슬로건을 그대로 창작가에게 분여(分與)하고 강압하였다. 그런데 그 중요한 내용은 내셔널리즘 또는 소시얼리즘의 통일, 그러나 소시얼리즘의 승리 – 이것을 창작내용으로 해야 한다는 것이었다.

이러한 과분한 주문, 질식할 듯한 분위기에서 지도적 평론가들은 궁지에서 사금(砂金)을 발견하였다. 낙동강! 푸른 물이 흐르는 낙동강! 애수와 분노가 흐르는 낙동강! 포석의 단편인 〈낙동강〉이 제2기적 작품이라고 기뻐하며 즐거워했다. 그러나 문학적 가치의 정당한 가치는 또한 어그러지고 말았다. 포석 자신도 일부러 내셔널리즘을 응용하려고 노력한 흔적이 보이며 그러므로 그러한 슬로건을 내걸어 놓은 평가(評家)들에게 인정되었지만 기실 중요한 것은 〈낙동강〉이 정서적 방면에 착안한 점에 있다. 아무리 슬로건에 합치되게 내용이 구성되었다 해도 이것 또한 조잡경고(粗雜硬固)한 목편(木片)으로 취급되었을 것이다. 이러한 슬로건을 내어 걸기는 하였으나 그도 인간인 이상 정서가 있었고 그리하여 이 작품의 정서적 요소가 무엇보다도 그들의 심금을 울리고야만 것이다. 그러므로 〈낙동강〉의 가치평가는 일시적 현상일 뿐이었다. 오히려 최서해의 〈홍염〉은 보다 더 우수한 작품이었다. 예는 이것 뿐은 아니다. 또 하나의 시가 그것이다. 모든 사람이 시적 문학적 가치를 인정하였다. 〈카프시인집〉을 읽는 것보다는 차라리 이 시 한 편을 애독하고 싶다. 이 작품은 〈낙동강〉이 가지고 있는 정서적 요소보다도 더 많은 충분한 서정적 활동이 있었다. 평가들이 〈낙동강〉을 칭찬하고 그것을 우수한 시편으로 선정함에 있어서 다 같이 정서적 활동에서 이 작품들이 문학적 가치를 받으면서도 평가들의 가치기준은 역시 전자와 후자 사이에 차이가 있었다. 전자는 의연히 사회사적 견지(見地)를 아주 탈각(脫却)지 못하고 문학사적 가치의 사회와 사회사적 가치가 혼합된 그 속에서 결국 제2기적 작품, 목적의식적 작품이라고 명명하였다. 조금만 사려 있는 사람이라면 이것을 용이하게 이해할 수 있는 것이다. 그러나 또 하나의 시는 예술적 형상 이외에 그 내용을 탐색해 본다면 당면한 어떠한 슬로건이나 무슨 목적의식성적 용의(用意)에서 제작된 것은 아니다. 이것은 추백(萩白) 씨의 말과 같이 사회의 한 지도자의 생활을 예술적 형상에서 묘출(描出)한 것이다. 제재로써 본다면 다른 것에 비해서 오히려 미온적이다. 그러나 이 작품은 그 자체 속에 이미 변증법이 있고 유물론적 견해가 있지 아니한가. 톨스토이는 예술은 정서적 감염이라고 하였으나 만일 작품에 정서적 활동이 없으면 정서적 감염은 절대로 불가능하다. 이 예술적 형상과 인간의 정서적 활동의 연구-미학-는 문학사적 연구에 속한다. 그 내용에 있어선 창작가 자신의 관찰력 여하에 있다. 현명한 작가 사려 있는 작가는 현실주의, 사실주의의 사회, 계급, 기타의 정확한 것을 의식할 것이다. 진정한 의미에서 말하면 모든 사실주의, 자연주의, 낭만주의에 관한 지식은 평론가가 창작가를 가르치는 것이 아니라 창작가의 창작에서 학습하는 것이다. 평가가 가진 것은 일개의 개념뿐이나 작가의 작품에는 구체적 형상이 표현되어 있는 까닭이다. 그러므로 평가가 가령 사실주의를 역설하고 작가가 사실적으로 쓰지 않으면 가치를 인정하지 않겠다고 하면서 기실 구체적 방법을 제시하지 못하는 것은 그 까닭이다. 작가만이 구체적 표현이 가능한 것이다. 그러나 여기 예외가 하나 있다. 그것은 모든 것이 불충분한 문학청년에게 한하여 평자가 그러한 무리한 지도를 할 수 있다. 이제 결론은 간단하다. 카프의 문학적 지도가 무의미한 것이다. 지도부와 사회사적 고립과 그 문학사적 붕괴가 그것이다. 이것은 상론에서 주장하는 최근의 경향에서 쉽게 발견하게 된다. 이것이 또한 내가 퇴맹한 제2의 이유다.

7

인제는 이곳에서 정당한 자기비판이 필요하게 되었다. 사회사적 의의를 가졌던 라프의 광영은 문학사적 견지에서는 죄과(罪過)에 당면하지 않으면 아니 된다. 이것은 물론 그 반분(半分)의 책임이 내 자신에게 있으나, 그것을 어느 정도까지 알면서도 여전히 전철을 밟고 가는 현재 지도부에도 그 반분을 분배하여야겠다.

라프 해소에 관한 비판문이 당시 그쪽(소비에트동맹)의 잡지 신문에서 상당히 시끄러웠던 모양이다. 나는 어느 날 모(某) 영자신문에서 루이스 파스처라는 평론가의 라프 해소에 관한 논문을 보았다. 이 글을 한 자 한 자 읽으면서 나는 많은 참고를 얻었다. 그 사람의 글에서보다도 라프 해소 그 사실에서 — 그러나 여러 가지 사정으로 그 전문을 이곳에 역재(譯載)할 수는 없다. 그러므로 가장 간단한 수구(數句)에서 만족하려 한다.

— 만일 한 작가에게 라프가 낯을 찌푸리면 그 작가의 생애는 망쳐진다. — 라프는 재능 있는 인물을 침묵 속으로 몰아넣는다. 라프의 평가(評家)는 예술적 성질에 관심하지 않는다. (중략) 그들의 유일한 표준은 정치였다. 그래서 만일 소설가가 눈곱 반 머리만큼이라도 그 정통적 파티에서 벗어나면 곧 반동분자라고 인(印)을 찍어버렸다. 수백 편의 원고가 출판국에 미발간 그대로 쌓여있었다. 그것은 그 내용과 저자를 라프가 싫어한 까닭이다. (중략)

— 라프는 검열관이었다. 문학적 조직은 아니었다. 소련의 문학적 비평은 빈궁하였다. 라프는 이 빈약의 책임을 지지 않으면 아니 된다. — 저들은 작가들을 친절하게 교시(敎示)로써 지도하지 않았다. 저들은 우

둔한 무기로써 악의의 공격을 하였다. 그들은 xx하였다. -

- 문학, 시네마, 극장까지 라프 지배 하에서 마비되어 버렸다. 그러므로 라프 관리 하에 있는 주간 '리터래투르나야 까세타'까지가 "정당한 창작적 분위기를 작가를 위해서 조성할 것이다"라고 부르짖었다. 기타 허다한 인용은 생략한다.

이것은 두 말할 것도 없이 문학의 사회사적 견지에 서 있는 그들의 과오가 아니면 아니 된다. 여기에 비하면 퍽 소극적이고 소규모라고 하겠지만 카프도 꼭 이와 같았다. 회고하면 이런 일이 얼마든지 있다. 비록 시대가 다르고 경우가 다르다 할지라도 문학의 사회사적 견지에서 동일한 잠월(潛越), 과오를 범하고 말았다. 다른 사람은 모르겠으나 내 자신만은 나의 이러한 소행의 문학상에 미친 죄과를 이곳에서 한 가지 청산하려 한다.

1928년 1월 조선일보 지상에 실린 '조선운동의 특질'이라는 논문을 쓴 홍양명 씨를 즉시 카프에서 제명하였다. 당시 홍양명[89] 씨는 예술적 저작이 없음에도 불구하고 카프 회원이었으며, 그 정치적 견해가 다르다 하여 화를 입었다.

그 후에도 홍효민, 김동환, 안석영 씨 등이 순서대로 척척 제명 처분을 받았다. 그 원인인즉 정견의 소소한 차이, 소부르적 언행, 카프의 비판적 태도 때문이다. 결코 비예술가라고 하여 제명한 것은 아니었다. 더욱 수년 전 이적효, 민병휘의 사건을 역시 제외 처분에 부친 것도 예술문제와는 그 거리가 요원하였다. 그러니 이 역시 예술단체는 아니었다.

---

89. 엮은이 주: 홍양명(본명; 홍순기)은 1938년부터 조선총독부 기관지에서 활동한 친일 언론인이다.

카프가 검열관이라기는 너무 과도한 말이었으나 자기 권외(圈外)의 작가에게는 주의하지 않았다. 그 예술적 재질을 무시하였다. 배척하였다. 자체 스스로가 민중에게 이반되었었다. 심한 데 가서는 글만 여기 저기 써도 곧 법규 위반자로 문제되고 토의되고 구명하고, 비판하여 눈물을 흘리며 사죄하지 않으면 아니 되었다. 특별히 예술적 명작이 없으나, 최근의 〈카프작가집〉〈농민소설집〉〈카프시집〉이 이러한 제한과 부자유 틈에서 피어 나온 '닥 플라워(dark flower; 暗花)'다. 그러므로 그 글을 읽으면 조잡한 흔적이 명백히 드러나 보인다. 지금도 지도부의 의견은 역시 '당파성'의 옹호에 있어 보인다. 다만 다른 것은 잡지나 신문이면 어느 것에나 어떠한 글이나 발표하는 것만은 묵인된 모양이다. 당파성에 어그러지면 자유주의자의 인(印)을 찍으며 비계급적이라 하나 최근 카프가 발표제한의 철폐, 내용비판의 철폐, 이것도 무서운 리버럴리즘의 발현이 아니면 아니 된다. 이러고 보면 명실 공히 파티앤섭의 붕괴며 다만 기분적 섹타리아니즘(sectarianism)의 공각(空殼)뿐이다. 나는 이러한 분위기를 싫어한다. 그러므로 이곳에서 탈출함이 내 퇴맹의 제3 이유다. (중략) 그 이유를 따로 적어보면 다음과 같다.

(1) 소설을 가지고 그들에게 읽히도록 한다는 뜻. 그리하여 가가호호로 다니지는 않고 다만 지적 정도가 천박한 그들이 이데올로기를 이해하도록 하자. 그러니 그들이 읽기에 가장 평이하게 하자는 것이 그 정책론의 하나이니, 예를 들면 〈춘향전〉, 〈정을선전〉 같이. 이것이 우리들의 교양수단이니 예술의 완전한 형태도 아니며, 또한 발전된 예술도 아니다. 이것이 창작자를 질식케 하는 제1의 이유,

(2) 그들의 생활을 제재로 해야만 프로소설의 임무를 다할 터인데, 소(小)프로 인텔리겐차가 그 생활을 알 까닭도 없고 그 기분도 모른다. 그러니 우리는 이것을 체험하도록 하기 위하여 그 속으로 들어갈 것, 우리에게 이것이 얼마나 가능할 것이냐? 사실상 불가능하였다. 그 속으로 간다고 해서 명작이 즉시로 나올 리도 없다. 힘껏 하면 권환 씨의 〈목화와 콩〉 정도다. 이것이 작가를 질식케 하는 제2의 이유,

(3) 조금 더 극단으로 나가면 소설이고 예술이고 그것은 전혀 문제도 삼지 않고 이데올로기를 어떤 수단으로 전하라는 것, 이것이 제3의 작가의 질식될 이유다.

8

그러나 최근의 경향은 점점 이러한 비예술적 분위기를 탈출하려는 것이다. 리터래투르나야 까제타의 소론(所論)과 같이 정당한 예술적 분위기를 만들어 작가를 위하여 제공하려는 경향이 다소 보인다. 자기비판과 구체적 제시가 없고 암시적으로 혹은 측면으로는 논하나 그 경향만은 문학사적 견지에서 자체의 특수적·개별적 사업을 성취하려는 노력이 보인다. 그것은 신유인 씨의 〈변증론〉에서 백철 씨의 〈인간묘사론〉에서 추백 씨의 〈창작방법론〉에서…… 더욱이 민촌의 소설은 난잡한 고각을 벗으려 하며 제한과 구속에서 탈출하여 참말로의 기술 있는 창작가의 길로 나아가는 것이 보인다. 민촌의 소설에 대하여 아무개의 소론은 다소 정실에 기울어지나 그다지 무리는 아니다. 이것은 한 가지 최근 문예경향의 한 새로운 발전이면서도 기실 그들에게 멜랑콜리가 아니면 아니 된다. 그들이 돌이켜서 카프를 돌아다봄에 한해서 옛 생각을 버

리지 못하고 있는 까닭이다. 그들은 이중 진리(二重眞理)에서 주저한다.

조선일보 작년 11월 8일 특간(特刊)에 H생이라고 익명의 '유물변증법적 창작방법의 재비판'이라는 창졸한 단문(短文)이 있었다. '유물변증법적 창작방법'이 채용된 이래로 비평에 있어서 공식적·관념적·관료적 경향을 드러내어 작가의 창의성, 개인적 경향, 세계관 등 복잡한 관계를 전연 무시하였던 것은 이미 나타난 사실이니 어찌했던 새로운 방법이 대체될 것을 추측할 수 있다. (중략) 좋은 방법을 던져주기를 바라는 것은 '낙오'나 '실격'의 전제가 된다. 박래품의 좋은 해결을 그때까지 턱을 괴고 기다리느니 우리로서 우리들에게 필요한 방법을 파지(把持)해 볼 용기는 없는가? 이만한 진의와 타당한 의견을 익명으로 무책임 무가치하게 조소하는 말처럼 취급하기는 참으로 가석(可惜)한 감이 없지 않다. H씨는 좀 더 용기를 내어 주었으면 한다. 어느 때나 자기 자신을 비판하는 것은 괴로운 일의 하나다. 그러나 과오를 은닉하고 이론화함으로써 자기 자체를 방기하는 것은 보다 더 괴로운 일이며 가슴 아픈 일이다. 이러한 정세를 충만히 내포한 카프는 그냥 붕괴하려는가? 의의 있는 예술적 창작에 공헌이 있을 기관이 되지 않으려는가? 유물변증법의 착오된 기계적 응용의 극복, 편협한 파티앤쉽과 증오할 만한 섹타리아니즘의 방기, 소박한 정치의식의 양기(揚棄)를 실행하지 않으면 아니 된다. 이것은 라프, 나프와 카프가 한가지로 실행할 문제다. 그 중에도 아직 남아 있는 것은 카프다.

이럼으로써 우리들은 세계문학사의 전통 위에 서게 되는 것이다. 우리들은 자기 스스로 선택한 궁경(窮境)과 험로(險路)에서 고난의 순례를 하면서 있었다. 그러나 이제서 고(苦)의 순행례(巡行禮)는 종료되었다.

예술 전당에 도착하였으며 창작의 사원(寺院)의 종소리를 듣게 된 까닭이다. 온갖 의구(疑懼)와 주저를 끊어버리자 - 프로메테우스여 고난의 밤은 밝아온다.

자료 V. 작가들의 전향(轉向)에 관하여

1. 회월의 전향문제(김윤식, 근대한국문학연구, 329~331쪽)

회월의 전향 문제는 객관적으로 보아 세 단계로 구분할 수 있다.

첫째 단계는 그의 출발인 〈장미촌〉, 〈백조〉의 유미주의에서 1924년 이후 계급주의에로의 전향이다. 이 때의 회월의 정신구조는 그가 출발점으로 내세운 유미주의가 어떤 이론적 필연성의 바탕에서 비롯된 것이 아니었기 때문에 다른 주의여도 상관없었다. 따라서 이 무렵의 객관적 정세가 사회주의 사상이 지평적(地平的)이었다는 것, 팔봉이라는 우정적인 촉매작용이 있었다는 것, 기질상 정열적이기보다 이지적이었다는 것 등이 그 전향의 모티브라고 할 수 있다.

두 번째 단계는 1931년 '신간회'사건에서 1934년 드디어 KAPF로부터의 전향이 해당된다. 전향 이유를 든다면, 1) '신간회'건으로 기소되었다는 것, 2) 만주사변 이후로 군국 파시즘의 치안유지법의 개악(改惡)에 의한 공포의식 등의 외부적 이유와; 내부적 이유로는 1) KAPF가 제3전선파에 의해 볼셰비키화 되었다는 것, 2) 그로 인해 예술주의가 숨을 쉴 수 없었다는 것, 3) 내용 우위관(內容優位觀)이 문예예술상 정당하지 못하다는 것, 4) 그동안 한국문학이 질적으로 성장했다는 것 등을 들 수 있을 것이다.

그의 유명한 '얻은 것은 이데올로기요, 상실한 것은 예술 자신'이라는 득실론(得失論)은 어떻게 평가되어야 할 것인가? 예술에서 이데올로기를 얻었다는 것은 어떤 의미에서는 예술 자체의 영역을 확대시킨 것이라 할 수 있다. 그러나 회월은 유물사관의 이데올로기만 얻고 예술 자체를 잃었다고 선언함으로써 프로문학 전부를 부정하는 것이 되어 버렸는데, 이 발언은 프로문학도 한국문학 발전에 민족주의문학과 비등한 공헌을 엄연히 했다는 것, 민족주의 혹은 보수적 자유주의문학의 자기의식화가 프로문학의 존재에 의해 가능했다는 것 등의 엄연한 사실을 생각할 때 거의 의미가 없는 구호인 것이다. 다만 이 구호가 사용된 바른 문맥을 찾는다면, 프로문학 중에도 제3전선이라는 KAPF의 볼셰비키들에 향해졌다는 데 바른 뜻이 있지, KAPF 혹은 프로문학 전면(全面)을 부인한 것이라고 볼 수는 없을 것이다.

만약 그렇지 않고 프로문학 전면을 부정한 것으로 본다면, 그리고 그런 의미로 이 구호를 후세에까지 해석하는 풍조가 있다면 마땅히 시정되어야 할 것으로 본다. 그러면 이 2차 전향에서 회월이 돌아가야 할 곳은 어디였을까? 그는 전향선언에서는 종래의 위대한 부르주아지 문학유산이라 했는데 이것은 그의 첫 출발점이었던 유미주의를 가리킨 것으로 볼 수 있을 것이다. 그러나 이러한 원점회귀는 문학의 실질상 불가능하다. 이미 그는 십여 년을 두고 이데올로기라는 과학주의를 연구했던 것이며, 그로 인해 원점회귀가 불가능한 것이었다. 따라서 회월의 전향 후의 정신적 지지(支持)는 모(母)에 의한 전통적 가족주의에 얽혀진 기독교이며 문학상으로는 사회과학과 유미주의의 절충 혹은 결합을 향힌 모색으로 나타난다. 문학상의 이러한 절충주의는 전향선언 직후에 씌어진 '심미적 활동의 가치 규정' 계(系)에 속하는 일련의 논문이며, 문예비평상으로는 작품의 표현, 문체에 실제비평의 기준을 둔 논문들이다. 이들 중에서도 회월의 역량을 드러낸 학문적인 본령은 유미주의와 사회과학주의를 결합하여 새로운 문예관을 모색한 것이며, 이것은 드디어 〈문학의 이론과 실제〉라는 신문학사상 유일한 문학론의 업적을 장만한 것이다.

세 번째 단계는 1938년 전향자대회에 참석함으로써 행동면에서 먼저 나타나 을유년 해방까지에 걸치는 친일행위다. 사상범관찰법에 묶여 그는 북지황군위문, '조선문인협회'(1939년 10월 결성, 회장 이광수) 간사 등을 역임하고, 신체제문학이라는 국민문학론을 썼던 것이다. 이 친일행위에 있어 회월(芳村香道)은 행동만 앞섰지 이론상으로는 많은 모순과 엉성함을 보여 줌으로써, 그의 행동이 매우 작위적 제스처였음을 드러낸다.[90] 왜냐면 제1급에 속한 이론가였던 그가 이광수(香山光郎)나 최재서(石田耕造)처럼 이론 포기에서 신념 획득까지의 사이에 나타나는 자기고백적 합리화의 글을 한 편도 쓰지 않았다는 사실이 이를 증거하는 것이다. 그는 여타의 문인만큼의 압력, 동우회사건으로 인한 이광수만큼의 생의 위협과 사(死)에 대한 공포를 느꼈을 것으로 추단되는 것이다. 그러나 이광수 등과는 달리, 친일에 대한 이론 전개에 힘을 기울이지 않음으로써 곡두의 길을 걸었다고 본다. 어떠한 이유로도 반민족적

---

90. 엮은이 주: 임종국, 친일문학론, 평화출판사, 1963, 255쪽. 국민문학에 대한 논지(論旨)에서 "가장 근본적인 문제를 밝히지 못한 채 지엽 문제만을 견강부회시킨 박영희의 이 글을 통해서 필자는 정신의 전향보다 행동의 전향을 먼저 강요당했을지도 모르는 박영희의 그 무렵의 처지를 이해할 것같이도 생각되었다"라고 하였다.

문자행위가 정당화될 수는 없지만, 이 동안 이론가로의 그의 본령이 '문학의 이론과 실제'[91]의 연구였고, 이것이 1940년 친일의 고조기에 발표되고 있다는 점은 지적될 수 있을 것이다.

이상으로 회월의 활동이 한국신문학사의 반세기에 걸친다는 것, 그가 시도한 각 장르에 각각 높은 수준을 보여주었다는 것, 그의 세 단계에 걸친 전향이 그의 성격 쪽보다는 한국사회가 처한 객관적 정세에 보다 많이 좌우되었다는 것, 그리고 비평가이며 이론가로서 신문학 이후 단 한 권이라 해도 좋은 문학원론을 남겨 놓았다는 것을 살펴보았다. 끝으로 세 단계에 걸치는 전향은 대체로 자기 의지가 크게 작용하지 못했다는 그 약체성을 한번 더 강조해 두고자 한다.

2. 전향의 시대적 한계 (김윤식, 한국근대문예비평사 연구, 182~183쪽)

전향 문제는 1940년 무렵에 이르면 국책문학(國策文學)과의 관계로 다시 나타나게 됨을 본다. 그 전초로서 1938년 '전조선사상보국연맹'이 결성되었고, '전조선전향자대회'를 7월 22일 부민관에서 가진 바 있다. 여기서 전향(轉向)이란 '공산주의에서 국민·애국정신으로 바뀜'을 의미한 것이다. 국민 혹은 애국이란 소위 '황도(皇道)사상'을 의미하는 것이

---

91. 엮은이 주: 박영희의 〈문학의 이론과 실제〉는 〈문장〉 제2권 제2호(1940. 2. 1)를 시작으로 3회에 걸친 연재에 이어 광복 후 마무리하여 1947년 일월사에서 간행한 문학 이론서다. 이 책은 프로문학을 비판하고 자신의 전향을 합리화하면서 새로운 문학적 발판을 마련해보려는 학문적 시도의 결실이다. 여기에서 회월은 '문학은 개인이나 계급의 공리주의에서 벗어나 전 민족 전 인류의 이상이며 쾌락이어야 한다'는 점을 강조하였다.

다. 이 회의의 수석 간부는 박영희 권충일이며, 민족주의자로는 동우회 사건의 집행유예 속에 있는 현제명 갈홍기 김여제, KAPF 측으로는 김팔봉 임화 이기영 송영 김용제가 포함되어 있다.

　이로 볼 때, 회월과 백철의 전향은 프로문학을 포기하고 부르주아문학에의 전향이었는데 1938년 무렵에는, 제2차적인 변모를 하게 되었으니 그것은 소위 일제에의 야합인 것이다. 이 2차 전향 때는 KAPF 강경파인 송영, 임화조차 포함되어 있는 것이다. 이러한 현상은 이들 전부가 집행유예에 걸려 극히 불리한 정세 하에서 취해진 행동이라 볼 수가 있을 것이다. 따라서 이들 대부분은 '의장전향(擬裝轉向)'이라 볼 수 있다. NAPF에서 일찍이 전향한 바 있는 임방웅(林房雄)은 1941년 전 일본 내의 전향자가 약 6만 명인데 이들 대부분이 적어도 전향 후 5년 동안은 의장전향에 불과하다고 보았다. 그는 전향의 목적은 사회 복귀이며 '충량(忠良)한 일본국민으로 부활'함을 뜻하는 것이기 때문에 일본의 마르크스주의자의 이론은 오류이나 마르크스 자체는 정당하다고 보는 것은 전향과는 거리가 멀다는 것이다.

　여기까지 오면 전향은 국가 관념에로의 집중을 의미하는 것에 한정되고 만다. 이것은 국수주의에의 귀착을 의미하며 천황제의 신봉을 뜻하는 것이 된다. 여기까지 나오면 지적으로는 해명할 수는 없는 것으로, 이른바 논리 이전의 신념을 의미하게 된다. 1940년 무렵의 일본의 전향이란 국가의식에의 회귀를 지시한 것이라 비판의 여지가 있을 수 없다. 그러면 한국의 경우는 어떠한가. 임방웅의 〈전향작가론 서(序)〉에서 조선작가는 전향해도 돌아갈 조국이 없다는 의미의 발언을 한 바 있거니와, 이것은 최재서(崔載瑞) 중심의 소위 국민문학파들과의 관계에까지 발전하는 것이다.

　이제 전향에 대한 결과를 고찰해 볼 차례다. KAPF에서 전향한 회월과 백철이 다시 '황도문학'으로 전향하게 되었고, 해방 후에는 그들이 처음 KAPF에서 전향할 때의 상태로 회귀한다. 따라서 황도문학에의 전향은 의장적(擬裝的)이라 볼 수 있다. 한편, KAPF 해체 후 어느 시기만큼 비전향파이던 임화(林和) 등이 황도문학으로 전향한 것은 역시 의장전향이라 본다. 왜냐하면 이들은 해방 직후 KAPF의 기치를 재빨리 내세우는 것을 볼 수 있기 때문이다. 그렇다면 마르크스주의에서의 전향문제는 결국 회월과 백철만이 전형적이고 유일한 것이며 그만큼 비평사적 의의가 있다는 것이 된다. 이러한 사실은 한국 문예에서의 전향 문제가 심각한 내적 변모를 경험하지 못했다는 것을 의미할 것이다.

3. 팔봉의 전향에 대한 문제(김윤식, 한국근대작가론고, 66~69쪽;
<사상계> 1967. 6; '과학주의와 감상 −김팔봉 론−')

　전향에 대한 문제를 이 자리에 밝혀 두어야 될 것 같다. 이 땅은 전향을 일종의 배신으로 취급하는 풍조가 있는 듯하다. 이 점 진보적 인텔리들을 아프게 하는 악습이다.

　전향(轉向)이란 무엇인가. 이 개념은 1) 커뮤니스트가 자기 주의(主義)를 포기하는 경우, 2) 일반적으로 진보적 합리주의적 사상을 포기하는 경우, 3) 사상적 회심현상(回心現象) 일반을 의미하는 경우 등으로 볼 수 있다. 이러한 식의 분류는 전향을 현상으로 볼 때는 정당하다.

　전향의 문제는 외래의 수입 사상이 토착화하는 과정에서 필연적으로 발생하는 한 현상이라 볼 것이다. 따라서 전향의 철학적인 해명은 '사회 구조의 총체에 대한 내 자신의 비전을 확실히 하고자 하는 욕구'에서 찾아야 될 것이다. 그러므로 전향의 뜻은 명료한 것이다. 그것은 우리 사회 구조를 총체적 비전으로 삼은 것에서, 인텔리겐차 사이에서 일어난 사고전환(思考轉換)을 말하는 것이다. 그러므로 이것은 사회의 나쁜 조건에 대한 타협, 굴복, 굴절 이외에 우성적(優性的) 유전의 총체인 전통에 대한 사상, 무관심과 굴복도 물론 전향문제의 본질로 볼 수 있다. 이 후자의 시점은 전자보다 진일보한 느낌이 든다. 그러나 습관적으로는 커뮤니스트가 자기의 주의에 무관심해지든가 혹은 다른 주의로 옮기는 것을 뜻한다.

1930년대의 이 땅 문단에는 전향의 문제가 KAPF의 퇴조와 함께 성히 논의되었고, 그 논의점은 전향축(轉向軸), 비전향축을 논리적 태도로 임한 경우가 지배적이었다. 즉 배신으로 단정하는 투가 많았다.[92] 이러한 무지는 달리 없을 것이다. 소위 전향축을 절개변절(節介變節)이라는 윤리적 범주로 율(律)하려는 일체의 전근대적 잔재 때문에 적어도 사상의 문제를 다루는 의식의 선병질(腺病質; 약한 체질)을 초래한 것이다. 일반적인 카테고리로서의 전향이라는 것이 악(惡)이라고는 생각할 수 없다. 차라리 전향의 방향, 그 개개의 예에 있어서의 개성적인 전개

---

92. 엮은이 주: 권영민은 '카프시대 문학운동의 성격'에서 "카프 해산을 전후하여 일어난 전향문제를 논의하는 과정에서 '전향론'에만 관심을 기울일 것이 아니라, '비전향의 축'이 존재해 있었음을 인식해야 할 것이다. 이 비전향의 축에 의해 해방 직후 문단에서 야기된 계급문학운동의 정통성 시비가 문단의 좌우분열을 더욱 가속화시켰음을 주목해야 할 것이다"라고 말하였다.

속에 보다 선(善)한 방향, 보다 나쁜 방향이 선택되는 것으로 생각된다. 따라서 전향을 계기로 해서 중대한 문제가 제출되며 새로운 사상 분야가 전개되는 경우가 허다하다고 본다. 오히려 전향 문제에 직면하지 않은 사상은 유아적(幼兒的) 사상 혹은 학생 사상인 것이다. 방안에서 수영하는 격이다. 그것은 성인(成人)의 사상일 수 없다. 이 경우 A. 지드를 들어도 좋다. 지드는 고전주의에서 커뮤니스트까지 된 적이 있다. 그가 공산당에 들어가게 된 동기와 탈퇴하게 된 동기는 〈패배한 신〉이라는 책 속에 수록되어 있다. 이것은 지드의 성실성이라 할 것이다. Th. 만은 지드의 이러한 점을 가리켜 '끊임없는 조화의 탐구자'라 했거니와, 자기의 신념이 옳지 않을 때 서슴지 않고 옳은 쪽을 따를 수 있는 것은 오직 용기가 있는 사람만이 할 수 있는 법이다.

이 땅엔 프로문학 진영이 2차에 걸친 옥고(獄苦)를 겪게 되었고, 이 탄압에 의해 임화를 위시해서 거의 모두가 전향을 하게 된다. 이보다 먼저 회월이 전향선언문을 동아일보에 발표했고, 백철은 '비애의 성사'를 내었다. 팔봉 역시 전향축을 돌리며 생명의 위험을 느끼면서 신체제론까지 명맥을 이어 오게 된 것이다.

1935년 무렵 이상이 〈종생기〉를 쓸 때에서 이효석이 〈장미 병들다〉를 쓸 때까지의 우리 문학은 가장 어려운 시기에 해당한다. 1931년의 만주사변 이후 서구의 나치즘의 발호, 이에 대항하기 위해 지식인의 자기 방어 모임인 국제작가대회(1935. 6. 파리)가 나타났다. 이 시대의 지식들의 향방은 실로 아득하였다. 이에 신세대론이 구세대 측의 대망론으로 제출되었고 일본 군국주의의 그림자가 지평을 덮었다. 이상(李箱)의 '막다른 골목'이 아니라도 절망하던 시대, 인간상실, 말세적 공백, 상허(尙虛)의 소설에 나오는 문구처럼 이상견빙지(履霜堅氷至) – 이 속에 그래도 인텔리는 입에 풀칠을 해야 했다. 이땐 이미 그들에겐 진보적 사상이란 꿈 속으로 사라진 지 오래다. 그러나 이것은 그 9할 이상이 외적, 객관적 압력이었다. 이 속에서 인텔리는 그 기능이 마비되어 8·15를 맞는다.

 1925년부터의 우리 문단은 프로문학과 민족주의문학(국민문학파)의 두 파가 대립되었고, 1930년대엔 이상의 두 파에 소위 해외문학파가 낀 3파전이 이루어졌다. 그런데 민족파나 해외문학파는 그 체질이 소시민이었고 범박하게 말해서 보수주의가 되며 이 보수주의를 의식하게 된 것은 신흥문학 즉 대자(對自)에서 비로소 가능해진 것이다. 소림수웅(小林秀雄)은 일본에 있어서의 자유주의 비평이 프로문학 비평의 의식에서 가능했음을 말하고 있다. 이것은 비평에만 관계된 것은 아니다. '일본에 있어서의 자유주의자의 자기의식은 마르크스주의에 의해 비로소 가능했다. 이것은 문학뿐만 아니라 일본의 학문사나 사상사 일반을 이해하는 데 결정적으로 주요한 점'(丸山眞男〈日本の思想〉78쪽)이라 본 견해가 있다. 우리나라에서도 1920년대의 상황에 있어서는 문학뿐만 아니라 사회, 경제 등 사상사를 연구하는 데는 서상(敍上)의 사실을 염두하지 않으면 안 될 것으로 생각된다. 사상사를 의식의 변천사라 할 수도 있다면 진보적 사상의 추구는 늘 위기의식이 따르므로 그 의식의 시기적 한계를 가진다. 이 점에 있어서 팔봉(八峯)은 그 한계점이 누구보다도 높고 융통성이 있고 스케일과 강도(强度)가 있었으며, 그 시대상이 매우 긴요한 역사의 페이지가 되는 데 그 의의를 들 수 있다.

 결국 이 백수(白手)의 장신(長身)인 팔봉, 루바쉬카를 입고, '브 나로

드'라 외치던 인텔리 팔봉은 Café Chair Revolutionist에 그치고 말았을까? 팔봉 그는 인간에, 사회에, 돈에 – 비교적 원한을 가지지 않은 사람인 듯하다. 그는 사리(事理)를 언제나 분리하는 지성인이었다. 동시에 그는 햄릿 모양의 내적 드라마를, 비록 그가 큰 소리로 주장할 때도 느끼고 있었을 것이다. 그는 역사를 변혁하려다 우리 모두처럼 역사에 패배당하고 만 것이었을까? 그 까닭의 8할 이상은 진보적 인텔리에겐 이 땅의 풍토가 침체 – 그 부정적 모순의 유혹이 유달리 강한 것은 아니었을까. 그 까닭을 우리는 알고 싶다. 1935년 5월 21일 KAPF가 해체되었을 때, 그들은 시발점으로 즉 원점(原點)으로 되돌아오고 만 것이었을까? 결국 그들은 일종의 도로(徒勞)에 시종(始終)하고 만 것이었을까?

우리는 이 진보적 인텔리의 실패를 외면할 수는 도저히 없다. 그가 실패한 광구(鑛口)는 바로 우리의 것이기 때문이며, 형이상학적 저항에도 버릴 수 없는 매력이 있기 때문이며, 그 속에 지식인의 정신 구조를 엿볼 수 있기 때문이며, 내 조국은 내 의식 구조를 초월할 수 있어야 될 것이라는 열의와 까닭 때문이다. 이 점에 있어서는 곰이나 황소만큼 우직(愚直)해도 좋을 것이다.

참고문헌

〈백조〉
〈폐허〉
〈폐허이후〉
〈문장〉
〈사상계〉

강만길 외, 해방전후사의 인식 2, 한길사, 1985
권영민, 한국현대문학대사전, 서울대학교출판부, 2004
김동욱, 국문학사, 일신사, 1981
김병익, 한국문단사, 일지사, 1973
김용직, 한국근대문학의 사적 이해, 삼영사, 1977
김우창, 궁핍한 시대의 시인, 민음사, 1977
김윤식·김현, 한국문학사, 민음사, 1973
김윤식, 근대 한국문학 연구, 일지사, 1973
김윤식, 한국근대작가론고, 일지사, 1974
김윤식, 한국 근대문예비평사 연구(개정신판), 한얼문고/일지사, 1973/1976
김윤식, 한국현대시론비판, 일지사, 1975
김윤식, 박영희 연구, 열음사, 1989
김춘택, 우리니라 고전소설사, 한길사, 1993
김태준, 조선소설사, 청진서관, 1933
김팔봉(외), 평론선집Ⅰ, 삼성출판사, 1978
김 현, 한국문학의 위상, 문학과지성사, 1977
박영희, 현대조선문학사(외), 임규찬(편), 범우사, 2008
백 철, 신문학사조사, 신구문화사, 1971
송 욱, 시학평전, 일조각, 1970
유종호·염무웅 편, 한국문학 무엇이 문제인가, 전예원, 1977
유종호 외 28인, 한국현대문학 50년, 민음사, 1995

윤병로, 한국현대비평문학서설, 청록출판사, 1974
이병기·백철, 국문학전사, 신구문화사, 1976
이철범, 한국신문학대계(중), 경학사, 1972
임종국, 친일문학론, 평화출판사, 1966
임영택·최원식 편, 한국근대문학사론, 한길사, 1982
임헌영, 창조와 변혁, 형성사, 1979
장덕순 외, 한국문학사의 쟁점, 집문당, 1986
정한모, 한국 현대시문학사, 일지사, 1974
조동일, 한국문학통사4·5, 지식산업사, 2005
조연현, 한국현대문학사, 성문각, 1980
채진홍, 홍명희의 〈임꺽정〉 연구, 새미, 1996
강원대 사범대학, 어문학보(제6집), 1982
국어국문학회, 현대시연구, 정음사, 1981
어문각, 신한국문학전집(평론선집) 18, 1976
역사문화연구소, 카프문학운동연구, 역사비평사, 1989
사회과학원문학연구소, 조선문학사(1926~1945), 열사람, 1988